Das Recht jedes Kindes auf Schutz vor sexuellem Missbrauch

Präventionsarbeit im interkulturellen Kontext

von

Melanie Reinke

Tectum Verlag
Marburg 2002

Die Deutsche Bibliothek - CIP-Einheitsaufnahme

Reinke, Melanie:
Das Recht jedes Kindes auf Schutz vor sexuellem Missbrauch.
Präventionsarbeit im interkulturellen Kontext.
/ von Melanie Reinke
- Marburg : Tectum Verlag, 2002
ISBN 3-8288-8437-7

© Tectum Verlag

Tectum Verlag
Marburg 2002

Ich möchte mich an dieser Stelle bei allen bedanken, die mich bei der vorliegenden Arbeit unterstützt haben.
Insbesondere möchte ich mich bei meiner Erstgutachterin Dr. phil. Tahereh Agha für die Betreuung meiner Diplomarbeit und Begleitung durch das Hauptstudium bedanken. Ein herzliches Dankeschön geht weiterhin an meine Zweitgutachterin Silke-Birgitta Gahleitner, die mich während meiner Diplomarbeit und bei der Veröffentlichung dieser Arbeit betreut und unterstützt hat und mich durch konstruktive Kritik zum weiteren Nachdenken angeregt hat. Bei meinen beiden Gutachterinnen bedanke ich mich für das Mutmachen zur Veröffentlichung dieser Arbeit.
Bei Margit Greis, Marietta Heuck, Stefan Borrmann, Sonja Jentsch und Anika Käding bedanke ich mich für weitere inhaltliche Impulse und Unterstützung.

Inhaltsverzeichnis

Einleitung 09

1. Sexueller Missbrauch 13
1.1 Klärung der Begrifflichkeiten 13
1.2 Merkmale, Definitionskriterien und Definition 15
1.3 Geschichtliche Einordnung, Ausmaß, Umstände, soziale Hintergründe
und geschlechtsspezifische Aspekte 20
    1.3.1 Geschichtliche Einordnung 20
    1.3.2 Ausmaß 23
    1.3.3 Umstände 25
    1.3.4 Soziale Hintergründe 26
    1.3.5 Geschlechtsspezifische Aspekte 27
1.4 Ursachen, Erklärungsansätze 29
    1.4.1 Der individualisierende Ansatz 29
    1.4.2 Der psychoanalytische Ansatz nach Sigmund Freud 29
    1.4.3 Der familien-dynamische Ansatz 30
    1.4.4 Der feministische Ansatz 30
    1.4.5 Das Modell nach David Finkelhor 32
    1.4.6 Das feministische „Drei-Perspektiven-Modell" nach Ulrike
Brockhaus und Maren Kolshorn 32
1.5 Folgen 34
    1.5.1 Physische Folgen 35
    1.5.2 Psychosomatische Folgen 35
    1.5.3 Psychische Folgen 35
    1.5.4 Soziale und weitere Folgen 37

2. Präventionsarbeit gegen sexuellen Missbrauch 38
2.1 Notwendigkeit von Präventionsarbeit und Begriffsklärung ... 38
2.2 Präventionsarbeit im rechtlichen Rahmen 38
2.3 Beginn der Präventionsarbeit in Deutschland 39
2.4 Präventionskonzepte 40
    2.4.1 Risikofaktoren und TäterInnenstrategien 40
    2.4.2 Voraussetzungen präventiver Arbeit 44
    2.4.3 Präventionsziele 46
    2.4.4 Prävention auf politischer Ebene 46

2.4.5 Prävention auf gesellschaftlicher Ebene 47
2.4.6 Prävention mit Erwachsenen 47
2.4.7 Prävention mit Kindern 50
2.5 CAPP (Child Assault Prevention Projekt): Modellprojekt präventiver Arbeit aus den USA 57
2.6 Kritische Auseinandersetzung mit Präventionsarbeit 58
    2.6.1 Prävention: Ängstigt oder hilft sie Kindern? 58
    2.6.2 Kritik an Präventionsarbeit mit Kindern 60
    2.6.3 Erfolg von Präventionsarbeit 61

3. Interkulturelle Sozialarbeit 63
3.1 Begriffsklärung 63
3.2 MigrantInnen in Deutschland 64
3.3 Konzepte interkultureller Sozialarbeit 67
    3.3.1 Die Unterscheidung zwischen multikulturell/ interkulturell 67
    3.3.2 Die Geschichte interkultureller Sozialarbeit 68
    3.3.3 Die Kriterien für die Zuordnung zu dem kulturspezifischen und dem antirassistischen Ansatz 69
    3.3.4 Der kulturspezifische und der antirassistische Ansatz im Vergleich 70
    3.3.5 Der kulturspezifische und der antirassistische Ansatz am Beispiel von sexueller Gewalt an Schwarzen Deutschen und MigrantInnen 84

4. Interkulturelle Präventionsarbeit gegen sexuellen Missbrauch 106
4.1 Einführung 106
4.2 Voraussetzungen interkultureller Präventionsarbeit 107
4.3 Zusammenfassung des vorhandenen Materials 110
    4.3.1 US-amerikanische Fachliteratur 110
    4.3.2 Deutsche Fachliteratur 116
    4.3.3 Strohhalm 121
    4.3.4 Amyna 133
    4.3.5 Nivedita Prasad 136
    4.3.6 Die Kontroverse zwischen dem kulturspezifischen und dem antirassistischen Ansatz 138
    4.3.7 Fazit 139
4.4 Konsequenzen für die praktische Arbeit 145

4.4.1 Prävention auf politischer Ebene 147
4.4.2 Prävention auf gesellschaftlicher Ebene 148
4.4.3 Prävention mit Erwachsenen 148
4.4.4 Prävention mit Kindern 155
4.5 Qualifikationen von Professionellen im Präventionsbereich 162
4.6 Interkulturelle Präventionsmaterialien 166

Schluss 167

Literaturverzeichnis 169

Einleitung

Sexueller Missbrauch an Mädchen und Jungen ist eine alltägliche Menschenrechtsverletzung. Jedes Kind, unabhängig von Geschlecht, Alter, Schicht, Herkunft oder Kultur, kann Opfer sexueller Gewalt werden. Anfang der 80er Jahre haben betroffene Frauen und die Frauenbewegung die „Normalität" sexueller Gewalt im öffentlichen Bereich enttabuisiert. Das Thema hat Eingang in die sozialpädagogische, psychologische, therapeutische, zunehmend auch in die juristische und medizinische Fachöffentlichkeit und in die Massenmedien, hier aber eher auf skandalträchtige Weise, gefunden.

Das Bekanntwerden des hohen Ausmaßes und der oftmals gravierenden Folgen hat die Frage nach einer Verhinderung der Gewalt im Vorfeld aufgeworfen. Daraus resultierend daraus sind Präventionskonzepte entstanden, die einerseits an die Erwachsenen als die Verantwortlichen für das Wohl der Kinder gerichtet sind und andererseits an die Kinder als die potentiellen Opfer, die durch Information, Aufklärung und Stärkung des Selbstbewusstseins im Vorfeld geschützt werden sollen. Denn es sind eher selbstbewusste und informierte Kinder, die sexuelle Übergriffe erkennen und verhindern können. Dabei sind die Grenzen präventiver Arbeit anzuerkennen. Einen hundertprozentigen Schutz für Kinder gibt es nicht.

Durch mein Amtspraktikum im Fachteam Kinderschutz – Prävention –[1] in Berlin habe ich mich intensiv mit Präventionsarbeit gegen sexuellen Missbrauch beschäftigt. Das Präventionsteam führt an Kreuzberger Grundschulen ein Präventionsprogramm gegen sexuellen Missbrauch und Gewalt an Mädchen und Jungen für die zweite bis vierte Klasse durch und bietet Workshops zu diesem Thema für Kinder der fünften und sechsten Klassenstufe in der Dienststelle an. Die Tätigkeit beinhaltet Elternabende, LehrerInneninformationsveranstaltungen und die Arbeit mit den Kindern. Die theoretische Auseinandersetzung mit dem Thema und die praktische Tätigkeit im Bezirk Kreuzberg mit einem MigrantInnenanteil von ca. 30% hat mich zu der Frage geführt, ob mit den bestehenden Präventionskonzepten alle Kinder und Erwachsenen gleichermaßen, also auch Schwarze Deutsche und MigrantInnen, erreicht werden. Angeregt durch die Erfahrungen in der Praxis wollte ich mich mit dieser Frage intensiver befassen.

---

[1] Das Fachteam Kinderschutz – Prävention – ist eingebunden in den Fachbereich 3 Psychosoziale Dienste des Bezirksamtes Friedrichshain-Kreuzberg (Berlin), Abteilung Jugend, Bildung und Kultur. Weitere dem Fachteam Kinderschutz angehörende Bereiche sind die Beratung und die Vernetzung.

Die Tatsache, dass Deutschland ein Einwanderungsland ist, wurde mit dem Bericht der Zuwanderungskommission im Juli 2001 erstmals von offizieller Regierungsseite anerkannt. Die Soziale Arbeit hat sich bereits seit Beginn der „GastarbeiterInnenbeschäftigung" mit der Situation von MigrantInnen auseinandergesetzt. Dadurch sind Konzepte interkultureller Sozialarbeit entstanden. In der vorliegenden Arbeit beziehe ich mich auf die folgenden zwei Ansätze. Der kulturspezifische Ansatz stellt die MigrantInnen und deren Kultur in das Zentrum der Betrachtungen. Der antirassistische Ansatz hingegen richtet sich gegen eine kulturalistische Perspektive und fokussiert die Lebensumstände von MigrantInnen und den in Deutschland herrschenden Rassismus und dessen Auswirkungen auf die MigrantInnen. Dadurch wird ein Perspektivenwechsel vollzogen. Der Blick geht weg von den MigrantInnen hin zu der aufnehmenden Gesellschaft. Von den weißen Deutschen ist eine kritische Auseinandersetzung mit dem eigenen Standpunkt und der eigenen Machtposition in dieser Gesellschaft gefordert.

Die Einbeziehung interkultureller Aspekte in die Präventionsarbeit ist relativ neu. Erst in den letzten Jahren sind vereinzelte Veröffentlichungen zu diesem Thema erschienen. Das Münchener Projekt zu Prävention von sexuellem Missbrauch „Amyna" ist das einzige Projekt, dass sich speziell mit Präventionsarbeit für MigrantInnen aus dem islamischen Kulturkreis beschäftigt. In Berlin fand im Juni 2001 die erste bundesweite Fachtagung zu interkultureller Präventionsarbeit statt.
Ebenso weitgehend unerforscht wie die interkulturelle Präventionsarbeit ist der Zusammenhang zwischen sexuellem Missbrauch und Migration. Die Beschäftigung damit ist Voraussetzung für interkulturelle Präventionsarbeit, weil Konzepte präventiver Arbeit in erster Linie auf allgemeinem Wissen über sexuelle Gewalt beruhen.

Ausgangshypothese dieser Arbeit ist die Annahme, dass die derzeitigen Konzepte präventiver Arbeit auf weiße Deutsche zugeschnitten sind, d.h. die multikulturelle Gesellschaftsstruktur Deutschlands nur ansatzweise berücksichtigen. Die zentrale Fragestellung der vorliegenden Arbeit ist, welche Aspekte der Präventionsarbeit gegen sexuellen Missbrauch verändert werden müssen, um auch Schwarze Deutsche und MigrantInnen gleichermaßen zu erreichen. Die Einbeziehung der MigrantInnen erfordert eine Auseinandersetzung mit deren Lebenswelt in Deutschland. Hierbei muss überprüft werden, auf welche Weise die Tatsache, dass die MigrantInnen einer anderen Kultur angehören und in Deutschland rassistischen Erfahrungen ausgesetzt sind, in der Präventionsarbeit berücksichtigt werden muss. Die Erkenntnisse des kulturspezifischen und antirassistischen Ansatzes sind wichtig für die interkulturellen Aspekte der Präventionsarbeit.

Im ersten Kapitel beschäftige ich mich mit dem Thema des sexuellen Missbrauchs. Dabei stelle ich die theoretischen Grundlagen und den aktuellen Forschungsstand dar. Insbesondere befasse ich mich mit den unterschiedlichen Erklärungsansätzen sexueller Gewalt. Das große Ausmaß und die oftmals gravierenden Folgen machen die Notwendigkeit vorbeugenden Handelns deutlich.

Die Präventionsarbeit gegen sexuellen Missbrauch ist Inhalt des zweiten Kapitels. Der Schwerpunkt liegt auf den Präventionskonzepten. Ich widme mich der Prävention auf politischer und gesellschaftlicher Ebene und ausführlich der Prävention mit Erwachsenen und Kindern. Bei der Präventionsarbeit mit Kindern mache ich die Abkehr von der herkömmlichen Prävention hin zu einer emanzipatorischen Präventionsarbeit deutlich und stelle ausführlich die Präventionsgrundsätze für Kinder dar. Weiterhin setzte ich mich kritisch mit Präventionsarbeit auseinander.

Im Zentrum des dritten Kapitels steht die interkulturelle Sozialarbeit. Ich beschäftige mich mit Konzepten interkultureller Sozialarbeit, wobei ich mich auf den kulturspezifischen und antirassistischen Ansatz konzentriere. Die beiden Ansätze stelle ich in einem Vergleich vor und zeige anschließend deren Kontroversen am Beispiel der sexuellen Gewalt an Schwarzen Deutschen und MigrantInnen. Dabei verbinde ich in der Zusammenfassung die beiden unterschiedlichen Stränge und kombiniere wichtige Erkenntnisse aus beiden Ansätzen.

Aufbauend auf den Konzepten der interkulturellen Sozialarbeit behandelt das vierte Kapitel die interkulturelle Präventionsarbeit. Nach der Darstellung der Voraussetzungen interkultureller Präventionsarbeit erfolgt eine Zusammenfassung des aktuellen Wissensstands. Die vorhandenen Ansätze werte ich unter Berücksichtigung des kulturspezifischen und antirassistischen Ansatzes aus. Anschließend gehe ich in Anlehnung an das zweite Kapitel darauf ein, was die interkulturellen Aspekte in der Prävention auf gesellschaftlicher und politischer Ebene und bei der Prävention mit Erwachsenen und Kindern sind. Außerdem befasse ich mich mit den Qualifikationen der im interkulturellen Präventionsbereich Tätigen. Zudem erfolgt eine Beschäftigung mit interkulturellen Präventionsmaterialien.

Die vorliegende Arbeit soll einen Überblick über die vorhandenen Ansätze interkultureller Präventionsarbeit bieten und neue Denkanstöße geben.

1. Sexueller Missbrauch

1.1 Klärung der Begrifflichkeiten

Bei der Begriffsbestimmung des zu definierenden Phänomens stößt mensch[2] in der Fachliteratur und in wissenschaftlichen Untersuchungen auf verschiedene Bezeichnungen wie „sexueller Missbrauch", „sexuelle Gewalt", „sexuelle Ausbeutung", „Kindesmisshandlung" und „Inzest". Diese Begriffe beinhalten unterschiedliche Definitionen.
Bevor ich mich auf einen für die vorliegende Arbeit zugrunde liegenden Terminus festlege, werde ich im Folgenden auf die unterschiedlichen und kontrovers diskutierten Begriffe eingehen.

Sexueller Missbrauch
Die in der Fachliteratur am häufigsten verwendete und in der breiten Öffentlichkeit bekannteste Bezeichnung ist „sexueller Missbrauch". Eine oftmals hervorgebrachte Kritik an diesem Begriff lautet, dass der Begriff „Missbrauch" vom Sprachlichen her einen *„richtigen und legitimen Gebrauch"* von Kindern suggeriert. Damit werden Kinder zu Objekten degradiert, denn nur Dinge können gebraucht werden und nicht Menschen. (vgl. Ursula Wirtz, 1989, S.16; Silke-Birgitta Gahleitner, 2000, S.27) Des Weiteren wird an der Bezeichnung bemängelt, dass der Gewaltaspekt in den Hintergrund tritt. Trotz der oben genannten Kritikpunkte benutzen die meisten AutorInnen der Fachliteratur den Begriff „sexueller Missbrauch" (vgl. Elisabeth Trube-Becker, 1989; Dirk Bange, 1992; Elke Jönsson, 1997; Silke-Birgitta Gahleitner, 2000), da er in der öffentlichen Diskussion und in Fachkreisen am meisten verwendet wird und sich einschließlich seiner politischen Dimension etabliert hat. (vgl. Nadja Lehmann, 1993, S.12)

Sexuelle Gewalt
Der Begriff „sexuelle Gewalt" wurde durch die Frauenbewegung geprägt. Die Intention bei der Verwendung dieses Begriffs liegt in der Betonung, dass es bei sexuellen Übergriffen gegen Kinder nicht primär um die Befriedigung sexueller Bedürfnisse, sondern um Macht geht. Diese durch die patriarchale Gesellschaft bedingte Macht wird, so die feministische Theorie, von Männern über Frauen und Mädchen verübt. Die Gewalt wird in dem Begriff eindeutig benannt.

---

[2] Um die Bezeichnung „man" für die Allgemeinheit zu vermeiden, die meiner Ansicht nach Ausdruck einer männlich dominierten Sprache ist, werde ich den Ausdruck „mensch" verwenden.

In der aktuell erscheinenden Literatur wird neuerdings der Begriff „sexualisierte Gewalt" benutzt. (vgl. Barbara Kavemann, 1997) Dieser Ausdruck hebt den Machtaspekt besonders hervor, indem der Aspekt der Sexualität abgeschwächt wird.

Sexuelle Ausbeutung

Diese Bezeichnung wird meist als Synonym für sexuellen Missbrauch verwendet, u.a. teilweise von Alberto Godenzi (1994). Der Terminus „sexuelle Ausbeutung" beinhaltet die Komponente der Machtausübung.

Kindesmisshandlung

Die Bezeichnung „Kindesmisshandlung" wird hauptsächlich von VertreterInnen der Kinderschutz-Bewegung publiziert. (vgl. Tilman Fürniss, 1989; Mathias Hirsch, 1990) Sie ordnen sexuellen Missbrauch als eine Form von Kindesmisshandlung ein. (vgl. Reinhart Wolff, 1994, S.81)

Inzest

Von der Herkunft des Wortes her bedeutet Inzest *„Geschlechtsverkehr zwischen Blutsverwandten, zwischen Geschwistern oder zwischen Eltern und Kindern" (Duden, 1997, S.378)*. In Bezug auf sexuelle Gewalt gegen Mädchen und Jungen wird der Macht- und Gewaltaspekt hierdurch verschleiert, denn bei Inzest geht es nicht um den sexuellen Kontakt zwischen erwachsenen Blutsverwandten, sondern um die Machtausübung eines Erwachsenen über ein Kind mit dem Mittel der Sexualität. Sowohl Josephine Rijnaarts (1988) als auch Ursula Wirtz (1989) benutzen den Begriff „Inzest" allerdings als Synonym für sexuellen Missbrauch. Die Intention bei dem Gebrauch des Begriffs „Inzest" ist es, den Ort des Geschehens, nämlich die Familie, zu benennen. (vgl. Josephine Rijnaarts, 1988, S.20)

Fazit

Trotz aller berechtigter Kritik an dem Begriff „sexueller Missbrauch" habe ich mich entschlossen, wie bereits aus dem Titel ersichtlich, den Begriff zu verwenden, da er in der Fachliteratur mitsamt seiner politischen Dimension benutzt wird. Da die Bezeichnung „sexuelle Gewalt" die Hauptkomponente des Phänomens, nämlich Gewalt, bereits im Terminus benennt, verwende ich ihn alternierend zu „sexueller Missbrauch". Die Bezeichnung „Kindesmisshandlung" lehne ich ab, da die Argumentationslinie in Bezug auf Ursache und Lösung, die hinter diesem Begriff steht, meiner Ansicht nach sehr eindimensional ist. Der Begriff „sexuelle Ausbeutung" wird in der Fachliteratur gelegentlich verwendet und erscheint mir passend, da Ausbeutung immer mit Macht und Gewalt verbunden ist. Bei der Bezeichnung „Inzest" schließe ich mich den daran geübten Kritiken an, dass der Begriff von der ursprünglichen Bedeutung her in Bezug auf sexuelle Gewalt irreführend ist.

1.2 Merkmale, Definitionskriterien und Definition

Die Frage, was sexueller Missbrauch ist, wird in der Fachliteratur unterschiedlich beantwortet. Es gibt keine einheitliche Definition zu sexuellem Missbrauch, und somit findet mensch bei den AutorInnen der Fachliteratur je nach theoretischem und ideologischem Hintergrund unterschiedliche Definitionen. Besonders bei der Frage, wo Missbrauch anfängt, werden die unterschiedlichen Standpunkte deutlich. Um Unklarheiten in der vorliegenden Arbeit zu vermeiden, werde ich einführend die Merkmale sexueller Gewalt nennen. Danach werde ich anhand von Definitionskriterien aufzeigen, was sexuellen Missbrauch ausmacht und abschließend eine Definition für diese Arbeit geben.

Merkmale
Die Merkmale sexuellen Missbrauchs sind folgende:
• Sexueller Missbrauch findet immer in einem Machtverhältnis statt. Hiermit ist zum einen das Machtgefälle zwischen Erwachsenem und Kind gemeint und zum anderen das Machtgefälle zwischen Mann und Frau bzw. in diesem Kontext Mädchen. Bei innerfamiliärem Missbrauch, teilweise auch bei Missbrauch durch Bekannte, besteht weiterhin oftmals ein Abhängigkeitsverhältnis des Opfers zur/ zum TäterIn.[3]
• Sexueller Missbrauch ist Gewalt mit dem Mittel der Sexualität. Dabei übt die/ der TäterIn physische und/ oder psychische Gewalt aus.
• Die/ der TäterIn wird gegen den Willen des Kindes gewalttätig bzw. das Kind gibt kein wissentliches Einverständnis. Die Verantwortung und Schuld liegen immer alleine bei dem Erwachsenen.
• Der sexuelle Missbrauch ist eine geplante und bewusste Tat.
• Es findet eine Grenzüberschreitung statt.

---

[3] Der Begriff „Opfer" ist sehr umstritten. Die Kritik der Frauenbewegung daran ist, dass die Verbindung „Frau gleich Opfer" den gesellschaftlich produzierten Opferstatus der Frau verstärke. Trotz der meiner Meinung nach berechtigten Kritik verwende ich diesen Begriff, da die Dichotomie TäterIn-Opfer die Verantwortung und Schuld klar benennt. Diese binäre Konstruktion bezieht sich ausschließlich auf den sexuellen Missbrauch. Das Opfer wird weiterhin in seiner gesamten Identität als eigenständiges und souveränes Subjekt wahrgenommen. Bei der Widerspiegelung der Komplexität des Phänomens setzt uns die Sprache Grenzen. Den neutralen Begriff „Betroffene/r" werde ich alternierend zu „Opfer" benutzen. Die Bezeichnung TäterIn verwende ich, um auch die Täterinnen zu benennen. Benutzen einige AutorInnen nur den Begriff Täter, schließe ich mich deren Schreibweise an, um deren Perspektive wiederzugeben.

- Die sexuelle Gewalt unterliegt der Geheimhaltungspflicht, die das Kind in die Sprachlosigkeit, Wehrlosigkeit und Hilflosigkeit treibt.[4]
- Die meisten Fälle sexueller Gewalt werden in der Familie und im Bekanntenkreis verübt.
- Kinder aller Altersstufen sind betroffen.
- Kinder unterschiedlicher Herkunft und Kultur sind betroffen.
- Sexueller Missbrauch ist ein geschlechtsspezifisches Phänomen.
- Sexueller Missbrauch ist ein schichtunabhängiges Phänomen.
- Sexueller Missbrauch führt in der Regel zu Folgen.

Definitionskriterien
Die folgenden Definitionskriterien helfen bei der Einordnung sexuellen Missbrauchs (vgl. Dirk Bange, 1992, S.96 ff.; Silke-Birgitta Gahleitner, 2000, S.29ff.):
- Art der Handlung
- Ausübung von Zwang und Gewalt
- Missachtung des kindlichen Willens
- Altersunterschied zwischen Opfer und TäterIn
- Verletzung von Familienregeln/ sozialen Regeln
- Sich missbraucht fühlen
- Folgen

Art der Handlung
Dieses Kriterium wirft die oben angesprochene Frage auf, wo sexueller Missbrauch anfängt. Beginnt sexueller Missbrauch erst bei Körperkontakt oder gibt es auch andere Fälle sexueller Gewalt? Einige WissenschaftlerInnen berücksichtigen in ihren Studien sexuelle Handlungen ohne direkten Körperkontakt. Unter den sog. „hands-off"-Missbrauch fallen u.a. Exhibitionismus, erzwungene Konfrontation mit pornographischen Schriften und Filmen, Belästigung etc. Bei der Frage, ob Worte oder Blicke sexuelle Gewalt sind, divergieren die Meinungen noch stärker. Feministinnen wie beispielsweise Barbara Kavemann und Ingrid Lohstöter (1987, S.10) sind der Meinung, dass sich bei Mädchen lüsterne Blicke und abschätzende oder wohlwollende Qualitätsurteile tief in das Selbstverständnis und die Psyche eingraben. Dirk Bange fasst die Art der Handlungen folgendermaßen zusammen:

„Die Täter mißbrauchen die Kinder u.a. durch folgende Handlungen: Sie fassen die Kinder an, vor allem an den Genitalien, dem Po und (bei Mädchen) an der Brust. Den Kindern wer-

---

[4] Florence Rush (1988) betitelt ihr Buch zu sexuellem Kindesmissbrauch mit „Das bestgehütete Geheimnis".

den Zungenküsse aufgedrängt. Sie müssen sich vor den Tätern ausziehen, sie müssen sich befummeln und masturbieren lassen. Die Täter masturbieren vor den Kindern oder vergewaltigen die Kinder anal, oral oder vaginal mit Fingern, Gegenständen und dem Penis. Manchmal werden die sexuellen Übergriffe mit sadistischen Prügeleien verbunden. Einige Kinder werden gezwungen, Pornos anzuschauen, andere müssen den Tätern in den Mund urinieren oder andere Perversionen über sich ergehen lassen. Solche und ähnliche Auflistungen finden sich in fast jedem Sachbuch zu sexuellem Mißbrauch." (Dirk Bange, 1992, S.101)

Die Liste an Handlungen ließe sich beliebig erweitern. Hierbei übersteigen die Perversion und Grausamkeit teilweise die „normalmenschliche" Vorstellungskraft und den Glauben an das Gute im Menschen.[5]

Ausübung von Zwang und Gewalt

Dieses Kriterium behandelt die Frage, ob Gewalt und Zwang bei den sexuellen Übergriffen stattgefunden hat. Dabei wird sowohl physische als auch psychische Gewalt berücksichtigt. Bei sexuellem Missbrauch werden zwar häufig direkte Gewalt und Zwang angewendet, aber dieses Kriterium hat auch seine Grenzen. Da die Kinder – wie bereits oben erwähnt – gerade bei innerfamiliärem Missbrauch in einem Abhängigkeitsverhältnis zur/ zum TäterIn stehen, brauchen die TäterInnen gar nicht immer direkte Gewalt anzuwenden oder zu drohen. Die emotionale Abhängigkeit spielt dabei eine große Rolle, da *„ein Kind den sexuellen Mißbrauch akzeptieren muß, weil es keine andere Form von Liebe und Zuwendung erhält."* (Florence Rush, 1988, S.14)

Silke-Birgitta Gahleitner kommt daraus resultierend zu folgendem Fazit:

„Der Schrecken des sexuellen Missbrauchs liegt also gar nicht unbedingt im gewaltsamen sexuellen Akt, sondern in der Ausbeutung von Kindern für die eigenen Interessen und der Korruption des Vertrauens und der Liebe." (Silke-Birgitta Gahleitner, 2000, S.32)

Missachtung des kindlichen Willens

Anhand des gängigen Kriteriums des „informed consent" wird die Frage diskutiert, ob sexuelle Gewalt gegen den Willen bzw. ohne wissentliches Einverständnis des Kindes ausgeübt wird. Aufgrund der kognitiven Entwicklung ist das Kind in der Regel gar nicht in der Lage, einer sexuellen Handlung frei und informiert zuzustimmen. Ein Kind kann die Handlungen nicht einordnen und vor allem weitere Folgen nicht absehen. Wie unter dem Definitionskriterium „Ausübung von Zwang und Gewalt" beschrieben, hat das Kind aufgrund bestehender Macht- und/ oder Abhängigkeitsverhält-

---

[5] Insbesondere Betroffenenberichte schildern die Grausamkeit für das Kind eindrucksvoll wie z.B. Truddi Chase: Aufschrei, 1988; Ulla Fröhling: Vater unser in der Hölle, 1996 (Die Autorin berichtet von der Geschichte einer Überlebenden sexueller und ritueller Gewalt.)

nisse zudem meist gar nicht die Wahl, sexuelle Übergriffe abzulehnen, selbst wenn sie gegen den eigenen Willen ausgeübt werden.
Hierbei ist zu betonen, dass bereits jeder sexuelle Kontakt eines Erwachsenen mit einem Kind der Befriedigung eigener Bedürfnisse auf Kosten der Kinder dient, sie zu Sexualobjekten degradiert und demnach sexueller Missbrauch ist. (vgl. Dirk Bange, 1992, S.50)

Altersunterschied zwischen Opfer und TäterIn
Dieses Definitionskriterium behandelt den Altersunterschied zwischen Opfer und TäterIn. In einigen Untersuchungen wird jeder sexuelle Kontakt zwischen einem Kind und einer mindestens fünf Jahre älteren Person als sexueller Missbrauch definiert. Die dabei zugrunde liegende Annahme geht davon aus, dass ein wissentliches Einverständnis seitens der jüngeren Person aufgrund des Macht- und Wissensunterschieds nicht möglich ist. (vgl. Dirk Bange, 1992, S.55)
Aber auch diesem Kriterium sind Grenzen gesetzt. Durch die Festlegung der Altersgrenze werden Fälle sexuellen Missbrauchs unter Gleichaltrigen oder beispielsweise durch drei Jahre ältere Jugendliche, die gegen den Willen des Opfers geschehen, ausgeschlossen.
An dieser Stelle möchte ich weiterhin die Situation geistig behinderter Kinder zu bedenken geben. Ein Wissens- und/ oder Machtgefälle zwischen TäterIn und Betroffener/m mit einer geistigen Behinderung fängt nicht erst bei einem Altersunterschied von fünf Jahren an.

Verletzung von Familienregeln/ sozialen Regeln
Dieses Kriterium thematisiert *„die Diskrepanz zwischen vermittelten und gelebten sozialen Regeln". (Silke-Birgitta Gahleitner, 2000, S.32)* Es bezieht sich besonders auf innerfamiliären Missbrauch. Eine Handlung kann in einem Familienkontext als Übergriff erlebt werden, in einem anderen wiederum nicht. Wenn beispielsweise ein Mädchen in einem rigiden Sexualklima aufwächst, empfindet es plötzliche sexuelle Freizügigkeit als Übergriff. Andernfalls ist dasselbe Verhalten nicht als Übergriff zu bewerten, wenn das Mädchen in einem freizügigen Sexualklima aufgewachsen ist und dieses als angenehm empfindet.

Sich missbraucht fühlen
Die meisten Kinder sind sehr sensibel und fühlen, wenn etwas nicht in Ordnung ist. Dieses Kriterium aber als alleiniges zu nehmen, wäre sicherlich unzureichend, denn nicht jedes Opfer bezeichnet sich als missbraucht. Es gibt Fälle, in denen Betroffene sich das Opfer-Sein nicht eingestehen. So passt bei männlichen Opfern beispielsweise

der Opferstatus nicht zum herrschenden Männlichkeitsbild. Dirk Bange führt es folgendermaßen aus:

„Ob jemand sich mißbraucht fühlt, bestimmen also nicht nur die tatsächlichen Begebenheiten, sondern auch das eigene Selbstbild und die darin enthaltenen gesellschaftlichen Normen und Werte." (Dirk Bange, 1992, S.53)

Mit den Worten von David Finkelhor bedeutet dies: *„(...) sexueller Mißbrauch kann stattfinden, auch wenn das Opfer sich nicht mißbraucht oder geschädigt fühlt". (David Finkelhor, 1979, zit.n. Dirk Bange, 1992, S.53)*

Aus welchen Gründen Kinder sich das Opfer-Sein nicht immer eingestehen, erläutert Silke-Birgitta Gahleitner. Oftmals sind *„bei einem sexuellen Mißbrauch die selektive Wahrnehmung, die Verleugnung und Umdeutung eigener Gefühle für das Kind Strategien zum Überleben." (Silke-Birgitta Gahleitner, 2000, S.90)*

Folgen

Ein überzeugendes Argument gegen Sexualität zwischen Erwachsenen und Kindern ist, dass die Kinder dadurch leiden und geschädigt werden. Doch auch bei diesem Definitionskriterium existieren Grenzen.

„Erstens ist nicht jeder sexuelle Mißbrauch traumatisch. Es gibt Kinder, deren Psyche fähig ist, ‚weniger intensive' sexuelle Ausbeutung ohne bedeutende Beeinträchtigungen der seelischen und sexuellen Entwicklung zu verarbeiten. (...) Außerdem sind längst nicht bei allen Kindern in direkter Folge des Mißbrauchs Verhaltensauffälligkeiten festzustellen. Bei einigen dieser Kinder zeigen sich die Schädigungen erst im Laufe der Jahre." (Dirk Bange/ Günther Deegener, 1996, S.98)

Hierzu ergänzt Dirk Bange, dass einige Kinder und Erwachsene, die in ihrer Kindheit sexuelle Kontakte mit Erwachsenen hatten, diese als neutral oder positiv bewerten. Dabei muss allerdings die Tatsache berücksichtigt werden, dass es für einige Betroffene notwendig ist, ihre Gefühle zu verleugnen und umzudeuten, um sich nicht als Opfer fühlen zu müssen. Gründe hierfür wurden bereits im Zusammenhang mit dem Kriterium „Sich missbraucht fühlen" genannt.

Fazit

Jedes Definitionskriterium an sich betrachtet, weist Grenzen auf und ist als alleiniges nicht ausreichend. Um die unterschiedlichen Aspekte sexuellen Missbrauchs ausreichend zu berücksichtigen, müssen folglich die oben aufgezählten Kriterien miteinander kombiniert werden.

Definition

Die Merkmale und Kriterien führen zu folgender Definition:
Sexueller Missbrauch von Kindern durch Erwachsene (oder ältere Jugendliche) ist eine sexuelle Handlung eines Erwachsenen, die an und vor einem Kind entweder gegen den Willen des Kindes vorgenommen wird oder der das Kind aufgrund seines physischen, psychischen, emotionalen, kognitiven, intellektuellen oder sozialen Entwicklungsstandes nicht informiert und frei zustimmen kann. Dabei nützt der Erwachsene die ungleichen Machtverhältnisse zwischen Erwachsenen und Kindern aus, um seine eigenen Bedürfnisse auf Kosten des Kindes zu befriedigen. Zentral dabei ist die Verpflichtung zur Geheimhaltung, die das Kind zur Sprachlosigkeit, Wehrlosigkeit und Hilflosigkeit verurteilt. (vgl. Suzanne M. Sgroi, 1982, zit.n. Ursula Wirtz, 1992, S.17; Dirk Bange, 1992, S.57; Silke-Birgitta Gahleitner, 2000, S.33)

1.3 Geschichtliche Einordnung, Ausmaß, Umstände, soziale Hintergründe und geschlechtsspezifische Aspekte

1.3.1 Geschichtliche Einordnung

Der historische Hintergrund sexueller Gewalt lässt sich weit zurückverfolgen. Die Tatsache, dass sexuelle Gewalt seit Jahrtausenden Tradition und Bestandteil patriarchaler Gesellschaften ist, zeigt Florence Rush in ihrem Buch „Das bestgehütete Geheimnis. Sexueller Kindesmißbrauch" (1988) sehr überzeugend und eindrucksvoll auf. Ich werde im Folgenden lediglich kurz auf die wichtigsten Stationen in der Geschichte des sexuellen Missbrauchs der letzten beiden Jahrhunderte eingehen. Diesen Zeitabschnitt beschreibt Dirk Bange zutreffend:

„Schaut man auf die letzten 100 Jahre zurück, zeigt sich ein interessantes Wechselspiel. Nach den sich wiederholenden Versuchen, sexuelle Ausbeutung von Kindern zu problematisieren, wurde das Thema in Deutschland immer wieder unter den Teppich gekehrt." (Dirk Bange, 1992, S.12)

Beginnen werde ich mit dem 19. Jahrhundert. 1896 veröffentlichte Sigmund Freud in seiner Publikation „Zur Ätiologie der Hysterie" die sog. Verführungstheorie. Mit dieser Theorie vertrat Freud die Auffassung, dass die hysterischen Symptome seiner PatientInnen Folge sexuellen Missbrauchs seien.[6] Kurz darauf widerrief er die Verführungstheorie u.a. aufgrund des Drucks der damaligen Fachleute. Anstelle dessen trat der Ödipus-Komplex, der bis in die heutige Zeit als Erklärungsmuster für sexuelle Gewalt dient. (vgl. Elke Jönsson, 1997, S.25ff.)[7] Gemäß der von Sigmund Freud 1897 entwickelten und bis heute weit verbreiteten Theorie des Ödipus-Komplexes wird das reale Trauma des sexuellen Missbrauchs in die Phantasiewelt des Opfers gedrängt. (siehe Kapitel 1.4.1)

Während der NS-Zeit wurden die Täter sexueller Gewalt von Wissenschaftlern als „menschliche Minusvariante", „minderwertig" und „pervers" klassifiziert und als Konsequenz daraus kastriert. Aber nicht nur sie, auch die Opfer wurden *„als geistig und seelisch gestört, als schwachsinnig und sexuell hemmungslos angesehen."* (Dirk Bange, 1992, S.23) Aufgrund dieser Argumentation wurden viele der Betroffenen sterilisiert.

Die Untersuchungen zu sexuellem Missbrauch in den 50er und 60er Jahren entlarvten bereits einige Mythen, die ihre Aktualität bis zur heutigen Zeit nicht verloren haben. Das Bild des geistesgestörten Täters wurde durch den „normalen" Vater als Täter ersetzt, das hohe Ausmaß innerfamiliärer Gewalt und die Häufigkeit des geringen Alters der Opfer bei Missbrauchsbeginn (unter zehn Jahren) wurden veröffentlicht. Die Polizei blieb diesen Ergebnissen gegenüber resistent und warnte in ihren Aufklärungsbroschüren in den 70er Jahren weiterhin vor Fremdtätern. Das wissenschaftliche Interesse an der Thematik verringerte sich Ende der 60er Jahre. (vgl. Dirk Bange, 1992, S.24ff.)

In den letzten Jahrzehnten haben zwei gesellschaftliche Bewegungen zum Aufdecken des Phänomens der sexuellen Gewalt an Kindern beigetragen: die Frauenbewegung durch Betroffenenberichte in den 70er Jahren, die sexuelle Gewalt in den Kontext der patriarchalen Gesellschaft stellte (siehe Kapitel 1.4.4) und die Kinderschutzbewegung Anfang der 80er Jahre mit dem Fokus auf die Familie (siehe Kapitel 1.4.3). Zu Beginn wurde das Machtverhältnis zwischen Mann und Frau bzw. Mädchen in den Vordergrund gestellt. Die Gründung von Selbsthilfegruppen von Frauen, die als Mädchen sexuelle Gewalt erlebt hatten, erfolgte in vielen Städten. 1982 entstand Wildwasser in Berlin. Nach einem Perspektivenwechsel kam bei der Analyse des Phänomens das Generationenverhältnis durch das Engagement der Kinderschutzbewegung ins Blickfeld. Im Verlaufe der Diskussionen wurden zwei weitere Tabus gebrochen: zum einen, dass auch Jungen Opfer sexueller Gewalt sind (vgl. Dirk Bange/ Ursula Enders, 1995) und

---

[6] Bei den 18 PatientInnen, die Sigmund Freud behandelte, handelte es sich um 12 Frauen und sechs Männer. Das heutzutage teilweise immer noch tabuisierte Thema der sexuellen Gewalt gegen Jungen hat Sigmund Freud also damals schon untersucht.

[7] Gründe für die Abkehr von der Verführungstheorie sind bei Dirk Bange (1992, S.12ff.) und Josephine Rijnaarts (1988, S.93ff.) nachzulesen.

zum anderen, dass Frauen als Täterinnen auftreten. (vgl. Michele Elliott, 1995) Die sich anfangs gegenüberstehende Frauenbewegung und Kinderschutzbewegung nähern sich allmählich einander an.
Der Vollständigkeit halber erwähne ich noch kurz die mit dem in die Literatur eingegangenem Namen „Mißbrauch mit dem Mißbrauch" - Debatte Anfang der 90er Jahre. WortführerIn der Debatte sind u.a. Reinhart Wolff und Katharina Rutschky. Sie stellen das Ausmaß, dass jedes vierte Mädchen und jeder zehnte Junge Opfer sexueller Gewalt ist, in Frage. Außerdem kritisieren sie den „*missionarischen Aktivismus*" der Professionellen, der dazu führe, dass bei ihrer Meinung nach nicht gerechtfertigtem Missbrauchsverdacht Kinder aus Familien gerissen würden, Mütter unter Druck gesetzt würden, sexuelle Gewalt im Sorgerecht missbraucht werde etc. (vgl. Reinhart Wolff/ Katharina Rutschky, 1994, S.9ff.) Das „Handbuch sexueller Mißbrauch" (Reinhart Wolff/ Katharina Rutschky, 1994) und das Buch „Erregte Aufklärung. Kindesmißbrauch: Fakten & Fiktionen" von Katharina Rutschky (1992) machen deren Standpunkt eindeutig. (Zitat: *„Sexueller Mißbrauch von Kindern ist Mißhandlung plus Feminismus." Katharina Rutschky, 1992, S.17/18*)
Das von Gitti Hentschel herausgegebene Buch „Skandal und Alltag" (1996) bezieht Stellung gegen diese Verharmlosung des sexuellen Missbrauchs.[8]
Der Zusammenhang von sexuellem Missbrauch mit Behinderung, Rassismus und Migration hat erst Mitte der 90er Jahre Eingang in die Fachöffentlichkeit gefunden (vgl. Gitti Hentschel (Hg.), 1996), ist aber immer noch ein wenig erforschtes Gebiet.
Zur Rolle der Medien in der Geschichte der sexuellen Gewalt der letzten Jahrzehnte ist noch zu erwähnen, dass sie das Thema zwar aufgriffen, aber nur punktuell und oft als „Sex&Crime"-Berichterstattung. Skandalisiert wurden Vorfälle sexueller Gewalt durch unbekannte Täter wie Kindesentführung oder Vergewaltigung im Park. Solche „Skandalfälle" können einerseits positiv sein, um das Thema überhaupt in die Öffentlichkeit zu bringen und Mittel zum Schutz der Betroffenen durchzusetzen, letztendlich schaden sie aber nur, da sie nur kurzfristig Empörung und Erschrecken auslösen. Schaudergeschichten verhindern einen klaren Blick und eine ernsthafte Auseinandersetzung mit der Alltäglichkeit und „Normalität" von Gewalt im sozialen Nahbereich. (vgl. Margit Brückner, 1998, S.14)

---

[8] Zur „Mißbrauch mit dem Mißbrauch" - Kampagne siehe: Silke-Birgitta Gahleitner, 2001. In: quer (Zeitung des Frauenrats und der Frauenbeauftragten an der Alice-Salomon-Fachhochschule Berlin), S.4-8

1.3.2 Ausmaß

Aufgrund der oben genannten Unterschiedlichkeit der Definition divergieren die Ergebnisse wissenschaftlicher Untersuchungen über das Ausmaß sexuellen Missbrauchs. Je nach ideologischem Standpunkt werden unterschiedliche Zahlen genannt. Die von Elke Jönsson (1997, S.18) zusammengestellte Tabelle macht dies sehr deutlich:

Land	Studie von	Prävalenz in Prozent	
		Frauen	Männer
Dänemark	Leth 1989	14%	7%
Deutschland	Bange 1992	25%	8%
Großbritannien	Baker & Duncan 1985	12%	8%
Finnland	Sariola & Uutela 1994	7%	4%
Irland	Market Research of Ireland 1987[3]	7%	5%
Niederlande	Draijer 1988/90	33%	--[2]
Österreich	Kinzl & Biebl, o.J.[3]	36%	19%
Schweden	Ronstrom 1985[3]	9%	3%
Südafrika	Levett 1989[3]	34%	29%
USA	Fritz et al. 1981[1]	8%	5%
	Russell 1983	54%	--[2]

[1] Daten nach Bange, 1992, S.90
[2] Es wurden nur weibliche Personen befragt.
[3] Daten nach Finkelhor, 1994, S.412/ 415ff.

Die erste große Untersuchung in Deutschland, die Dirk Bange (1992, S.86) an StudentInnen durchführte, kommt zu dem Ergebnis, dass 25% der 518 befragten Frauen und 8% der 343 befragten Männer Opfer sexueller Gewalt waren. In Finnland führt die Untersuchung von Sariola und Uutela (1994) zu dem Resultat, dass bei insgesamt über 7000 befragten Personen 7% der Frauen und 4% der Männer sexuellen Missbrauch erleben mussten.
Die Divergenz wird an dem Beispiel der in den USA durchgeführten Untersuchungen besonders klar. 1981 finden Fritz u.a. in ihren Untersuchungen heraus, dass 8% der befragten Frauen und 5% der befragten Männer von sexuellem Missbrauch betroffen sind. Im Gegensatz dazu kommt die zwei Jahre später erhobene Untersuchung von Diana Russell zu dem Ergebnis, dass 54% der 930 befragten Frauen Opfer sexueller Gewalt waren. Insgesamt schwankt die Prävalenzrate bei den internationalen Untersuchungen bei weiblichen Opfern von 7 bis 54% und bei männlichen Opfern von 3 bis

29%. Diese Spannbreite und die Tatsache, dass in einem Land die Ergebnisse so unterschiedlich ausfallen, ist nur mit den der Untersuchungen unterschiedlichen zugrunde liegenden Definitionen und auch unterschiedlich angewandten Methoden zu erklären.[9]
Die oftmals genannte Zahl von 300.000 sexuell missbrauchten Kindern, die für die alten Bundesländer Deutschlands gilt, wurde erstmals von Barbara Kavemann und Ingrid Lohstöter (1987, S.28) in die Diskussion gebracht. Bei der Berechnung der Zahl nahmen sie die jährlich von der „Polizeilichen Kriminalstatistik" registrierten 10.000 bis 15.000 Fälle und multiplizierten sie mit der von Michael Baurmann angenommenen Hell-/ Dunkelfeldschätzung von 1:18 bis 1:20.
Ausgehend von der Definition, die der vorliegenden Arbeit zugrunde liegt, ergibt sich folgendes Ausmaß. Jedes dritte bis fünfte Mädchen und jeder achte bis zwölfte Junge ist von sexuellem Missbrauch betroffen. (vgl. Dirk Bange, 1992, S.86; Ulrike Brockhaus/ Maren Kolshorn, 1993, S.46ff.; David Finkelhor, 1984, S.23) Diese Zahlen sind Ergebnis internationaler Studien, die sich auch in Dirk Banges Untersuchung für Deutschland widerspiegeln, und gelten in der Fachdiskussion in der Regel als Grundkonsens.
An dieser Stelle möchte ich noch die Häufigkeit und Dauer sexueller Gewalt behandeln. Dirk Bange (1992, S.100ff.) kommt in seiner Studie zu dem Ergebnis, dass ungefähr zwei Drittel der Fälle sexueller Gewalt einmal stattfanden. Bei einmaligem Missbrauch war der Täter zu 95% ein Fremder. 18% der betroffenen Frauen und 23% der betroffenen Männer mussten die sexuellen Handlungen zwei- bis zehnmal, 16% der missbrauchten Frauen und 4% der missbrauchten Männer mehr als zehnmal über sich ergehen lassen. Bei innerfamiliärem Missbrauch wurden 75% der Betroffenen wiederholt missbraucht, teilweise monate- und jahrelang. Internationale Untersuchungen zeigen ähnliche Ergebnisse. (vgl. Ulrike Brockhaus/ Maren Kolshorn, 1993, S.120ff.)
In diesem Kontext nenne ich eine Zahl in Bezug auf das Weitererzählen, die für sich spricht:

„Mädchen und Jungen müssen durchschnittlich sechs Erwachsenen über den Mißbrauch erzählen, ehe die siebte Person ihnen Glauben schenkt." (Ursula Enders, 1990, S.15)

Das Ausmaß sexueller Gewalt trifft nicht auf alle Kinder gleichermaßen zu. Zur Situation behinderter Kinder konstatiert Aiha Zemp:

„Sexuelle Gewalt gegenüber Menschen mit Behinderung auszuüben ist auf Grund ihrer größeren Abhängigkeit, Pflegebedürftigkeit, ihrer erschwerten oder unmöglichen Artikulation leichter möglich als gegenüber nichtbehinderten Kindern, und das Risiko der Aufdeckung ist besonders gering." (Aiha Zemp, 1996, S.146)

---

[9] Weitere Gründe sind bei Elke Jönsson, 1997, S.18-20 nachzulesen.

Bezogen auf das Ausmaß sexueller Gewalt gehen Fachleute davon aus, dass die Zahl der Opfer mit einer Behinderung wesentlich höher ist als die oben genannte Zahl für nicht-behinderte Opfer. Das Berliner Projekt zu sexueller Gewalt an behinderten Mädchen und Frauen Kassandra geht von 60% weiblichen Betroffenen mit einer Behinderung aus. (vgl. Faltblatt von Kassandra, 2001) Auf die Umstände des sexuellen Missbrauchs bei behinderten Kindern kann ich in diesem Rahmen nicht ausführlicher eingehen, nenne die Situation behinderter Kinder in diesem Zusammenhang aber, um auf eine notwendige Differenzierung hinzuweisen.

1.3.3 Umstände
Inner- und außerfamiliärer Missbrauch
Das immer noch herrschende Bild des bösen Fremdtäters ist durch die internationalen Forschungsergebnisse nicht haltbar. Es sind hauptsächlich die Familienangehörigen, (Stief-) Väter/ Mütter, (Stief-) Brüder/ Schwestern, Cousins/ Cousinen, Onkel/ Tanten, andere Verwandte und Bekannte wie NachbarInnen, LehrerInnen, PfarrerInnen, ErzieherInnen, ÄrztInnen (mehrheitlich die Männer) und andere, die sexuelle Gewalt gegen Mädchen und Jungen anwenden. Bei Mädchen kommen die TäterInnen mit 25% aus der Familie. Der Anteil der Bekannten liegt bei ca. 50% und der Fremden bei 15 bis 25%. Jungen werden mit 10 bis 20% weniger Opfer innerfamiliären Missbrauchs. Dafür werden sie häufiger von Bekannten und Fremden missbraucht. (vgl. Ulrike Brockhaus/ Maren Kolshorn, 1993, S.70ff.) Die Bedeutung dieser Tatsachen bringt Ursula Wirtz auf den Punkt:

„Dort, wo das Kind ein Recht darauf hat, Wärme, Fürsorge und Schutz zu erwarten, wird es ausgebeutet. Das heißt, daß der Mißbrauch in der Familie und im familiären Umfeld mit Freunden, Wohnpartnern, Nachbarn besonders schwer wiegt." (Ursula Wirtz, 1989, S.20)

Das hohe Ausmaß der Gewalt im sozialen Nahraum ist für die Präventionsarbeit von besonderer Bedeutung.

Arten der sexuellen Übergriffe
In Bezug auf die Arten der sexuellen Übergriffe hat Dirk Bange vier Kategorien zur „Intensität" des sexuellen Missbrauchs entwickelt: sehr intensiver sexueller Missbrauch, intensiver sexueller Missbrauch, weniger intensiver sexueller Missbrauch, se-

xueller Missbrauch ohne Körperkontakt.[10] Anhand dieser Einteilung kommt er (1992, S.103) in seiner Untersuchung zu dem Ergebnis, dass 55% der sexuell missbrauchten Frauen sehr intensiven oder intensiven sexuellen Missbrauch erlebt haben.

Alter der Kinder bei Missbrauchsbeginn
Als Merkmal sexuellen Missbrauchs habe ich in Kapitel 1.2 festgehalten, dass Kinder aller Altersstufen betroffen sind. Dies möchte ich anhand der von Dirk Bange durchgeführten Untersuchung präzisieren. Dirk Bange (1992, S.111) kommt zu dem Ergebnis, dass 8% der betroffenen Kinder zwischen null und sechs Jahre alt waren, als sie sexuell missbraucht wurden. 27% aller Missbrauchsfälle wurden begangen, als die Opfer zwischen sieben und neun Jahre alt waren, 34 % der Opfer waren während der Tat(en) zehn bis zwölf Jahre und 31% waren dreizehn bis sechszehn Jahre alt, als der Missbrauch begann. Der Mythos, dass nur Mädchen im „Lolitaalter" missbraucht werden, muss den Ergebnissen zufolge entlarvt werden. An dieser Stelle ist noch zu ergänzen, dass die Dunkelziffer der sexuell missbrauchten Säuglinge und Kleinkinder wahrscheinlich wesentlich höher ist.[11] Tilman Fürniss kommt in seiner Studie zu dem Ergebnis, *„daß bei Mißhandlungsbeginn die 0-5jährigen mit 27,2% die zweitgrößte Patientengruppe darstellen."(Tilman Fürniss, 1989, S.69)*[12]

1.3.4 Soziale Hintergründe
Schichtzugehörigkeit
Sexueller Missbrauch ist nicht schichtspezifisch. Die meist von VertreterInnen des family-violence-Ansatzes geäußerte Behauptung, sexueller Missbrauch werde lediglich in den Unterschichten verübt, wird durch empirische Studien eindeutig widerlegt. (vgl. Mathias Hirsch, 1990, S.24ff.; Dirk Bange, 1992, S.117ff.)

---

[10] Die Kategorien zur „Intensität" sexuellen Missbrauchs sind folgende: (1) sehr intensiver sexueller Missbrauch: versuchte oder vollendete vaginale Vergewaltigung, versuchte oder vollendete anale Vergewaltigung, Opfer musste Täter anal penetrieren, versuchte oder vollendete orale Vergewaltigung, Opfer musste Täter oral befriedigen, (2) intensiver sexueller Missbrauch: Opfer musste vor Täter masturbieren, Täter masturbierte vor Opfer, Täter fasste Opfer an die Genitalien, Opfer musste Täter an die Genitalien fassen, Opfer musste Täter die Genitalien zeigen, (3) weniger intensiver Missbrauch: Täter versuchte, die Genitalien des Opfers anzufassen, Täter fasste Brust des Opfers an, sexualisierte Küsse, Zungenküsse, sexualisiertes Anfassen, (4) sexueller Missbrauch ohne Körperkontakt: Exhibitionismus, Opfer musste sich Pornos anschauen, Täter beobachtete Opfer beim Baden, Anziehen. (vgl. Dirk Bange, 1992, S.102)
[11] Die Gerichtsmedizinerin Elisabeth Trube-Becker (1992, S.38ff.) führt dies zum einen auf die unzureichende Mitteilungsfähigkeit der Kinder und zum anderen auf die diagnostische Unerfahrenheit der ÄrztInnen zurück.
[12] Hierbei handelt es sich um eine klinische Studie.

1.3.5 Geschlechtsspezifische Aspekte

„Täterschaft und Opfer-Sein sind beim sexuellen Mißbrauch nicht zwangsläufig an ein Geschlecht gebunden. Wenn man das Phänomen allerdings ganz aus dem geschlechtsspezifischen Erklärungszusammenhang herauslöst, wird unverständlich, warum es überhaupt geschlechtsspezifische Unterschiede gibt. (...) Man kommt der Realität näher, wenn man Geschlechtsspezifik weniger im Sinne von Sozialcharakteren begreift, die Frauen und Männer jeweils in ihrem Wesen bestimmen, sondern Verhalten als Resultat unterschiedlicher Situationen, Rollenerwartungen und individueller Interpretationen versteht, also ein Produkt sozialer Konstruktionen. Welches Gewicht dabei die Geschlechterrollen spielen, hängt wiederum von den verschiedenen Faktoren ab." (Birgit Rommelspacher, 1996, S.25)

Aus den Ausführungen von Birgit Rommelspacher folgt, dass sexuelle Gewalt insofern geschlechtsspezifisch ist, als dass das Geschlecht im Sinne eines Produktes sozialer Konstruktionen in unserer Gesellschaft zu bestimmten Verhaltensmustern führen kann. Dass Geschlechtszugehörigkeit aber in eine direkte kausale Einbahnstraße führt in die Richtung, dass beim sexuellen Missbrauch nur Männer als Täter und Mädchen als Opfer auftauchen, muss durchbrochen werden.

Täterinnen

Um den Anteil der Täterinnen werden in letzter Zeit heftige Kontroversen geführt. (vgl. Michele Elliott (Hg.), 1995) Es ist aber die Tendenz erkennbar, dass die Thematik Eingang in die Fachliteratur findet.

In der öffentlichen Diskussion über sexuelle Gewalt wurde in der Regel ausschließlich von Männergewalt gesprochen. Hauptanliegen, insbesondere von der Frauenbewegung, war die Kritik an patriarchalen gesellschaftlichen Verhältnissen. Dadurch rückte die Thematisierung der Frauenunterdrückung in den Vordergrund, in der Männer die Täter und Frauen und Mädchen die Betroffenen sind. Die Erkenntnis, dass Frauen an der männlichen Macht, wenn auch in einem begrenzten Maße, partizipieren oder davon profitieren und dass auch sie selbst Macht und Gewalt ausüben, öffnete den Blick für Frauen als Täterinnen im Bereich des sexuellen Missbrauchs. (vgl. Gitti Hentschel, 1998, S.27)

Das Ausmaß sexuellen Missbrauchs durch Täterinnen ist aufgrund mangelnder Forschungsarbeit nicht zuverlässig empirisch belegt. Die existierenden Daten sind aufgrund der den Untersuchungen zugrunde liegenden Definitionen und der in diesem Bereich bekanntlich hohen Dunkelziffer unvollständig und widersprüchlich. (vgl. Dirk Bauhofer, 2001, S.55) So kommt Dirk Bange (1992, S.114) in seiner Untersuchung zu einem Täterinnen-Anteil von 1%. David Finkelhor (1984, S.184) legt in seiner Studie dar, dass 20% der Jungen und 5% der Mädchen von Frauen missbraucht wurden und

Barbara Kavemann (1995, S.15) nennt die Zahl 10%. Diese Zahlen sind aber nicht aussagekräftig und zeigen deutlich den Bedarf an speziellen Untersuchungen zu diesem Forschungsgegenstand. Denn je mehr und unvoreingenommener geforscht wird, desto eher wird sich die Zahl der Täterinnen an die Realität annähern.
Der Anteil der Täterinnen darf in der Forschung und Diskussion zu sexuellem Missbrauch nicht übersehen werden, da er gesellschaftliche Realität widerspiegelt und eine Verleugnung oder Relativierung von Frauen als Täterinnen Gefahr läuft, den Betroffenen ihren Opferstatus abzusprechen.

Sexuelle Gewalt an Jungen
Das derzeit erforschte Ausmaß, dass jeder achte bis zwölfte Junge Opfer sexueller Gewalt ist, wurde früher unterschätzt und ist heute noch ein tabuisiertes Thema.
Die in unserer Gesellschaft herrschende geschlechtsspezifische Blickweise auf Mädchen/ Frauen und Jungen/ Männer führt dazu, dass sich auch die Vorstellungen über weibliche und männliche Opfer sexueller Gewalt unterscheiden. Mike Lew (1993, S.66) betont in dem Kontext von Männern als Opfer, dass sie ebenso wie Frauen den Starrheiten des Sexismus zum Opfer fallen.
Die Ergebnisse mehrerer Studien zeigen, dass männliche Opfer erlebte sexuelle Übergriffe häufig nicht als missbräuchlich oder schädlich bewerteten. Diese Aussage ist durch zwei Perspektiven zu erklären. Einerseits besteht die Möglichkeit, dass ein Teil der Jungen die sexuellen Handlungen tatsächlich als weniger bedrohlich wahrnimmt und bewertet. Andererseits kann es sein – und dies ist wahrscheinlicher – , dass betroffene Jungen/ Männer erlebte Missbrauchserfahrungen umdeuten oder verleugnen als Schutz vor der Stigmatisierung als schwach, unmännlich, schwul etc. zu gelten. (vgl. Henri Julius/ Ulfert Boehme, 1994, S.67)
Jungen werden wahrscheinlich öfter als Mädchen Opfer sexueller Gewalt durch Frauen. Dabei sollte die rollenspezifische (Selbst-) Wahrnehmung dahingehend berücksichtigt werden, dass Betroffene den Missbrauch durch Frauen nicht immer als solchen bewerten. Wenn Jungen durch Männer sexuell missbraucht werden, kann dies zu einer Verunsicherung bezüglich der Geschlechtsidentität führen. (vgl. Jean-Baptiste Rossihol, 2002)[13]
In Bezug auf die Frage, ob Opfer in Form eines Viktimisierungszyklus zu Tätern werden, sind zwei Dimensionen zu beachten: (1) Die „Opfer-wird-Täter-Dimension" ist zeitlich nach vorne orientiert und beinhaltet die Gefahr einer Restigmatisierung männlicher Missbrauchsopfer als potentielle Täter. (2) Die „Täter-war-Opfer-Dimension" ist zeitlich nach hinten orientiert und beinhaltet die Frage nach dem Grund von Täter-

---

[13] Zu den Folgen für die Sexualität siehe Mike Lew, 1993, S.87ff.

verhalten. Sie birgt die Gefahr einer Täter-Entschuldigung. Darum geht es nicht, sondern um das Durchbrechen von Zyklen und um die Möglichkeit durch das Eingeständnis des eigenen Opferstatus Einfluss auf zukünftiges Täterverhalten zu nehmen. (vgl. Jean-Baptiste Rossihol, 2002)
Diesen Abschnitt möchte ich mit einem Zitat abschließen, das für eine bestimmte Sichtweise auf Jungen als Opfer sexueller Gewalt verweist:

„Wer Jungen/ Männer nicht auch als Opfer sieht, verleugnet deren Schwäche und Verletzlichkeit." (Henri Julius/ Ulfert Boehme, 1994, S.12)[14]

1.4 Ursachen, Erklärungsansätze

In der Ursachenforschung zu sexuellem Missbrauch stößt mensch auf drei verschiedene Fokusse: das Individuum, die Familie und die Gesellschaft. Ich werde auf die verschiedenen Erklärungsmuster ausführlich eingehen, da sie auch eine Bedeutung für die Präventionsarbeit haben.

1.4.1 Der individualisierende Ansatz

Unter diesen Ansatz fallen die Theorien, die die Ursache sexueller Gewalt ausschließlich auf individueller Ebene suchen. Beispielhaft stelle ich an dieser Stelle zwei Theorien dar. Es herrscht heute noch die verbreitete Meinung, dass Männer gewalttätig sind aufgrund ihrer vermeintlich biologisch bedingten aggressiven männlichen Sexualität. (vgl. kritisch: Ulrike Brockhaus/ Maren Kolshorn, 1993, S.203)
Die psychopathologische Perspektive beschreibt die Täter als triebhaft oder psychisch gestört. Die Gewalttaten sind demnach auf ihren schlechten Charakter zurückzuführen. (vgl. kritisch: Silke-Birgitta Gahleitner, 2000, S.55)

1.4.2 Der psychoanalytische Ansatz nach Sigmund Freud

Der psychoanalytische Ansatz rückt das Individuum in den Vordergrund. Die von Sigmund Freud entwickelte Theorie des Ödipus-Komplexes verdrängt sexuellen Missbrauch in die Phantasiewelt des Opfers. (siehe Kapitel 1.3 Geschichtliche Einordnung) Die Gewalttaten des Täters sind aus psychoanalytischer Perspektive lediglich Wunschträume der Betroffenen zu sexuellen Kontakten mit dem gegengeschlechtlichen Eltern-

---

[14] Dirk Bange und Ursula Enders (1995) betiteln ihr Buch zu sexueller Gewalt an Jungen treffend „Auch Indianer kennen Schmerz".

teil in ihrer Kindheit und keine realen Übergriffe. Durch die Inzestphantasien wird das Kind für die sexuellen Übergriffe verantwortlich gemacht und als Interventionsmaßnahme wird eine Psychoanalyse des betroffenen Kindes angestrebt. (vgl. kritisch: Elke Jönsson, 1997, S.26)

1.4.3 Der familien-dynamische Ansatz

Dieser Ansatz, der sich Ende der 80er Jahre entwickelte, gilt ebenso wie der vorherige ausschließlich für innerfamiliären Missbrauch. VertreterInnen des family-violence-Ansatzes erklären sexuellen Missbrauch als eine Form der Kindesmisshandlung auf der Ebene der Familie.

Einer der führenden Vertreter der Familientheorie ist Tilman Fürniss (1989, S.72), der sexuellen Missbrauch als ein *„Symptom von Familiendysfunktion"*, von Zerrüttung und Desorganisation der Familie bezeichnet. Als Konsequenz ist also nicht der sexuelle Missbrauch das eigentliche Problem, sondern die dysfunktionale Familie. Durch die Inverantwortungnahme der gesamten Familie wird der/ die TäterIn entlastet. Der bezeichnende Begriff „Inzesttriade" offenbart die Sichtweise der systemisch ausgerichteten Familientheorie: Beteiligt am sexuellen Missbrauch sind alle Familienmitglieder zu gleichen Teilen. (vgl. Tilman Fürniss, 1989, S.73) Da die Frau als Partnerin nicht in der Lage oder willens ist, die sexuellen Forderungen des Mannes zu erfüllen, benutzt der Mann die Kinder zur Befriedigung seiner Bedürfnisse. Somit fällt nach diesem Modell die Schuld auf die Mutter zurück.

Ein weiteres Merkmal einer sog. Inzestfamilie ist nach der familien-orientierten Erklärung die Rollenkonfusion zwischen den Familienmitgliedern. Die damit zusammenhängende Abhängigkeit der Familienmitglieder voneinander trägt dazu bei, *„daß wichtige Generationsgrenzen und damit Rollenverteilungen unter den Familienmitgliedern verwischt werden. (...) Kinder erhalten die Aufgabe, alle unbefriedigten Bedürfnisse der Erwachsenen zu stillen; Sexualität ist dabei nur eines von vielen."* (Noël Larson, 1986, S.105ff.)

Die Intervention sieht demzufolge eine Familientherapie nach dem Leitgedanken „Hilfe statt Strafe" vor, denn Ziel ist die Re-Integration der zerrütteten Familie.

1.4.4 Der feministische Ansatz

„Männer mussen den Kopfstand, Frauen den Aufstand und die Gesellschaft den Beistand lernen." (Alberto Godenzi, 1991, S.156)

Die feministische Theorie ist durch die Frauenbewegung entstanden.[15] Die internationale Frauenbewegung brachte im Verlaufe der 70er Jahre das Thema Gewalt gegen Frauen und Mädchen in die Öffentlichkeit. Sie betonte, dass *„die Gewalt nicht am Rande der Gesellschaft vorkommt, sondern in ihrer Mitte, in unser aller Alltag; sie ist nicht Normverletzung, sondern Normverlängerung." (Carol Hagemann-White, 1997, S.19)* Ursula Enders drückt es folgendermaßen aus:

„Nicht sexueller Mißbrauch ist ein Tabu, sondern das Sprechen darüber." (Ursula Enders, 1990, S.11)

Sexuelle Gewalt gegen Frauen und Mädchen wurde durch Betroffenenberichte publik gemacht und in den Kontext der patriarchalen Gesellschaft gestellt. Sie spiegelt in extremer Art die Normalität sexistischer Gewalt wider. Die patriarchalen Verhältnisse gelten nach Ansicht der feministischen Theorie als zentrale Ursache für sexuelle Gewalt.[16] (vgl. Florence Rush, 1988, S.30ff.; Susan Brownmiller, 1980, S.173ff.; Margrit Brückner, 1998, S.9) Somit lehnen die Feministinnen den family-violence-Ansatz ab. Sie betonen, dass sexuelle Gewalt hauptsächlich Männer verüben. Dabei geht es den Tätern nicht um die Befriedigung sexueller Bedürfnisse, sondern um Macht. (vgl. Barbara Kavemann/ Ingrid Lohstöter, 1987, S.96ff.; Ursula Enders, 1990, S.32) Susan Brownmiller bringt dies nach ihrer Analyse über Vergewaltigung auf den Punkt.

„Man never rape equals in power." (Susan Brownmiller, zit.n. Ursula Enders, 1990, S.32)

In Bezug auf sexuellen Missbrauch bedeutet dies für Mädchen, dass sie einem zweifachen Gewaltverhältnis unterliegen, zum einem durch das Generationenverhältnis und zum anderen aufgrund der Geschlechterhierarchie. (vgl. Ursula Enders, 1990, S.34)
Des Weiteren wird in dem woman-abuse-Ansatz ausdrücklich darauf verwiesen, dass eine Familie, in der ein Kind sexuelle Gewalt erfährt, nicht einen *„abnormen Einzelfall einer zerrütteten oder kranken Familie"*, sondern *„den leider allzu häufigen ‚Extremfall' der ‚Normalfamilie'"* darstellt. (Ursula Enders, 1990, S.34) Die Täter sind demnach keine gestörten Triebtäter und psychisch gestörten Einzelgänger, sondern „ganz normale" Männer aus der Mitte unserer Gesellschaft.[17]

---

[15] Hierbei bedarf es der Klarstellung, dass es keine einheitliche feministische Theorie gibt. Innerhalb der feministischen Wissenschaft werden bestimmte Diskurse kontrovers diskutiert.
[16] Was unter patriarchaler Gesellschaft verstanden wird und wie das Patriarchat sexuelle Gewalt hervorruft bzw. begünstigt, stellen Ulrike Brockhaus und Maren Kolshorn (1993, S.255ff.) anschaulich dar.
[17] In dem Buch „Bieder, brutal" beschreibt Alberto Godenzi (1991) die Alltäglichkeit sexueller Gewalt und „Normalität" der Täter sehr deutlich.

Ursula Wirtz (1989, S.16) betont im Kontext sexueller Gewalt die politische Dimension.[18]
Der feministische Ansatz erklärt sowohl inner- als auch außerfamiliären Missbrauch. Das langfristige Ziel ist die Abschaffung der Geschlechterhierarchie und Veränderung und Neudefinition der Geschlechterrollen. Des Weiteren wird die gesellschaftliche Ächtung sexueller Gewalt gegen Kinder und Frauen angestrebt.

1.4.5 Das Modell nach David Finkelhor

Da das von David Finkelhor konstruierte Modell Grundlage für das „Drei-Perspektiven-Modell" von Ulrike Brockhaus und Maren Kolshorn ist, stelle ich sein Modell kurz dar.
David Finkelhor benennt in seinem Modell (1984, S.55) vier Voraussetzungen für sexuellen Missbrauch: (1) ein/e TäterIn muss die Motivation zu sexuellem Missbrauch besitzen, er/ sie muss (2) innere Hindernisse und (3) äußere Hindernisse überwinden und (4) den Widerstand des Kindes brechen.

1.4.6 Das feministische „Drei-Perspektiven-Modell" nach Ulrike Brockhaus und Maren Kolshorn

Das 1993 entwickelte Modell basiert auf dem feministischen Grundverständnis zu sexueller Gewalt. Das Vier-Faktoren-Modell von David Finkelhor wird folgendermaßen ausdifferenziert und weiterentwickelt: Es ist *„eine Integration von soziologischen Fragestellungen, die eher die Gesellschaft fokussieren und psychologischen Analysen, die das Augenmerk auf das Individuum richten".* (Ulrike Brockhaus/ Maren Kolshorn, *1993, S.220)* Auf diese Wechselwirkung, die in der Sozialpsychologie unter dem Begriff des „Symbolischen Interaktionismus" thematisiert wird, das Modell nach David Finkelhor und die Theorien des sozialen Austauschs stützen die beiden Psychologinnen ihr Modell. (vgl. Ulrike Brockhaus/ Maren Kolshorn, 1993, S.221) Die Komplexität des multifaktoriellen Modells werde ich vereinfacht darstellen:
1. Die Täterperspektive: Unter dieser Perspektive werden die Faktoren sexueller Gewalt aus Sicht des Täters thematisiert: Handlungsmotivation (Befriedigung von (z.B. Macht-) Bedürfnissen) und sexuelle Gewalt stimmen mit dem Wertebild des Täters überein und der Täter hat mehr Nutzen (z.B. Befriedigung der Bedürfnisse) als Kosten (z.B. Gefahr der Aufdeckung der sexuellen Gewalt). (vgl. Ulrike Brockhaus/ Maren Kolshorn, 1993, S.227ff.)

---

[18] Alberto Godenzi (1994, S.394) kommt in seinem Buch „Gewalt im sozialen Nahraum" zu dem Schluss, dass die Geschlechtsspezifität im Gewaltbereich eine gesicherte empirische Erkenntnis ist.

2. Die Opferperspektive: Aus Sichtweise des Opfers stellt sich die Frage nach effektivem Widerstand. Dabei spielen folgende Faktoren eine Rolle: Vermeidungsmotivation (Das Kind leistet nur Widerstand beim aversiven Erleben sexueller Gewalt und nicht bei ambivalenten Gefühlen gegenüber der Situation.), Wissen über sexuelle Gewalt (ist Voraussetzung für Gegenwehr und erleichtert diese, geringes Alter ist hier Hemmnis), Recht auf Widerstand (wird erhöht, wenn sich das Kind ein Recht auf Gegenwehr eingesteht. Dies hängt u.a. mit gesellschaftlichen Rollenbildern zusammen.), Verantwortung (Sucht das Kind die Schuld bei sich selbst, ist effektiver Widerstand unwahrscheinlich.) und Kosten-Nutzen-Bilanz (Beispiel für Kosten: die endgültige Beendigung der sexuellen Gewalt, Beispiele für Nutzen: die Aufwandkosten, Verlust des Täters oder der gesamten Familie). Eine Gegenwehr erfolgt lediglich, wenn der Nutzen die Kosten übersteigt. (vgl. Ulrike Brockhaus/ Maren Kolshorn, 1993, S.234ff.)[19]

3. Die Umfeldperspektive: Voraussetzungen für die Intervention des sozialen Umfeldes (Verwandte, Bekannte, LehrerInnen, NachbarInnen etc.) sind erstens das Wahrnehmen des sexuellen Missbrauchs und zweitens das Bewerten des Missbrauchs als Gewalt und Unrecht. Auch hier muss der Nutzen (z.B. Beendigung der Gewalt für das Kind, Erleben und Erweitern von eigenen Handlungskompetenzen) höher bewertet werden als die Kosten (z.B. zeitlicher und psychischer Einsatz). (vgl. Ulrike Brockhaus/ Maren Kolshorn, 1993, S.242ff.)

Fazit

Den individualisierenden Ansatz betrachte ich sehr kritisch, da viele Männer psychisch gestört sein müssten bezogen auf das große Ausmaß. Die Täterarbeit beweist aber das Gegenteil: Missbraucher sind „ganz normale" Männer. (vgl. Barbara Kavemann/ Ingrid Lohstöter, 1987, S.97) Die Verwerfung der Verführungstheorie von Sigmund Freud und das Umschwenken auf den Ödipuskomplex empfinde ich fatal. Durch die Verbannung der sexuellen Übergriffe in die Phantasiewelt werden die Taten als real stattgefunden negiert und die alleinige Schuld für die sog. Träume, die Ausdruck der Erinnerungen an den sexuellen Missbrauch in der Kindheit sind, dem Opfer gegeben. Die Verantwortungsentlastung des Täters findet sich auch in dem family-violence-Ansatz. Durch die Erklärung, sexueller Missbrauch entstehe aufgrund einer Familien-

---

[19] Jedes Kind, das sexuelle Gewalt erfährt, leistet Widerstand. Doch viele TäterInnen setzen sich darüber hinweg und von der Umwelt wird er selten als solcher erkannt. Die betroffenen Kinder entwickeln in ihrem Überlebenswillen eine ausgeprägte Kreativität: Sie stellen Stühle unter die Türklinke, ziehen sich drei Hosen übereinander, bauen Spielzeug in einer langen Reihe von der Tür bis zum Bett auf in der Hoffnung, dass Lärm entsteht, wenn der Täter ins Zimmer kommt, der das ganze Haus aufweckt usw. (vgl. Ursula Enders, 1990, S.105ff.)

dysfunktion, wird hier die Schuld für den sexuellen Missbrauch der gesamten Familie zugeschoben.

Dem Einwand Christina Thürmer-Rohrs, Täter seien keinesfalls *„Täter-Marionetten"* oder höchstens *„schuldlos schuldig"*, stimme ich vollkommen zu. (zit.n. Ursula Enders, 1990, S.30)

Die bisher genannten Erklärungsansätze weisen meiner Einschätzung nach weiterhin große Defizite auf, weil sie lediglich innerfamiliären Missbrauch erklären.

Die Einbeziehung der gesellschaftlichen Verhältnisse in die Gewaltanalyse, wie sie die feministische Theorie betreibt, erachte ich als unbedingt notwendig. Kein Mensch ist ein autonomes Individuum, das frei von den Einflüssen der Gesellschaft ist, da er in dieser sozialisiert ist. Die feministische Analyse erklärt sowohl inner- als auch außerfamiliären Missbrauch und strebt – meiner Meinung nach äußerst wichtig – eine Veränderung der gesellschaftlichen Verhältnisse und Geschlechterrollen an zur Beendigung von Gewalt anstatt die Psychoanalyse des Opfers oder eine Familientherapie als Lösung. Weiterhin schließe ich mich der Meinung von Ulrike Brockhaus und Maren Kolshorn an, dass *„die herrschende Realität sexueller Gewalt - das riesige Ausmaß und vor allem die geschlechtsspezifische Systematik - nur auf dem Hintergrund einer patriarchalen Gesellschaft zu begreifen ist". (Ulrike Brockhaus/ Maren Kolshorn, 1993, S.258)*

Das „Drei-Perspektiven-Modell" von Ulrike Brockhaus und Maren Kolshorn beantwortet die Frage, die sich nach Auseinandersetzung mit der feministischen Analyse des Phänomens stellt, aus welchen Gründen einige Männer Kinder sexuell missbrauchen, andere nicht. Denn die Tatsache, als Mann in der Gesellschaft Macht zu besitzen, muss nicht zu einem Machtmissbrauch führen. Das „Drei-Perspektiven-Modell" verknüpft die gesellschaftlichen Gegebenheiten mit individuellen Faktoren, ist durch die mehrdimensionale Ebene sehr differenziert und berücksichtigt somit die Komplexität und Multikausalität des Phänomens der sexuellen Gewalt.

1.5 Folgen

Die Folgen sexuellen Missbrauchs sind sehr vielschichtig. Ich werde im Folgenden physische, psychosomatische, psychische, soziale und weitere Folgen nennen. Keine der genannten Folgen – mit Ausnahme der körperlichen Folgen – muss zwangsläufig eintreten und kann auch immer eine andere Ursache haben. Erwähnen möchte ich noch die geschlechtsspezifischen Auswirkungen. Silke-Birgitta Gahleitner ist in ihrer Untersuchung darüber zu folgendem Fazit gekommen: Mädchen und Jungen erleben dieselben Traumata und zeigen meist dieselben Folgen. Unterschiede sind bei den Störungen der Auswirkungen im späteren Leben der Frauen und Männer zu erkennen, die *„letztendlich weitgehend auf die gesellschaftliche Konstruktion von Männlichkeit und Weiblichkeit zurückzuführen sind." (Silke-Birgitta Gahleitner, 2000, S.225)*

1.5.1 Physische Folgen

Sexueller Missbrauch hinterlässt oftmals keine körperlich sichtbaren Spuren. Sind körperliche Schäden sichtbar, handelt es sich um Geschlechtskrankheiten, Bisswunden oder -narben an den Genitalien, Sperma-Spuren sowie Schwangerschaft, weiterhin um *„Blutungen und Zerreißungen der Genitalorgane, Blutungen und Einrisse der Afterschleimhaut, Bißspuren im Bereich der erogenen Zonen, Striemen (vor allem über der Innenseite der Oberschenkel) und Unterblutungen in der Gesäßgegend." (Elisabeth Trube-Becker, 1989, S.27)*

1.5.2 Psychosomatische Folgen

Die Untersuchung von Dirk Bange (1992, S.152ff.) zeigt, dass bei den in ihrer Kindheit sexuell missbrauchten Frauen und Männern Schlafstörungen, Essstörungen (Magersucht, Bulimie, Esssucht), Erstickungsanfälle, Ablehnen des eigenen Körpers, Sprachstörungen und bei den Frauen Unterleibsbeschwerden signifikant häufiger auftraten als bei den nicht missbrauchten Befragten.

1.5.3 Psychische Folgen

Vorab möchte ich fünf von Jörg Michael Fegert (1993, S.43ff.) genannte Aspekte erwähnen, die die psychischen Folgen sexueller Gewalt beeinflussen: (1) das Alter des Opfers zu Beginn des Missbrauchs, (2) Dauer und Häufigkeit der sexuellen Gewalt, (3) der Einsatz von Gewalt und Gewaltandrohung, (4) Art der sexuellen Übergriffe und (5) Grad der Beziehung zwischen Opfer und TäterIn. Ich würde noch die Persönlichkeit des Opfers als einen weiteren Aspekt ergänzen. Darzustellen, wie sich die einzelnen Aspekte auf die Folgen kurz-, mittel- und langfristig auswirken, würde den Rahmen an dieser Stelle überschreiten.

Als Folgen sexuellen Missbrauchs können bei Schulkindern sozial auffälliges Verhalten (Schulprobleme, teilweise extreme Leistungsbereitschaft, Aggressivität, Autoaggressivität, Suizidgedanken u.a.) und auffälliges Sexualverhalten auftreten. (vgl. Dirk Bange, 1992, S.43ff.) Bei jugendlichen Opfern gibt es Depressionen, ein vermindertes Selbstwertgefühl und Suizidversuche (und -gedanken). Betroffene Mädchen laufen insbesondere bei innerfamiliärem Missbrauch von zu Hause weg. (vgl. Jörg Michael

Fegert, 1993, S.43; Dirk Bange, 1992, S.45ff.) Viele Kinder haben Scham- und Schuldgefühle. (vgl. Dirk Bange, 1992, S.149)
Eine weitere mögliche Folge sexueller Gewalt ist die Traumatisierung. (vgl. Judith Lewis Herman, 1994, S.135ff.) Judith Lewis Herman formuliert die Auswirkungen sehr klar:

„Bei Erwachsenen greift wiederholtes Trauma eine bereits geformte Persönlichkeit an, bei Kindern dagegen prägt und deformiert wiederholtes Trauma die Persönlichkeit." (Judith Lewis Herman, 1994, S.135)

Die Entstehung einer multiplen Persönlichkeit (MPS)[20] ist bei 90% der MPS-PatientInnen auf schweren sexuellen Missbrauch und körperliche Misshandlung in der Kindheit zurückzuführen (vgl. Dirk Bange, 1992, S.159) und stellt somit eine Überlebensstrategie dar. (vgl. Judith Lewis Herman, 1994, S.144) Außerdem können dissoziative Störungen[21], Borderline-Persönlichkeitsstörungen[22], psychotische Symptome (vgl. Jörg Michael Fegert, 1993, S.43; Dirk Bange, 1992, S.157ff.) und eine Posttraumatische Belastungsstörung[23] entstehen. (vgl. Franz Moggi, 1998, S.193)
Auch im Bereich der Sexualität sind die Auswirkungen sexueller Gewalt deutlich. Sexuelle Übergriffe beeinflussen die Sexualitätsentwicklung, was u.a. die Negierung der eigenen Geschlechterrolle, die Vermeidung jeglichen Körperkontakts und/ oder sexualisiertes Verhalten zur Folge haben kann. (vgl. Ursula Enders, 2001, S.174) Dirk Bange (1992, S.176) kommt in seiner Untersuchung zu dem Ergebnis, dass die sexuell missbrauchten Frauen signifikant häufiger sexuelle Probleme hatten als die nicht missbrauchten Frauen.

---

[20] Eine Multiple Persönlichkeitsstörung ist *„1. Existenz von zwei oder mehr unterschiedlichen Persönlichkeiten oder Persönlichkeitszuständen innerhalb einer Person (jede mit einem eigenen, relativ überdauernden Muster, die Umgebung und sich selbst wahrzunehmen, sich auf sie zu beziehen und sich gedanklich mit ihnen auseinanderzusetzen). 2. Mindestens zwei dieser Persönlichkeiten oder Persönlichkeitszustände übernehmen wiederholt die Kontrolle über das Verhalten des Individuums."* (Michaela Huber, 2001, S.26)
[21] Dissoziation ist *„die krankhafte Entwicklung, in deren Verlauf zusammengehörende Denk-, Handlungs- oder Verhaltensabläufe in Einzelheiten zerfallen, wobei deren Auftreten weitgehend der Kontrolle des Einzelnen entzogen bleibt."* (Duden, 1997, S.199)
[22] Hauptmerkmal hierbei ist *„ein durchgängiges Muster von Instabilität hinsichtlich des Selbstbildes, der zwischenmenschlichen Beziehungen und der Stimmung."* (Diagnostisches und Statistisches Manual Psychischer Störungen, 1989, zit.n. Dirk Bange, 1992, S.158)
[21] Unter Posttraumatischer Belastungsstörung werden nach Rowan/ Foy und Murray insbesondere Langzeitfolgen zusammengefasst, die *„a) das Wiedererleben der sexuellen Kindesmißhandlungen (z.B. Erinnerungen, flashbacks), b) die Vermeidung von Stimuli und Situationen, die mit der sexuellen Kindesmißhandlung in Verbindung stehen (z.B. Vermeiden traumaspezifischer Gedanken, Amnesien) und c) anhaltende Symptome erhöhten Erregungsniveaus (z.B. Reizbarkeit) beschreiben."* (Rowan/ Foy/ Murray, zit.n. Franz Moggi, 1998, S.193)

1.5.4 Soziale und weitere Folgen

Unter dem Begriff soziale Folgeerscheinungen sind (1) Ängste, (2) schlechtes Selbstwertgefühl, unangenehme Gefühle, (3) Misstrauen, Beziehungsschwierigkeiten, sozialer Rückzug, (4) aggressive Verhaltensweisen, (5) Autoaggression und (5) Alkohol- und Drogenkonsum zusammengefasst. (vgl. Silke-Birgitta Gahleitner, 2000, S.102) Eine weitere Folge sexuellen Missbrauchs stellt u.a. Diana Russel in ihrer Untersuchung fest, nämlich die Gefahr der Reviktimisierung. Menschen, die in ihrer Kindheit sexuelle Gewalt erfahren haben, werden im späteren Leben signifikant häufiger Opfer sexueller Gewalttaten als nicht missbrauchte Kinder. Viele Frauen enden in Gewaltbeziehungen. (vgl. Silke-Birgitta Gahleitner, 2000, S.93) Eine viel diskutierte Ursache hierfür ist, dass Betroffene sexueller Gewalt nie gelernt haben, sich als wertvolle Personen anzusehen und somit Schwierigkeiten besitzen, Grenzen zu setzen und sich zu schützen.

2. Präventionsarbeit gegen sexuellen Missbrauch

2.1 Notwendigkeit von Präventionsarbeit und Begriffsklärung

Die Notwendigkeit von Präventionsarbeit ergibt sich aus der empirisch nachgewiesenen Realität sexueller Gewalt und den oftmals gravierenden Folgen. Diese gilt es durch präventive Maßnahmen zu verhindern.
Laut Duden (1997, S.654) bedeutet Prävention „*Vorbeugung, Verhütung*". Unter Prävention von sexuellem Missbrauch werden folglich alle Maßnahmen verstanden, die sexuellen Missbrauch im Vorfeld verhindern.
Die Einteilung in primäre, sekundäre und tertiäre Prävention wurde 1964 von G. Caplan vorgenommen. (vgl. Brunhilde Marquardt-Mau, 1995, S.13) Demnach soll primäre Prävention das Auftreten des sexuellen Missbrauchs von vornherein verhindern. Sekundäre Prävention zielt auf die frühestmögliche Erkennung und daraus resultierender Beendigung der sexuellen Ausbeutung (Intervention) sowie Vorbeugung eines wiederholten Opfer-Werdens oder TäterIn-Werdens. Tertiäre Prävention soll die Spätfolgen sexuell missbrauchter Kinder verhindern und sie unterstützen (Therapie). (vgl. Brunhilde Marquardt-Mau, 1995, S.14; Gabriele Amann/ Rudolph Wipplinger, 1998, S.657)
Die folgende Darstellung bezieht sich hauptsächlich auf die primäre Prävention. Da eine strikte Abgrenzung kaum möglich ist und primäre Prävention auch immer zu einer Aufdeckung bestehender Gewaltverhältnisse führen kann, werde ich die sekundäre Prävention punktuell aufgreifen.

2.2 Präventionsarbeit im rechtlichen Rahmen

Der Schutz für Kinder vor Gewalt ist in Deutschland gesetzlich verankert.
Die Basis dafür bildet Artikel 1 Absatz 1 des Grundgesetzes: „*Die Würde des Menschen ist unantastbar. Sie zu achten und zu schützen ist Verpflichtung aller staatlichen Gewalt.*" Des Weiteren wird im Grundgesetz das Recht auf körperliche Unversehrtheit (Artikel 2 Absatz 2 Grundgesetz) garantiert.
Konkreter wird der Schutz von Kindern und Jugendlichen vor Gewalt im Kinder- und Jugendhilfegesetz (KJHG) als Pflichtaufgabe des Staates formuliert. Seit Ende des Jahres 2000 haben Kinder weiterhin explizit ein Recht auf gewaltfreie Erziehung. (§ 1631 Absatz 2 Bürgerliches Gesetzbuch)
Eine weitere Grundlage für ein gewaltfreies Leben von Kindern stellt die UN-Kinderrechtskonvention (1989) dar. 191 Staaten einschließlich Deutschland haben zu-

gestimmt, dass Kinder vor physischer und/ oder psychischer Gewalt (Artikel 19) und sexuellem Missbrauch geschützt werden sollen (Artikel 34). Das „Übereinkommen über die Rechte des Kindes" wurde 1990 von der Bundesrepublik Deutschland unterzeichnet und ist am 5. April 1992 für Deutschland in Kraft getreten. (vgl. Übereinkommen über die Rechte des Kindes, Bundesministerium für Familien, Senioren, Frauen und Jugend (Hg.), 2000; Die Rechte der Kinder, Bundesministerium für Familien, Senioren, Frauen und Jugend (Hg.), 1999)

Nun stellt sich die Frage, wie Kinder an die oben genannten Informationen über ihre Rechte gelangen und wie Erwachsene in ihre Verantwortung genommen werden. Hier setzt Präventionsarbeit gegen sexuellen Missbrauch an.[24]

Abschließend möchte ich noch kritisch anmerken, dass zwar Gesetze zum Schutz von Mädchen und Jungen existieren, die Prävention sexueller Gewalt und zum Teil sogar Hilfen für betroffene Kinder und Jugendliche jedoch lediglich eine freiwillige Leistung der Jugendhilfe und nicht Pflichtaufgabe des Staates sind. (vgl. Ursula Enders, 1999, S.194) Das fehlende Verantwortungsbewusstsein des Staates drückt sich darin aus, dass es keinerlei systematische Überlegungen von offizieller Seite zum Schutz von Mädchen und Jungen vor sexuellem Missbrauch gibt. (vgl. Barbara Kavemann, 1998, S.50)

2.3 Beginn der Präventionsarbeit in Deutschland

Mit der Enttabuisierung sexueller Gewalt im öffentlichen Rahmen durch betroffene Frauen und die Frauenbewegung in den 70er Jahren wurden das Ausmaß sexueller Gewalt, insbesondere im sozialen Nahraum, sowie deren Folgen bekannt. Im Zuge der Auseinandersetzung mit der Thematik wurde der Ruf nach Prävention laut, um die Gewalt bereits im Vorfeld zu verhindern. Betroffene Frauen und Mädchen trugen durch die Bereitschaft, über ihre schmerzhaften Gewalterfahrungen zu sprechen, zur Erkenntnisgewinnung über sexuelle Gewalt bei. Durch diese Ergebnisse und die Resultate empirischer Sozialforschung ist es möglich, einerseits an Informationen über Handlungsstrategien der TäterInnen zu gelangen und andererseits begünstigende Faktoren für sexuellen Missbrauch festzustellen. (vgl. Erika Bender, 1999, S.15)

---

[24] Laut Artikel 17 der UN-Kinderrechtskonvention soll die wichtige Rolle der Massenmedien genutzt werden, damit ein Kind insbesondere an die Informationen gelangt, *„welche die Förderung seines sozialen, seelischen und sittlichen Wohlergehens sowie seiner körperlichen und geistigen Gesundheit zum Ziel haben." (Übereinkommen über die Rechte des Kindes, Bundesministerium für Familien, Senioren, Frauen und Jugend (Hg.), S.16)* Dass diese Inhalte derzeit so über die Massenmedien vermittelt werden, dass sie viele Kinder erreichen, wage ich zu bezweifeln.

Auf diesen Erkenntnissen basieren die Ansätze, Konzeptionen und Inhalte präventiver Arbeit. Viele Präventionsprogramme in Deutschland nehmen das CAPP (Child Assault Prevention Project) aus den USA als Grundlage. Deshalb werde ich auf das CAPP in Kapitel 2.5 näher eingehen.
Trotz finanzieller Engpässe im Bereich der präventiven Sozialarbeit entwickelten sich zahlreiche und vielseitige Präventionsangebote. Die bisherige Prävention ist meist auf den Selbstschutz von potentiellen Opfern festgelegt und richtet sich direkt an die Mädchen und Jungen. (vgl. Barbara Kavemann, 1998, S.47) Dabei handelt es sich in der Regel um Präventionsprogramme, die von Externen in Schulen durchgeführt werden.

2.4 Präventionskonzepte

2.4.1 Risikofaktoren und TäterInnenstrategien

Bevor ich auf die Präventionskonzepte eingehe, werde ich im Folgenden die Risikofaktoren sexuellen Missbrauchs und TäterInnenstrategien darstellen, denn *„Prävention als Vorbeugung und Verhinderung von sexuellem Missbrauch orientiert sich an dem, was bei sexuellem Missbrauch passiert, an den Strategien der Täter und dem Erleben der Opfer. Sie bezieht ein, was in dieser Tat zusammenwirkt, was sie verursacht, ermöglicht und erleichtert."* (Strohhalm, 2001, S.11)

Risikofaktoren sexuellen Missbrauchs

Die Analyse von missbrauchsbegünstigenden Faktoren ist für die Prävention gegen sexuelle Gewalt unerlässlich, da Prävention die Reduzierung der Risikofaktoren zum Ziel hat. Die meisten Risikofaktoren sind durch gesellschaftliche Strukturen bedingt. Ich werde im Folgenden die mir am wichtigsten erscheinenden nennen:
➢ Patriarchale Gesellschaft
  Je mehr patriarchale Strukturen in einer Gesellschaft herrschen, desto eher findet sexueller Missbrauch statt. (siehe Kapitel 1.4.4 Feministischer Ansatz)
➢ Macht zwischen Erwachsenen und Kindern
  Zwischen Erwachsenen und Kindern besteht ein strukturelles Machtgefälle, das sich beispielsweise im starken Elternrecht und in der faktisch geringen Einflussnahme des Staates bei Gewalt in der Familie ausdrückt. (vgl. Gitti Hentschel, 1998, S.23ff.) Zudem hat der Leitsatz „Kinder müssen Erwachsenen gehorchen." bis heute seine Gültigkeit nicht verloren. In Bezug auf sexuellen Missbrauch bedeutet das für betroffene Kinder, dass sie sich einer/m TäterIn wohl kaum widersetzen werden, da sie unbedingten Gehorsam internalisiert haben. Aus Sicht der TäterInnen ist also

beim Opfer von vornherein mit ziemlich großer Wahrscheinlichkeit kein Widerstand zu erwarten.
- Geschlechtsspezifische Sozialisation

Die geschlechtsspezifische Sozialisation (siehe Solveig Braecker/ Wilma Wirtz - Weinrich, 1991, S.70ff.) und die Geschlechtsstereotype an sich, wie wir sie durch die Darstellung von Frauen – oftmals in sexualisierter und sexistischer Form – und Männern in den Medien, auf Werbeplakaten etc. täglich vor Augen haben, schaffen ein Klima, in dem Männer zu Subjekten und Frauen zu Objekten gemacht werden. Somit werden – vereinfacht ausgedrückt – Mädchen zu Opfern und Jungen zu Tätern sozialisiert.

- Traditionelle geschlechtstypische Rollenaufteilung und patriarchales Denken in der Familie

„Je stärker in einer Familie eine traditionelle geschlechtstypische Rollenaufteilung zwischen Männern und Frauen herrscht und je mehr patriarchales Denken und entsprechende Einstellungen verankert sind, desto größer ist damit das Risiko für die Kinder, mißbraucht zu werden." (Gitti Hentschel, 1998, S.26)

Konservative Familienwerte wie der Vater als Oberhaupt der Familie, der die Unterordnung seiner Frau und Kinder anstrebt, erhöhen das Missbrauchsrisiko für die Kinder.

- Informationsmangel

Wenn Kindern eine altersgemäße Sexualerziehung, ein körperliches Selbstbestimmungsrecht und eine eigene Wahrnehmung ihrer Gefühle nicht ausreichend vermittelt und zugestanden werden, fällt es ihnen schwerer, sexuelle Übergriffe als solche wahrzunehmen und einzuordnen. (vgl. Gisela Braun, 1998, S.150) Dieses Informationsdefizit machen sich die TäterInnen zunutze.

- Familien mit grenzenlosem Familienklima

Ein grenzenloses Familienklima zeichnet sich dadurch aus, dass Grenzen innerhalb der Familie nicht gewahrt werden. Ihre Einhaltung wird von den Familienmitgliedern missachtet, insbesondere von Erwachsenen gegenüber Kindern. Beim sexuellen Missbrauch wird diese Grenzüberschreitung fortgesetzt. (vgl. Norman Marsh, 1993, S.74ff.) Wenn in einer Familie ständig Grenzüberschreitungen stattfinden, fällt es Kindern bei sexuellen Übergriffen schwerer, sich hier abzugrenzen.

- Kinder aus unglücklichen Familien

Mädchen und Jungen, die aus unglücklichen Familien kommen, werden häufiger sexuell missbraucht, sowohl inner- als auch außerfamiliär. Wenn sie eine schlechte

Beziehung zu ihren Eltern[25] haben, abgelehnt werden oder eine unglückliche Partnerschaft zwischen den Eltern miterleben, sind sie gefährdeter, Opfer sexueller Gewalt zu werden. (vgl. Ulrike Brockhaus/ Maren Kolshorn, 1993, S.110) Dies trifft auch auf Kinder zu, die zu Hause wenig Beachtung, Liebe, Anerkennung und Zärtlichkeit erhalten. Emotional vernachlässigte Kinder sind in besonderem Maße anfällig für jede Art von Zuwendung, einschließlich sexueller Gewalt. Solche Kinder sind eher einsam, wenig selbstbewusst und ängstlich. Viele TäterInnen machen sich die Defizite dieser Kinder und deren Bedürfnis nach Nähe zunutze und suchen sie sich gerade aus, weil sie unter diesen Umständen auch ohne direkte Gewaltausübung zu ihrem Ziel gelangen können.

➢ Kinder aus „broken homes"
Kinder, die durch Scheidung oder Trennung der Eltern oder Tod einen Elternteil verloren haben, müssen nicht zwangsläufig emotional bedürftiger sein. Durch den Verlust einer wichtigen Bezugsperson, den Stress und die gefühlsmäßige Verunsicherung erwächst aber meist ein Bedürfnis nach Nähe, das Kinder anfälliger für sexuellen Missbrauch machen kann. Die veränderte Familienkonstellation kann weiterhin zu einer vernachlässigten Beaufsichtigung führen. (vgl. Dirk Bange, 1995, S.38) In Bezug auf innerfamiliären Missbrauch wächst die Gefahr sexueller Gewalt für Mädchen und Jungen in Stieffamilien. Untersuchungen zeigen, dass Stiefväter öfter zum Täter werden als Väter. (vgl. Dirk Bange, 1992, S.126)[26] Dabei geht es bei der Verringerung des Gefährdungsfaktors Stieffamilie nicht um die Rückkehr zur „Kernfamilie", sondern um ein Bewusstsein der Erwachsenen darüber, um Schutz für die Kinder zu gewährleisten.

➢ Kinder mit Migrationshintergrund (siehe Kapitel 4.4.3)
➢ Behinderung
Mädchen und Jungen mit einer Behinderung werden häufiger Opfer sexueller Gewalt. Durch ihre Behinderung sind sie leichter angreifbar aufgrund ihrer großen Abhängigkeit, Pflegebedürftigkeit und erschwerten bis unmöglichen Mitteilungsfähigkeit. Zu einer Aufdeckung des sexuellen Missbrauchs an behinderten Kindern kommt es in den seltensten Fällen. (vgl. Aiha Zemp, 1996, S.145ff.)

➢ Rigide Sexualnormen
Untersuchungen zufolge werden Mädchen und Jungen aus Familien mit rigiden Sexualnormen, d.h. aus Familien, in denen Sexualität tabuisiert wird, ein strenges moralisches Klima herrscht und Selbstbefriedigung verboten ist, signifikant häufi-

---

[25] Unter dem Begriff „Eltern" fasse ich nicht nur leibliche Eltern, sondern auch Adoptiveltern, Pflegeeltern, neue/r PartnerIn der Mutter/ des Vaters und Alleinerziehende zusammen.
[26] Erklärungsansätze hierfür werden bei Dirk Bange (1992, S.126ff.) dargestellt und diskutiert.

ger Opfer sexueller Ausbeutung als Mädchen und Jungen, die eine emanzipatorische Sexualerziehung erhielten. (vgl. Ursula Enders, 1990, S.26)
➢ Religiöse Erziehung
Dirk Bange stellt in seiner Studie einen Zusammenhang zwischen der Intensität der religiösen Erziehung und dem Vorkommen sexuellen Missbrauchs an Kindern her: *„Die innerhalb der Familie sexuell ausgebeuteten Studentinnen gaben wesentlich häufiger als die nicht mißbrauchten Studentinnen an, daß sie in einem ziemlich oder sehr religiösen Familienklima aufgewachsen sind."* (Dirk Bange, 1992, S.121)

TäterInnenstrategien
Im ersten Kapitel habe ich als Merkmal sexuellen Missbrauchs festgehalten, dass sexueller Missbrauch eine geplante Tat ist. Die Analyse der TäterInnenstrategien ist für die Prävention Voraussetzung, um den Kindern ein kindgerechtes Bild von den Handlungsweisen einer/ eines TäterIn zu vermitteln. Gabriele Amann und Rudolph Wipplinger fordern nach einer Untersuchung zahlreicher Präventionsprogramme, die Programme sollten *„in weitaus stärkerem Ausmaß die realen Mißbrauchssituationen behandeln und die Kinder stärker auf das tatsächliche subtile und heimtückische Vorgehen der Mißbraucher vorbereiten."* (Gabriele Amann/ Rudolph Wipplinger, 1998, S.673)
Im Folgenden werde ich die Vorgehensweise der TäterInnen skizzieren.

„Such' ein Kind aus, welches eine schlechte Beziehung zu den Eltern hat, (...) welches wenig FreundInnen hat (...) Geh langsam vor (...) Sieh' zu, daß dir so viele Leute wie möglich aus der Umgebung des Kindes vertrauen, (...) laß Pornos herumliegen. Rede über Sex. Beobachte die Reaktion des Kindes (...) Tu' so, als wäre das etwas ganz Normales (...) Berühre wie zufällig ihre Brust (...) Benutze Liebe als Köder (...) Drohe ihr niemals. Gib ihr die Illusion, daß sie frei entscheiden kann, ob sie mitmachen will oder nicht." (J.R. Conte/ S. Wolf/ T. Smith, 1989, zit.n. Ulrike Brockhaus/ Maren Kolshorn, 1993, S.131)

Diese „Gebrauchsanweisung zu sexuellem Missbrauch", angefertigt von einem Missbraucher auf Aufforderung der oben genannten Autoren, zeigt das schrittweise Vorgehen der TäterInnen sehr deutlich. Es ist selbstverständlich, dass es nicht nur eine Art gibt, Kinder sexuell auszubeuten. Aber einige typische Verhaltensweisen werden in der Regel vollzogen: Zuerst wird das Kind – das eigene, ein bekanntes oder bei fremden „am besten" ein emotional vernachlässigtes – ausgewählt. Um die Kontaktaufnahme zu Kindern zu erleichtern, suchen sich einige TäterInnen einen Beruf im pädagogischen, medizinischen, therapeutischen oder einem anderen Bereich, in dem sie leichter in Kontakt zu Kindern kommen, oder sie engagieren sich ehrenamtlich. Des Weiteren suchen sich einige Männer alleinerziehende Mütter und heiraten sie sogar, um Zugang zu den Kindern zu haben. Allen Kontaktaufnahmen gemeinsam ist das Prinzip des geringsten Aufdeckungsrisikos. Im Anschluss an die Kontaktaufnahme bauen die TäterInnen eine Beziehung zu dem Kind auf. Nachdem eine Vertrauensbasis geschaffen wurde, testen sie die Reaktion der potentiellen Opfer auf sexuelle Stimuli. Die Gefühle der Kinder sind dabei meist ambivalent, da die Beziehung zur/ zum TäterIn als positiv erlebt wird und somit eine gewisse Abhängigkeit besteht. Durch allmähliche sexuelle Annäherung nach dem Prinzip der Desensibilisierung, wenn auch unbewusst angewandt, werden die Kinder so verstrickt, dass es zu dem Zeitpunkt der sexuellen Übergriffe für ein Aussteigen des Kindes in der Regel zu spät ist. Zudem geben die TäterInnen den Kindern oftmals Geschenke als „Gegenleistung" im Sinne eines „Geschäftes" und verstricken die Kinder somit in Schuld- und Schamgefühle. (vgl. Ulrike Brockhaus/ Maren Kolshorn, 1993, S.127ff.; Gabriele Amann/ Rudolph Wipplinger, 1998, S.670; Ursula Enders, 1999, S.177ff.)

2.4.2 Voraussetzungen präventiver Arbeit

Eine wichtige Voraussetzung präventiver Arbeit ist das Ursachenmodell zu sexuellem Missbrauch (siehe Kapitel 1.4), da sich Konzepte präventiver Arbeit aus den Erklärungsansätzen ableiten. Weitere Voraussetzungen sind die Sexualpädagogik und die Intervention.

Sexualpädagogik im Rahmen von Präventionsarbeit gegen sexuellen Missbrauch

„In vielen Familien ist es nicht üblich, über Sexualität zu sprechen. Die Mädchen und Jungen erhalten keine altersgemäße Sexualaufklärung. Ein Täter kann so ihre Unwissenheit und natürliche Neugier für seine Zwecke ausnutzen. Die Kinder trauen sich nicht, die ihnen zugefügte sexuelle Gewalt zu benennen, weil ihnen die Ausdrücke für Geschlechtsorgane und sexuelle Praktiken fehlen oder weil sie es nicht gewohnt sind, über Sexualität zu sprechen." (Gisela Braun/ Arbeitsgemeinschaft Kinder- und Jugendschutz (AJS), 1993, S.30)

Sexualerziehung ist Voraussetzung für Präventionsarbeit gegen sexuellen Missbrauch. Zu Beginn sollte als Basis die Benennung der Geschlechtsteile erfolgen. Den Kindern müssen Worte gegeben werden, um über Sexualität zu sprechen, um dem Ausdruck *„sexuelle Ausbeutung als Problem fehlender Wörter"* (Lisa Lercher/ Barbara Derler/ Ulrike Höbel, 1995, S.175) seine Geltung zu entziehen.

Der Bezug zur Präventionsarbeit ist folgender. Durch die Vermittlung eines verantwortungsvollen Umgangs mit dem eigenen Körper werden das Unrechtsbewusstsein und die Abwehrbereitschaft bei körperlichen und sexuellen Übergriffen gestärkt. Kin-

der, die ihren Körper lustvoll bejahen, besitzen eher die Möglichkeit, nein zu sagen und Grenzen zu setzen. (vgl. Solveig Braecker/ Wilma Wirtz-Weinrich, 1991, S.85)
Die Auseinandersetzung mit dem Thema Sexualität ist zum Schutz gegen sexuelle Gewalt wichtig, um den Unterschied zwischen einer auf Liebe und Zuneigung beruhenden Sexualität und einer auf Macht und Gewalt beruhenden sexuellen Ausbeutung zu erläutern. Kinder benötigen ein entsprechendes Vokabular, um sich den Erwachsenen mitzuteilen. Außerdem müssen sie über verbotene Handlungen aufgeklärt werden, da die TäterInnen ihre Macht mit dem Mittel der Sexualität durchsetzen. (vgl. Sabine Kellner, 1999, S.51ff.) Denn: *„Das Nichtwissen von Formen kindlicher und erwachsener Sexualität und das Fehlen einer Sprache für sexuelle Sachverhalte nutzen (...) Mißhandler aus, um das eigene Mißbrauchsverhalten als Normalität anzugeben."* (Brunhilde Marquardt-Mau, 1995, S.21)
Sexualaufklärung sollte sich dabei selbstverständlich am Wissens- und Entwicklungsstand des Kindes orientieren.[27]
Zuletzt möchte ich betonen, dass Sexualpädagogik anfangs Sexualaufklärung und Sexualität thematisieren sollte. Erst im Anschluss daran kann die Anknüpfung zu sexueller Gewalt vollzogen werden, denn Kindern muss zunächst vermittelt werden, dass Sexualität ein gewaltfreier Bereich sein sollte.

Intervention
Präventionsarbeit kann immer zu einer Aufdeckung sexueller Gewalt führen. Deshalb ist ein bestehendes Hilfenetz für Mädchen und Jungen, zusammengesetzt aus Anlauf- und Beratungsstellen sowie Therapie- und Unterbringungsmöglichkeiten, Voraussetzung für eine verantwortungsbewusste Präventionsarbeit. (vgl. Verein zur Prävention von sexueller Gewalt an Mädchen und Jungen, 1994, S.27)
Des Weiteren sollte Prävention nicht als Ergänzung von Schutz- und Unterstützungsmöglichkeiten und nicht als Alternative angesehen werden, sondern als ein zusätzlicher Arbeitsbereich. (vgl. Bundesverein zur Prävention von sexuellem Missbrauch an Mädchen und Jungen, 2001)
Die Intervention ist ein wichtiger Bereich im Kontext sexueller Gewalt. Ich führe den Arbeitsbereich aber nicht weiter aus, weil dies nicht Gegenstand der vorliegenden Arbeit ist.

---

[27] Auf die Hindernisse bei der Sexualaufklärung von Kindern, mögliche Folgen fehlender Sexualaufklärung und Hilfen zur Sexualaufklärung geht Karin Frei (1993, S.63-79) in ihrem Buch „Sexueller Mißbrauch. Schutz durch Aufklärung" ein.

2.4.3 Präventionsziele

Prävention von sexuellem Missbrauch umfasst „*alle politischen, gesellschaftlichen und pädagogischen Maßnahmen und Entscheidungen, die eine langfristige Verhinderung von sexueller Gewalt auf der familiären und gesellschaftlichen Ebene zum Ziel haben."* *(Silke Linder, 1997, S.61)* Präventionsarbeit darf sich nicht allein auf das Individuum konzentrieren, sondern muss das gesamtgesellschaftliche Umfeld berücksichtigen, in dem sexuelle Gewalt verübt wird.

In einem sehr umfassenden und differenzierten Rahmen formuliert Barbara Kavemann fünf Präventionsziele. Sie ist der Ansicht, dass Prävention auf folgende Punkte zielen muss:

1. *die gesellschaftlichen Strukturen zu verändern, die diese Gewalt möglich machen und aufrechterhalten,*
2. *die Konstrukte von Geschlecht und Sexualität zu verändern, die die Sexualisierung von Gewalt ermöglichen,*
3. *den sozialen und rechtlichen Schutz von Kindern und Jugendlichen zu verbessern und für die Einhaltung schützender Vorschriften zu sorgen,*
4. *die Handlungsalternativen und Lebensmöglichkeiten von Mädchen und Jungen zu verbessern,*
5. *eine Utopie von einem besseren Zusammenleben der Geschlechter und Generationen zu entwickeln. (Barbara Kavemann, 1998, S.47)*

Abschließend sei darauf hingewiesen, dass effektive Präventionsarbeit meiner Überzeugung nach auf einem feministischen Ansatz basiert. Eine feministische Analyse der sexuellen Gewalt und die daraus resultierenden Bestrebungen zu einem gewaltfreien Zusammenleben in unserer Gesellschaft ist die Basis für Prävention.

2.4.4 Prävention auf politischer Ebene

Die Prävention auf politischer Ebene beinhaltet, dass sich die Öffentlichkeit, insbesondere die PolitikerInnen, das Problem sexueller Gewalt bewusst machen, sich damit auseinandersetzen und Verantwortung übernehmen. Dies schließt eine kontinuierliche Öffentlichkeits- und Pressearbeit mit ein. (vgl. Silke Linder, 1997, S.61)

Barbara Kavemann (1998, S.48) fordert auf der politischen Ebene, dass sich Prävention von sexueller Gewalt dem Bereich der Verhinderung von und Schutz vor Kriminalität angliedern sollte. Dies scheitert momentan daran, dass es kein klares Verständnis von sexueller Gewalt als Straftat gibt, d.h. keine genaue Unterscheidung der sexuellen Gewalt von sozial verträglicher Sexualität.

2.4.5 Prävention auf gesellschaftlicher Ebene

Sexueller Missbrauch wird durch verschiedene gesellschaftliche Faktoren verursacht bzw. begünstigt wie beispielsweise die herrschenden patriarchalen Strukturen, die geschlechtsspezifische Sozialisation und die Machtstrukturen zwischen Erwachsenen und Kindern. Diese missbrauchsbegünstigenden Gesellschaftsstrukturen gilt es zu verändern und abzubauen. Andere gesellschaftliche Aspekte sind detailliert bei den Risikofaktoren sexuellen Missbrauchs ausgeführt. (siehe Kapitel 2.4.1)

2.4.6 Prävention mit Erwachsenen

Ziele bei der Prävention mit Erwachsenen – Eltern und Professionellen – sind, soweit nicht bereits realisiert, eine Veränderung des Erziehungsstils, die Vermeidung geschlechtstypischer Sozialisation, Abbau des Machtgefälles zwischen Erwachsenen und Kindern, Stärkung des Selbstbewusstseins der Kinder und Befähigung zur Aufklärung der Kinder über sexuelle Gewalt und zur Erkennung sexueller Gewalt. (vgl. Gabriele Amann/ Rudolph Wipplinger, 1998, S.658)

Die Verantwortung für den Schutz der Kinder vor sexueller Gewalt liegt in den Händen der Erwachsenen:

„Prävention macht nur Sinn, wenn die Erwachsenen mutig genug werden, für ihre Kinder Vorbilder zu sein. Kinder brauchen Verbündete." (Sabine Kellner, 1999, S.120)

Der wichtigste Ansatzpunkt in der Prävention mit Erwachsenen ist die Verantwortung, da das Ungleichgewicht zwischen Erwachsenen und Kindern nicht aufhebbar ist, aber ein positiver Umgang mit der Macht im Sinne von Unterstützung und Hilfe für die Kinder möglich ist. (vgl. Strohhalm, 1998) Folgender weiterer Aspekt der Prävention mit Erwachsenen ist wichtig. Präventionsarbeit, die sich ausschließlich mit Kindern beschäftigt, ist kontraproduktiv, da Kinder für die gelernten Präventionsgrundsätze Bestätigung und positive Unterstützung in ihrem Umfeld benötigen. (vgl. Sabine Kellner, 1999, S.46)

Des Weiteren tragen Erwachsene Verantwortung in Bezug auf die Vermittlung der Präventionsinhalte, denn Kinder haben meist nur durch Erwachsene die Möglichkeit, über ihre in Kapitel 2.2 genannten Rechte und die dafür notwendigen Schutzmaßnahmen informiert zu werden.

Für die präventive Arbeit mit Kindern müssen Erwachsene bestimmte Vorbedingungen erfüllen: Sie müssen sich mit der Thematik des sexuellen Missbrauchs auseinandersetzen und bereit sein, aktiv für die Kinder Partei zu ergreifen. (vgl. Dirk Bange, 1993, S.13ff.) Gisela Braun hat Prävention folgendermaßen zusammengefasst:

„Prävention ist ein Prinzip alltäglichen Umgangs von Erwachsenen untereinander, der als Vorbild dient, und von Erwachsenen mit Kindern. Prävention ist eine Haltung, Einstellung, Überzeugung, die sich gegen die Unterordnung von Mädchen und Jungen unter den alleinigen Willen der Erwachsenen wendet und eintritt für Selbstbestimmtheit und Eigenheit." *(Gisela Braun, 1998, S.151)*

Prävention als Erziehungshaltung impliziert folgende Grundhaltung zu Kindern:

„Kinder sind eigenständige Menschen, deren Willen, (...) Individualität, physische und psychische Integrität zu achten ist." *(Verein zur Prävention von sexueller Gewalt an Mädchen und Jungen, 1994, S.16)*

Prävention mit Eltern
Eltern sind der wichtigste Sozialisationsfaktor eines Kindes. Da Prävention oftmals als eine Erziehungshaltung verstanden wird (vgl. Gisela Braun, 1998, S.151) und Kinder eine kontinuierliche Erziehung zu Hause erfahren, ist es logisch, dass präventive Bemühungen nicht ohne Eltern stattfinden können. (vgl. Anne Knappe, 1995, S.241) Daraus resultiert, dass sich die Erfolgsaussichten von Prävention ohne Kooperation mit den Eltern verringern.
Die Notwendigkeit, mit Eltern sexuellen Missbrauch zu thematisieren, lässt sich u.a. aus der Studie von Dirk Bange (1992, S.94) ableiten. In seiner StudentInnenbefragung gaben 19% der betroffenen Frauen an, dass sie sich an ihre Mutter haben. Etwa 10% der Betroffenen haben sich an ihren Vater gewandt. Bei den Männern ist der Prozentsatz, der sich an die Eltern gewandt hat, weitaus geringer.
Diese Ergebnisse verdeutlichen, dass Mütter und Väter über sexuellen Missbrauch aufgeklärt werden müssen. Das alleinige Wissen über sexuelle Gewalt ist aber nicht ausreichend. Anne Knappe kommt in einer Elternbefragung zu dem Ergebnis, *„daß Eltern die Problematik des sexuellen Mißbrauchs an Kindern zwar erkennen, sie aber aus verschiedenen Gründen (...) nicht auf ihren (erzieherischen) Alltag beziehen oder in ihn integrieren können."* (Anne Knappe, 1994, S.251) Als Konsequenz daraus benötigen Eltern praktische Anregungen und Impulse für eine präventive Erziehung.
Eltern müssen also einerseits befähigt werden, ihre Kinder angemessen über sexuelle Gewalt zu informieren. Andererseits müssen sie im Falle eines sexuellen Missbrauchs die Hinweise ihrer Kinder wahrnehmen und gegebenenfalls im Sinne des Kindes reagieren, um sie zu schützen. (vgl. Dirk Bange, 1993, S.14) Ein weiteres Ziel von Elternarbeit ist es, dass Eltern dazu angeregt werden, ihr Selbstverständnis als Erziehende kritisch zu reflektieren und Normen und Werte zu hinterfragen, die ihr Familienleben bestimmen. (vgl. Lisa Lercher/ Barbara Derler/ Ulrike Höbel, 1995, S.146)

Die Information von Eltern kann im Rahmen eines Elternabends im Kindergarten oder in der Schule (siehe Ursula Enders, 1993, S.51ff.) oder durch Öffentlichkeitsarbeit und Kampagnen geschehen.[28]

Prävention mit Professionellen

Besonders Professionelle, die mit Kindern arbeiten, müssen über sexuelle Gewalt Bescheid wissen. Das setzt eine kritische Reflexion der eigenen Berufsrolle in Hinblick auf den Schutz von Mädchen und Jungen voraus. *„Denn nur wenn für die Kinder kompetente Ansprechpartner da sind, werden sich Kinder wehren oder einen sexuellen Missbrauch aufdecken können."* (Dirk Bange, 1993, S.14) Die Forderung Dirk Banges, dass sexueller Missbrauch in der Ausbildung von LehrerInnen, ErzieherInnen, SozialarbeiterInnen, PsychologInnen und ÄrztInnen integriert sein muss, unterstütze ich. Wegen des hohen Ausmaßes sexueller Gewalt wird jede/r Professionelle im Kinderbereich in ihrer/ seiner Berufslaufbahn auf Opfer sexueller Gewalt stoßen. Deshalb besteht ein großer Handlungsbedarf, damit die in dem Bereich Tätigen sensibilisiert werden und sich im Umgang mit dieser Thematik sicherer fühlen.

Kompetenzen im Bereich der Präventionsarbeit gegen sexuelle Gewalt beinhalten nicht nur die Fähigkeit zu präventivem Handeln, sondern auch Handlungskompetenzen im (Verdachts-) Fall sexueller Gewalt. Zur Frage, wie mensch sexuelle Gewalt an Kindern erkennt, siehe u.a.: Michele Elliott, 1991, S.81-88, S.198-200; Sabine Kellner, 1999, S.37-39. Folgende Literaturhinweise zum Umgang bei Verdacht auf sexuelle Gewalt seien hier genannt: Michele Elliott, 1991, S.89-94; Sabine Kellner, 1999, S76-87; Karin Frei, 1993, S.118-125. Den Umgang mit betroffenen Kindern thematisiert Helga Saller (1992, S.171-187) unter dem Titel „Wie begegne ich einem betroffenen Kind, das mich ins Vertrauen zieht?"

Da Präventionsarbeit gegen sexuellen Missbrauch in der Regel in Schulen durchgeführt wird, gehe ich an dieser Stelle noch auf die Situation der Schule ein. Die Integration von Prävention gegen sexuellen Missbrauch in den Schulalltag ist wichtig und notwendig, da die Schule eine zentrale Lebenswelt für Kinder ist und somit ein ausschlaggebender Sozialisationsfaktor neben der Familie.

Abschließend möchte ich auf die ambivalente Rolle der Erziehungs- und Sozialisationsinstanzen Elternhaus, Schule und Kita hinweisen. Einerseits weisen sie verschiedene missbrauchsbegünstigende Faktoren auf (siehe Kapitel 2.4.1), andererseits sind sie Orte, an denen Kinder ernst genommen, in ihrem Selbstbewusstsein gestärkt, geliebt

---

[28] Ein empfehlenswerter Ratgeber für Mütter und Väter ist eine von Gisela Braun und der Arbeitsgemeinschaft Kinder- und Jugendschutz (AJS) Landesstelle NRW e.V. herausgegebene Broschüre (1993): Gegen sexuellen Mißbrauch an Mädchen und Jungen. Ein Ratgeber für Mütter und Väter

und gefördert werden. Diese Potenziale zu wecken, anzuregen und zu unterstützen ist Ziel der Prävention. (vgl. Strohhalm, 2001, S.24ff.)[29]

2.4.7 Prävention mit Kindern

Die Prävention mit Kindern umfasste früher die Warnung vor dem Fremdtäter. Teilweise geschieht dies auch heute noch. Aus der Kritik daran ist die emanzipatorische Präventionsarbeit entstanden, die ich in diesem Kapitel ausführlich beschreiben werde. Außerdem gehe ich auf weitere Präventionsthemen und einen geschlechtsspezifischen Ansatz ein.

Herkömmliche Prävention

Die Warnung vor dem bösen, fremden (schwarzen) Mann, der Kinder mit Süßigkeiten zu sich lockt oder ihnen im Gebüsch auflauert, ist immer noch eine weit verbreitete Prävention. Diese Ratschläge von PädagogInnen und Eltern sind zwar gut gemeint, gehen aber nicht auf die herrschende Realität ein, dass sexuelle Gewalt nämlich mehrheitlich durch Bekannte und Verwandte verübt wird. Den Mädchen und Jungen wird damit vermittelt, dass sie sicher und geschützt seien, wenn sie bestimmte Orte und fremde Personen meiden. Zudem ängstigen Warnungen wie „Geh abends alleine nicht auf die Straße!" die Kinder und schränken sie in ihrer Bewegungsfreiheit ein.

„Ihnen wird durch diese Art der Aufklärung das Gefühl vermittelt, daß es ‚böse', ‚starke' Manner gibt, die ihnen weh tun – sie jedoch zu klein und schwach sind, um sich zu wehren sowie zu jung sind, um zu verstehen, was ‚diese' Männer mit ihnen machen." (Solveig Braecker/ Wilma Wirtz-Weinrich, 1991, S.67)

Oft bewirken solche Warnungen das Gegenteil. Das Selbstbewusstsein der Kinder wird dadurch geschwächt. Weiterhin entstehen *„eine diffuse Verängstigung, Hilflosigkeit, Unfähigkeit zum Widerstand". (Solveig Braecker/ Wilma Wirtz-Weinrich, 1991, S.67)* Gerade verängstigte, unwissende und abhängige Kinder haben weniger Möglichkeiten, sich gegen sexuellen Missbrauch im sozialen Nahraum zu wehren. (vgl. Gisela Braun/ Ursula Enders, 1990, S.252ff.)

---

[29] In der Fachliteratur zur Prävention sexuellen Missbrauchs wird als weiterer Bereich die Prävention mit potentiellen TäterInnen genannt. (vgl. Lisa Lercher/ Barbara Derler/ Ulrike Höbel, 1995, S.62; Gabriele Amann/ Rudolph Wipplinger, 1998, S.660ff.) Diese beinhaltet zum einen die Verhinderung, dass aus Kindern TäterInnen werden und zum anderen, dass MissbraucherInnen zu WiederholungstäterInnen werden. (vgl. Lisa Lercher/ Barbara Derler/ Ulrike Höbel, 1995, S.62) Der erste Punkt fließt in meine Ausführungen ansatzweise ein. Ansonsten findet die TäterInnenprävention in der vorliegenden Arbeit keine Berücksichtigung.

Ein weiterer Kritikpunkt an der traditionellen Prävention ist, dass sie durch Fehlinformationen stabilisierend auf die herrschenden Verhältnisse wirkt. (vgl. Gisela Braun, 1998, S.146) Die „bösen, fremden Männer", die als Täter sexueller Gewalt lediglich die Minderheit ausmachen, werden diffamiert. Im Gegensatz dazu bleiben die Familie oder der Bekanntenkreis als Gefahrenorte für Mädchen und Jungen unantastbar.
Mit der Warnung vor dem Fremdtäter gehen Vermeidungsstrategien wie „Zieh dich nicht so aufreizend an!" einher, die zu weiteren Mythen führen, die Schuld auf das Opfer abladen und einen Schutz vor sexueller Gewalt suggerieren, wenn Kinder sich in diesem Beispiel „normal" kleiden.
Für bereits betroffene Kinder können der Mythos des bösen Fremdtäters und die Dramatisierung der Einzelfälle besonders schwerer sexueller Gewalt und die damit einhergehende Verschleierung des großen Ausmaßes der nicht weniger schlimmen sexuellen Gewalt im Nahbereich fatale Folgen haben. Den „Monstertäter" bringen sie nicht mit dem eigenen Vater, Onkel etc. und noch weniger mit der Mutter, Tante etc. in Verbindung und können somit ihr eigenes Unglück nicht als sexuellen Missbrauch erkennen und wahrnehmen.
Die Warnung vor dem bösen Fremden wurde bis in die 80er Jahre auch in Broschüren von Behörden praktiziert. (vgl. Sabine Kellner, 1999, S.45)

Emanzipatorische Präventionsansätze und Präventionsgrundsätze

„Aus der (...) Analyse, dass sexueller Missbrauch Machtmissbrauch ist, folgt ganz logisch, dass man das Machtungleichgewicht entweder aufhebt, indem der Mächtigere geschwächt wird, oder aber die Schwächeren, die Mädchen und Jungen also, gestärkt werden. Es ist daher eine sinnvolle Präventionsstrategie, den Kindern neben Selbstbewusstsein und dem Gefühl von Stärke Informationen über ihre Rechte sowie Handlungsmöglichkeiten an die Hand zu geben." (Elisabeth Fey, 1992, S.197)

Resultierend aus der Kritik an der herkömmlichen Prävention sind neue Präventionsansätze emanzipatorisch orientiert und stellen Lebensfreude, Spaß, Stärkung der eigenen Kräfte, Ermutigung und Energie in den Vordergrund. Das zentrale Motto dieser Prävention lautet „Wissen ist Macht". (vgl. Elisabeth Fey, 1991, S.162) Ausgehend von dieser Präventionsphilosophie sind folgende **Präventionsgrundsätze** entstanden (vgl. Solveig Braecker/ Wilma Wirtz-Weinrich, 1991, S.77ff.; Elisabeth Fey, 1992, S.210ff.; Dirk Bange, 1993, S.15ff.; Sibylle Härtl, 1998, S.154ff.; Strohhalm, 2001, S.37ff.):

- Dein Körper gehört dir!

Jedes Kind hat ein Recht auf körperliche Unversehrtheit. Voraussetzung für die Anerkennung und Ausübung des Rechts auf körperliche Selbstbestimmung ist es, den eigenen Körper als *„einzigartig, wichtig und liebevoll"* wahrzunehmen. *„Nur die Entwicklung eines positiven Körpergefühls ermöglicht eine Gegenwehr: Kinder, die stolz auf ihren Körper sind, haben viel mehr Anlaß diesen zu verteidigen und zu schützen."* (Solveig Braecker/ Wilma Wirtz-Weinrich, 1991, S.77) Den Kindern soll also vermittelt werden, dass ihr Körper nur ihnen alleine gehört und dass nur sie bestimmen, was mit ihrem Körper geschieht und wer sie anfasst. Dies umfasst insbesondere, Grenzen zu setzen, was ein wichtiger Ansatzpunkt im Bereich der Prävention ist, weil bei sexueller Gewalt immer Grenzen der Mädchen und Jungen überschritten werden.

- Vertraue deinem Gefühl!

An erster Stelle steht bei diesem Grundsatz, die Wahrnehmung von Gefühlen zu fördern. In einer hoch technisierten Welt mit Computer, Fernseher und sonstiger Technik und einer Umwelt, in der selten ein offener Austausch über Gefühle stattfindet, müssen erst einmal die Gefühle wahrgenommen werden, um überhaupt verbalisiert werden zu können. Kinder sollen lernen, ihren Gefühlen zu vertrauen, da Gefühle ein guter Schutz sind. Gerade in Bezug auf sexuelle Gewalt spüren Kinder in Übergriffs- und Missbrauchssituationen, wenn sich etwas seltsam, blöd, komisch oder unangenehm anfühlt. Hierbei sollen die Kinder wissen, dass sie sich auf ihre Intuition verlassen können, auch wenn eine andere Person das Gegenteil behauptet. In der Missbrauchssituation reden TäterInnen als Teil ihrer Strategie Kindern oftmals ein, dass die Kinder es auch wollen und schön finden etc., was den Gefühlen der Kinder widerspricht.

- Unterscheide zwischen angenehmen und unangenehmen Berührungen!

„Gefühle zu akzeptieren ist die Voraussetzung für die Unterscheidung von schönen und unangenehmen Berührungen." (Strohhalm, 2002a)

Den Kindern sollte vermittelt werden, dass sich liebevolle und zärtliche Berührungen gut anfühlen. Berührungen, die verwirren, sich komisch anfühlen oder sogar wehtun, dürfen zurückgewiesen werden, unabhängig davon, was andere ihnen sagen. Kinder müssen wissen, dass sie das Recht haben, sich gegen komische und unangenehme Berührungen zu wehren. Dabei sollte benannt werden, dass auch anfänglich angenehme Berührungen plötzlich unangenehm werden können. Auch diese Berührungen dürfen zurückgewiesen werden.

- Du hast das Recht, „Nein" zu sagen!

Kinder sollten darüber informiert werden, dass sie in Situationen, in denen sie sich unwohl fühlen, einem Erwachsenen widersprechen und sich widersetzen können. Das „Neinsagen" zu dem Erwachsenen impliziert ein „Jasagen" zu sich selbst, den eigenen Gefühlen und dem eigenen Körper.
Den Schwierigkeiten bei der Umsetzung des Neinsagens bei Fremden, Bekannten und Verwandten sollte ein Raum zum Austausch gegeben werden. (vgl. Anne Knappe, 1994, S.259ff.)
Der Erziehungsalltag der Kinder spielt bei diesem Präventionsgrundsatz eine große Rolle. Sollten bei Kindern im Alltag auf ein „Nein" Zuwendungs- und Liebesentzug oder Strafen folgen, wird es ihnen schwer fallen, „Nein" zu sagen, wenn sie Opfer sexueller Gewalt werden. (vgl. Solveig Braecker/ Wilma Wirtz-Weinrich, 1991, S.81)

„Dabei darf Mädchen und Jungen nicht vorenthalten werden, daß ihr Nein auch manchmal übergangen wird und daß das nicht ihre Schuld ist." (Sibylle Härtl, 1998, S.161)

Da Präventionsarbeit immer auch eine aufdeckende Wirkung haben kann, sollte betont werden, dass die Kinder nie die Verantwortung für den sexuellen Missbrauch tragen. Selbst wenn sie „Nein" gesagt haben, bleibt die alleinige Schuld bei der/ dem TäterIn.

• Es gibt gute und schlechte Geheimnisse.

Geheimnisse und das Bewahren von Geheimnissen sind ein wichtiges Moment in der Ich-Identitätsentwicklung. Sie bieten den Kindern eine Abgrenzung gegenüber der Erwachsenenwelt. (vgl. Solveig Braecker/ Wilma Wirtz-Weinrich, 1991, S.83). Gute Geheimnisse wie beispielsweise Geschenke oder Überraschungen bereiten Spaß und Freude. Dabei sind die Kinder stolz, wenn es ihnen gelingt, das Geheimnis nicht zu verraten. Es existieren aber auch Geheimnisse, die eine psychische Belastung für Kinder darstellen. Die wichtigste Mitteilung dieses Präventionsgrundsatzes ist, dass Kinder sog. Geheimnisse weitererzählen dürfen/ sollten, mit denen sie sich unwohl fühlen oder bei denen sie gezwungen werden, nichts zu verraten. Ein schlechtes Geheimnis möchte nur die jeweils andere Person haben, es wird den Kindern aufgedrängt und wirkt dadurch beängstigend, unheimlich oder bedrohlich.
In Bezug auf das Weitererzählen ist zu betonen, dass es sich nicht um Petzen handelt. Im Gegenteil: *„Kinder müssen ausdrücklich die Erlaubnis erhalten, über Geheimnisse, die sie belasten und die ihnen Angst machen, reden zu dürfen." (Sibylle Härtl, 1998, S.162)* Des Weiteren sollte gerade im Hinblick auf sexuelle Gewalt die Schuld des Erwachsenen thematisiert werden. Bei dem sog. Geheimnis handelt es sich um Erpressung, weil sich das Kind damit unwohl fühlt und unter Druck gesetzt wird. Gerade TäterInnen sexueller Gewalt verlangen ihren Opfern Geheimniswahrung ab und vermitteln Schuldgefühle. Erwachsene sollten bei der Besprechung dieses Präventi-

onsgrundsatzes ihre eigene Erziehungshaltung reflektieren, denn Kindern kann nur glaubwürdig vermittelt werden, *„daß sie jedes schlechte Geheimnis ohne Angst erzählen dürfen, wenn sie im Erziehungsalltag erleben, daß es möglich ist, darüber zu reden, ohne bestraft zu werden." (Solveig Braecker/ Wilma Wirtz-Weinrich, 1991, S.84)*

- Du hast ein Recht auf Hilfe!

„Kinder, insbesondere Mädchen, stoßen bei der Durchsetzung ihres Selbstbestimmungsrechts aufgrund ihrer körperlichen Unterlegenheit und geringen Anerkennung auf Grenzen: Ihr ‚Nein' wird nicht ernstgenommen, ihnen wird nicht geglaubt. Sie fühlen sich hilflos und allein gelassen." (Solveig Braecker/ Wilma Wirtz-Weinrich, 1993, S.82)

Ausgehend von dieser Tatsache stellt sich die Aufgabe, Kinder zu informieren, dass sie ein Recht auf Hilfe und Unterstützung haben. Bei Problemen oder schlechten Geheimnissen sollten sie sich an eine Vertrauensperson wenden:

„Kinder, die lernen sich Hilfe zu holen, wenn sie sich unsicher oder nicht gut fühlen und die darin unterstützt werden, holen sich wahrscheinlich auch Hilfe, wenn sie sexuell mißbraucht werden." (Solveig Braecker/ Wilma Wirtz-Weinrich, 1991, S.83)

Da TäterInnen immer stärker sind, über mehr Macht und Autorität und über die Definitionsmacht über die Situation verfügen, sind Kinder auf die Hilfe und Unterstützung durch Erwachsene angewiesen. Dabei kann mit den Kindern besprochen werden, an wen sie sich wenden könnten, wenn sie Hilfe brauchen wie z.B. ein/e FreundIn, Eltern, Verwandte oder ein/e LehrerIn. Unter Berücksichtigung der von Ursula Enders genannten Zahl, dass Kinder sechsmal von ihren Missbrauchserfahrungen berichten müssen, ehe die siebte Person ihnen glaubt (siehe Kapitel 1.3.2), sollten die Kinder darauf vorbereitet werden, dass nicht alle Erwachsenen Kindern Glauben schenken, es aber wichtig ist, mit dem Erlebten nicht alleine zu bleiben. In dem Zusammenhang sollte auf Professionelle verwiesen werden, die mit der Thematik arbeiten und bei denen Kinder auf jeden Fall Hilfe und Unterstützung bekommen wie z.B. der Kindernotdienst, Wildwasser etc.

- Kinder haben niemals Schuld.

Bei diesem Präventionsgrundsatz sollte den Kindern nahe gelegt werden, dass es niemals ihre Schuld ist, wenn etwas gegen ihren Willen geschieht und sie beispielsweise unangenehm berührt wurden. Selbst wenn sie Geschenke angenommen, den Erwachsenen angeblich „provoziert" oder sich nicht gewehrt haben, liegt die volle Verantwortung immer bei der/ dem TäterIn. (vgl. Strohhalm, 2002b)

Die dargestellten Präventionsgrundsätze verdeutlichen die Abkehr von einer abschreckenden Prävention hin zu einer bejahenden Prävention, die auf die Stärkung der Persönlichkeit zielt:

"Prävention möchte dazu beitragen, daß Mädchen und Jungen zu selbstbewußten Frauen und Männern heranwachsen. Die Kinder sollen erfahren, daß sie das Recht auf ein selbstbestimmtes Leben haben. Sie sollen ihre Stärken kennenlernen und dazu befähigt werden, diese zur Abwehr von Übergriffen zu nutzen." (Petra Mader/ Marion Mebes, 1993, S.10)

Weitere Präventionsthemen
Zusätzlich zu den Präventionsgrundsätzen müssen die Kinder über weitere Aspekte aufgeklärt werden, die als Mythen noch weit verbreitet sind:
• Es sind mehrheitlich Verwandte und Bekannte und nicht Fremde, die Kinder sexuell missbrauchen.
• Es gibt auch Frauen und nicht nur Männer, die sexuelle Gewalt verüben.
• Sexuelle Gewalt trifft auch Jungen und nicht nur Mädchen.

Eine Information über folgende Aspekte sollte weiterhin Beachtung finden:
• TäterInnenstrategien: TäterInnen geben Kindern oft Geschenke als „Gegenleistung" für die sexuellen Handlungen. Geschenke, die aber an Bedingungen geknüpft sind, sind Bestechungen, da richtige Geschenke ohne Gegenleistung erfolgen. Des Weiteren verwenden TäterInnen Tricks, um Kinder gefügig zu machen. (vgl. Michele Elliott, 1991, S.47; siehe 2.4.1 TäterInnenstrategien)
• Kinder haben Rechte wie das Recht auf gewaltfreie Erziehung und körperliche Unversehrtheit. (siehe Kapitel 2.2) Des Weiteren ist sexueller Missbrauch verboten und strafbar.
• Mädchen und Jungen benötigen eine kindgerechte Definition von sexuellem Missbrauch. Nur wenn sie um die Handlungen sexuellen Missbrauchs wissen, können sie ihn erkennen.[30]

---

[30] Die von Sabine Kellner vorgeschlagene Definition klärt meiner Meinung nach Kinder behutsam und sachgerecht auf: *"Sexueller Mißbrauch findet statt, ... wenn ein Erwachsener Kinder an die Geschlechtsorgane (Scheide, Penis, After, Brust) faßt und den Kindern sagt, daß sie niemandem etwas davon erzählen dürfen ... wenn ein Erwachsener Kinder auffordert, den Penis oder die Scheide des Erwachsenen mit der Hand oder mit dem Mund zu berühren ... wenn ein Erwachsener Kindern Pornohefte zeigt. (...) ... wenn ein Erwachsener Kindern sagt, sie sollen sich ausziehen und sich selbst an den Penis oder an die Scheide fassen ... wenn Männer im Park oder auf der Straße oder in einem Raum ihre Hose aufmachen und Kindern ihren Penis zeigen, um sie zu erschrecken. Solche Männer nennt man Exhibitionisten."* (Sabine Kellner, 1999, S.64)

Geschlechtsspezifischer Ansatz

„Kinder sind Mädchen und Jungen, und sie werden als solche auch immer unterschiedlich erzogen. Viele Erwachsene haben feste Vorstellungen, wie ein Mädchen zu einer ‚richtigen' Frau und ein Junge zu einem ‚richtigen' Mann werden soll, obwohl sich hier in den letzten Jahrzehnten einiges geändert hat." (Gisela Braun/ Arbeitsgemeinschaft Kinder- und Jugendschutz (AJS), 1993, S.31)

Auch wenn die geschlechtsspezifische Erziehung teilweise aufgebrochen wird, so herrscht noch mehrheitlich die Auffassung, dass Mädchen lieb, brav, nett und anhänglich und Jungen stark, durchsetzungsfähig und nicht weinerlich sein sollten. Im Kontext des sexuellen Missbrauchs schadet die festgeschriebene Rollenstruktur: Mädchen, die wenig selbstbewusst, eigenwillig und durchsetzungskräftig sind, stellen einfachere Opfer für sexuelle Übergriffe dar. Jungen, die sexuell ausgebeutet werden, fühlen sich in der Missbrauchssituation hilflos, ohnmächtig und ängstlich und unterdrücken oftmals Schmerz und Trauer, weil dieses Verhalten nicht den männlichen Rollenerwartungen entspricht. (vgl. Gisela Braun/ Arbeitsgemeinschaft Kinder- und Jugendschutz (AJS), 1993, S.31)

Die Arbeit in geschlechtsgetrennten Gruppen ist also wichtig, um *„den Jungen und Mädchen ihr internalisiertes geschlechtsspezifisches Verhalten transparent zu machen und entsprechende alternative Strategien für Mädchen und Jungen zu entwickeln." (Solveig Braecker/ Wilma Wirtz-Weinrich, 1991, S.79/80)*

Die Notwendigkeit von Präventionsarbeit in geschlechtshomogenen Gruppen bringt Christian Spoden auf den Punkt:

„Gewalt als überwiegend geschlechtsspezifisches Problem braucht eine geschlechtsspezifische Antwort." (Christian Spoden, 1998, S.78)[31]

Die Präventionsgrundsätze und -themen sollten spielerisch umgesetzt werden, etwa mit Rollenspielen, Gesprächskreisen, Vorlesen, Gedichten, Liedern, Malen, Handpuppen, etc., um die Kinder auf verschiedenen Ebenen anzusprechen.

---

[31] Da eine Vertiefung der geschlechtsspezifischen Arbeit den Rahmen der vorliegenden Arbeit sprengen würde, verweise ich auf zwei meiner Ansicht nach interessante Texte: zu Mädchenarbeit siehe Irmgard Schaffrin, 1993, S.122-148 und zu Jungenarbeit siehe Christian Spoden, 1998, S.73-79

2.5 CAPP (Child Assault Prevention Projekt): Modellprojekt präventiver Arbeit aus den USA

Das CAPP wurde 1978 von Mitarbeiterinnen eines Notrufs für vergewaltigte Frauen in den USA gegründet. Die theoretische Basis des CAPP ist das feministische Verständnis von Gewalt. Der Grundgedanke dabei steht unter dem Motto „Safe, strong and free", der den Kindern das Recht auf Selbstbestimmung zu vermitteln und vorhandene Stärken von Kindern aufzubauen hilft, um somit die Widerstandskraft der Kinder zu erhöhen.

Das CAPP setzt folgende Schwerpunkte:
- Aufklärung über sexuelle Gewalt und damit Aufhebung der Isolation, der Sprachlosigkeit und des Schweigegebots
- Stärkung der Kinder, indem sie ihre Rechte und Möglichkeiten der Verteidigung kennenlernen
- Förderung von Mobilität und Unabhängigkeit von Kindern
- Vermittlung des Rechts auf Hilfe und Unterstützung
- Grundinformation der Bezugspersonen (Eltern und LehrerInnen) über sexuelle Gewalt (vgl. Verein zur Prävention von sexueller Gewalt an Mädchen und Jungen, 1994, S.18)

Der Ablauf gestaltet sich folgendermaßen:
Das Präventionsprogramm wird von ausgebildeten TrainerInnenteams durchgeführt. Zu Beginn des Präventionsprogramms steht die Elternarbeit. Im Rahmen eines Elternabends wird die Notwendigkeit von Prävention gegen sexuellen Missbrauch verdeutlicht. Es wird betont, dass eine sachgerechte Aufklärung die Kinder effektiv schützt. Anschließend findet ein Workshop mit den LehrerInnen statt, in dem über Fakten, grundlegende Kriseninterventionsstrategien, juristische Fragen und Verantwortlichkeiten informiert wird. Danach beginnt die Arbeit mit den Kindern, die in Form eines ein- bis zweistündigen Workshops stattfindet. Schwerpunkt des CAPP ist die Arbeit mit dem Rollenspiel. Mithilfe dieser Methode werden den SchülerInnen drei alltägliche Situationen vorgespielt: Gewalt unter Kindern (großes Kind ↔ kleines Kind), Übergriff eines Fremden (Fremdtäter ↔ Kind) und Übergriff eines Verwandten (Onkel ↔ Nichte). Im Anschluss erarbeiten die TrainerInnen gemeinsam mit den Kindern mögliche Verhaltensweisen und Lösungsvorschläge. Daraufhin wird das Rollenspiel (mit Ausnahme des dritten Rollenspiels) in veränderter Version mit den Kindern durchgespielt, wobei die Kinder die unterstützenden Personen sind. (vgl. Beate Besten, 1995, S.65ff.; Solveig Braecker/ Wilma Wirtz-Weinrich, 1991, S.74ff.)
Die Grundsätze des CAPP sowie die Methode des Rollenspiels haben viele Präventionsprojekte auch in Deutschland übernommen wie beispielsweise das Berliner Präven-

tionsprojekt Strohhalm (1987), der Verein RotCAPPchen (1988) und der daraus entstandene Bielefelder Verein zur Prävention von sexueller Gewalt an Mädchen und Jungen (1991). Da an dem CAPP-Konzept viel Kritik geäußert wurde – hauptsächlich wurde hierbei das Konzept des Empowerment als zu verantwortungslastig für die Kinder bemängelt –, sind Modifikationen durchgeführt worden wie beispielsweise die zeitliche Ausweitung, die geschlechtsspezifische Arbeit und ein Beratungsangebot im Anschluss an den Kinder-Workshop. (vgl. Verein zur Prävention sexueller Gewalt an Mädchen und Jungen, 1994, S.22ff.)

2.6 Kritische Auseinandersetzung mit Präventionsarbeit

Präventionsarbeit gegen sexuellen Missbrauch stößt nicht immer auf Zustimmung. Mit den Einwänden und Bedenken von KritikerInnen präventiver Arbeit werde ich mich im Folgenden auseinandersetzen.

2.6.1 Prävention: Ängstigt oder hilft sie Kindern?

Viele Eltern und auch Professionelle, die mit Kindern arbeiten, äußern die Befürchtung, dass sie durch die Thematisierung des sexuellen Missbrauchs die Kinder verängstigen. BefürworterInnen von Prävention vertreten die Meinung, dass Präventionsarbeit Kindern hilft. Ich werde im Folgenden beide Meinungen wiedergeben und anschließend meinen Standpunkt darstellen.

GegnerInnen von Prävention sind der Ansicht, dass durch die Thematisierung des sexuellen Missbrauchs bei den Kindern Ängste entstehen könnten. Zudem erheben sie den Einwand, dass Kinder noch zu klein sind, um sie mit dem Thema zu belasten. (vgl. kritisch: Lisa Lercher/ Barbara Derler/ Ulrike Höbel, 1995, S154ff.)

Weiterhin zeigen Untersuchungen aus den USA, dass einige Kinder nach einem Präventionsprogramm mehr Ängste äußerten. (vgl. David Finkelhor/ Nancy Strapko, 1994, S.225) Dabei betonen David Finkelhor und Jennifer Dziuba-Leatherman (1995, S.103), dass die erhöhte Ängstlichkeit mehrere Interpretationen zulässt. Angst kann sich negativ auswirken, wenn sie fehl am Platz ist und die Spontanität und Neugier des Kindes blockiert. Im Falle einer tatsächlichen Gefahrensituation können Angstgefühle helfen, wenn die zur Gefahrenbewältigung nötigen Kenntnisse verfügbar sind. So wollten die Kinder, die erhöhte Angst bezeugten, möglicherweise mitteilen, dass sie die Präventionsbotschaft sehr ernst nahmen.

BefürworterInnen vertreten die Meinung, dass heutzutage die meisten Mädchen und Jungen bereits früh um sexuelle Gewalt wissen, z.B. durch die Medien. Es geht also vielmehr darum, ihnen vorhandene Ängste zu nehmen, die sich durch die Darstellung sexueller Gewalt in den Medien verinnerlicht haben, und Kinder sachgerecht aufzuklären als neue Ängste hinzuzufügen. (vgl. Lisa Lercher/ Barbara Derler/ Ulrike Höbel, 1995, S.154) Durch die Aufklärung über ihre Rechte werden Kinder gestärkt und erhalten Schutz. Elisabeth Fey bezieht folgendermaßen Stellung:

„Ob ein Kind Angst bekommt, hängt vor allem davon ab, ob wir unseren Schwerpunkt auf Gefahren und Bedrohungen von außen legen oder vielmehr auf die Rechte, Stärken und Fähigkeiten der Mädchen und Jungen, die in ihnen selbst liegen. Äußere Bedrohungen sind vom Kind nicht kontrollierbar, wogegen eigene Kraft und Fähigkeit steuerbar sind und daher mutig stimmen und sogar stolz machen." (Elisabeth Fey, 1992, S.209)

Die Tatsache, dass Kinder viel mehr wissen, als wir Erwachsenen oftmals vermuten, und massiven Ängsten unterliegen und Angst vor oder bereits selbst Erfahrung mit sexueller, körperlicher und psychischer Gewalt haben, bestätigt der Praxisbericht des Vereins zur Prävention von sexueller Gewalt an Mädchen und Jungen (1994, S.131) in aller Deutlichkeit. Das umfangreiche Wissen der Kinder kann ich durch meine Praktikumserfahrung beim Fachteam Kinderschutz in Berlin-Kreuzberg bestätigen. Wir führten zu der Zeit, als der Gewalttäter Frank Schmökel – seiner Haft entflohen – sich frei in Berlin bewegte, ein Präventionsprogramm in einer Grundschulklasse durch und erfuhren von den Kindern, dass fast alle von Frank Schmökel gehört hatten. Sie äußerten diesbezüglich auch Ängste über Entführung, Mord etc.

Des Weiteren bringen BefürworterInnen als weiteres Argument, dass gerade, weil mit Kindern kaum über sexuelle Gewalt gesprochen wird, Betroffene oftmals glauben, dass sie mit ihren Gewalterfahrungen alleine sind, keine Worte finden und somit in der Missbrauchsdynamik gefangen bleiben. (vgl. Lisa Lercher/ Barbara Derler/ Ulrike Höbel, 1995, S.155)

Ich denke, dass es zwar wichtig ist, die Sorgen und Ängste der Eltern und Professionellen ernst zu nehmen, erachte es aber als absolut notwendig, dem entgegenzusetzen, dass Kinder durch emanzipatorische Präventionsarbeit gestärkt und somit gerade geschützt und nicht geschwächt werden. Ich würde noch einen Schritt weitergehen und bei der Diskussion ganz pragmatisch argumentieren. Sexueller Missbrauch ist aufgrund des hohen Ausmaßes eine große Gefährdung für Mädchen und Jungen. Aufgrund dessen sollten Kinder über sexuelle Gewalt informiert werden, wie es in anderen Bereichen wie Verkehrserziehung, Drogenprävention oder Prävention gegen das Rauchen ganz selbstverständlich der Fall ist.

2.6.2 Kritik an Präventionsarbeit mit Kindern

Der meist angebrachte Kritikpunkt an Präventionsprogrammen mit Kindern ist, dass sie „*beim schwächsten Glied in der Kette des sexuellen Mißbrauchs – bei den Opfern ansetzen*" *(Gabriele Amann/ Rudolph Wipplinger, 1998, S.668)* und dadurch die Verantwortung von den eigentlich Zuständigen, nämlich den Erwachsenen, abgelenkt wird. Des Weiteren werden Bedenken geäußert, dass alleinige Präventionsarbeit mit Kindern, die den Widerstand der Kinder und die Wichtigkeit der Gefühle in den Vordergrund stellt, problematisch für Kinder ist, wenn sie in ihrer tagtäglichen Realität das genaue Gegenteil erleben. (vgl. Anne Knappe, 1994, S.252)

Ich unterstütze diese Meinung dahingehend, dass Arbeit mit Kindern nicht ohne Beteiligung der Erwachsenen durchgeführt werden sollte und Erwachsene die Hauptverantwortung für das Wohl der Kinder tragen. Der Überzeugung Barbara Kavemanns, dass die Präventionsarbeit mit Kindern sinnvoll und notwendig ist, aber in einem breiten gesellschaftlichen Rahmen mit weiteren Aktivitäten verknüpft sein muss, schließe ich mich an. Ansonsten besteht die Gefahr, „*ungewollt den Kindern die Verantwortung für ihren Schutz aufzubürden, indem der Fokus auf die Kinder und ihre Gegenwehrmöglichkeiten gelegt wird.*" *(Barbara Kavemann, 1998, S.48)*

Aber ausschließlich Erwachsenenarbeit im Bereich der Prävention, wie Francien Lamers-Winkelmann (1995, S.303) sie fordert, geht meiner Auffassung nach an der leider herrschenden Realität der Kinder vorbei. Denn es gibt Kinder, die in einem Umfeld aufwachsen, in dem keine Aufklärung über sexuelle Gewalt geschieht oder das Selbstbewusstsein und Neinsagen von Kindern nicht angestrebt wird. Damit auch solche Kinder, die potentiell auch stärker gefährdet sind, wenigstens erreicht werden, ist der direkte Kontakt mit den Kindern unabdingbar.

Des Weiteren plädiere ich dafür, das Problem der sexuellen Gewalt aus der Perspektive der potentiellen Opfer zu betrachten. Da es keinen hundertprozentigen Schutz für Kinder gibt, solange Frauen und Männer Kinder sexuell missbrauchen wollen, benötigen Kinder vorbeugenden Schutz. Denn im Falle eines sexuellen Übergriffs sind eher selbstbewusste und informierte Kinder in der Lage, Widerstand zu leisten und Hilfe zu holen. An dieser Stelle möchte ich an das in Kapitel 1.4.5 vorgestellte Modell von David Finkelhor erinnern. Die ersten drei Voraussetzungen für sexuellen Missbrauch beziehen sich auf den/ die TäterIn. Als vierte Stufe muss die/ der TäterIn aber den Widerstand des Kindes überwinden, was meiner Ansicht nach ein Anknüpfungspunkt für eine opferorientierte Präventionsarbeit ist.

Ich befürworte präventive Strategien, die auf mehreren Ebenen ansetzen, wobei eine Ebene die der Kinder ist. Je mehr Schritte auf allen möglichen Ebenen unternommen werden mit dem Ziel der Verhinderung sexuellen Missbrauchs, desto eher wird ein Prozess angeregt, der die Chance auf Erfolg steigen lässt.

2.6.3 Erfolg von Präventionsarbeit

Nach der Auseinandersetzung mit unterschiedlichen Konzepten der Prävention stellt sich die Frage nach der Wirksamkeit solcher Präventionsprogramme. Werden die Kinder wirklich befähigt, sich der Autorität einer/ eines Erwachsenen zu widersetzen, sich Hilfe zu holen und sich somit zu schützen? Der Erfolg von Präventionsarbeit ist schwer messbar, da es keine objektiven Kriterien gibt.

Zwei positive Faktoren sind, dass Präventionsarbeit zum einen die Aufdeckung bereits erlittenen Missbrauchs fördert (vgl. David Finkelhor/ Nancy Strapko, 1994, S.228) und zum anderen eine *„kommunikationsfördernde Wirkung" (David Finkelhor/ Nancy Strapko, 1994, S.235)* auf Eltern und Kinder hat.

Gabriele Amann und Rudolph Wipplinger (1998, S.668) kommen nach einer Auswertung zahlreicher Evaluationsstudien zu dem Ergebnis, dass keine Studie die Reduzierung sexuellen Missbrauchs nachweisen konnte, verweisen aber auf verbessertes Wissen und verbesserte Fähigkeiten der Kinder.

Meiner Meinung nach ist es illusorisch zu behaupten, ein Kind so schützen zu können, dass die Gefahr sexueller Übergriffe ausgeschlossen ist. Die Grenzen präventiver Bemühungen müssen anerkannt werden, um realistische Erwartungen zu haben. Trotzdem sollte die Prävention als Möglichkeit, sexuelle Gewalt zu verhindern, genutzt werden. Sehr eindeutig hat Irmgard Schaffrin die Erfolgskraft von Prävention beschrieben:

„Es liegt im Rahmen des Möglichen, daß Mißbrauch beendet und Übergriffe abgewehrt werden. (Irmgard Schaffrin, 1993, S.126)

Des Weiteren gilt:

„Jedes Kind, das einer Mißbrauchssituation entkommt, ist ein hundertprozentiger Erfolg." (Beate Besten, 1995, S.123)

Abschließen möchte ich diesen Abschnitt mit dem Gedanken, dass notwendige Veränderungen im Bereich des sexuellen Missbrauchs nicht von heute auf morgen zu erreichen sind und nicht durch einmalige Programme. Denn jahrhundertelang eingeprägte Strukturen werden sich erst in einem langen Prozess auflösen.

Das Kapitel zur Präventionsarbeit gegen sexuellen Missbrauch möchte ich mit einer These von Barbara Kavemann beenden. In ihrem Artikel „Gesellschaftliche Folgekosten sexualisierter Gewalt gegen Mädchen und Jungen" vertritt Barbara Kavemann (1997, S.215ff.) die These, dass sexueller Missbrauch nicht nur ungemein destruktiv für die Opfer und somit sozial schädlich ist, sondern auch ein Kostenfaktor, den sich diese Gesellschaft nicht leisten kann. Das Gebot der Wirtschaftlichkeit beinhaltet, dass die Gesellschaft für die Folgen von sexuellem Missbrauch aufkommen muss, die durch Prävention reduziert werden könnten. Unter der Annahme, dass sich Prävention kurzfristiger Logik entzieht, plädiert sie für eine Investition in die Prävention im Sinne einer Zukunftsinvestition unter Einbeziehung der verursachten Kosten im Gesundheits-, im juristischen, sozialen, Bildungs- und im Arbeitsbereich. Hierbei verweist Barbara Kavemann auf kanadische, australische und US-amerikanische Studien, da für Deutschland keine Untersuchung vorliegt. Eine ökonomische Sicht auf sexuelle Gewalt erscheint zwar unangemessen, da sich Politik aber in der Regel nur in Zahlen ausdrückt, ist diese Sichtweise entsprechend naheliegend für politische Forderungen. Denn Präventionsarbeit gegen sexuellen Missbrauch ist neben einer moralischen Verpflichtung auch billiger.

3. Interkulturelle Sozialarbeit

3.1 Begriffsklärung

Im Bereich der interkulturellen Sozialarbeit ist eine Begriffsklärung ebenso vonnöten wie im Bereich des sexuellen Missbrauchs, da auch hier die verwendeten Begriffe Standpunkte widerspiegeln, die mit unterschiedlichen Inhalten gefüllt sind. Auf die Begriffe „Kultur", „Multi-" / „Interkulturalität" und „Rassismus" gehe ich im Rahmen des kulturspezifischen und antirassistischen Ansatzes ein. An dieser Stelle erörtere ich die Bezeichnungen „MigrantInnen", „AusländerInnen", „Schwarze Deutsche" und „weiße Deutsche".

MigrantInnen

Laut Duden bedeutet Migration: *„Wanderung, Bewegung von Individuen oder Gruppen im geographischen oder sozialen Raum, die mit einem Wechsel des Wohnsitzes verbunden ist."* (Duden, 1997, S.517) Ich schließe mich dem daraus folgenden Resumée von Mark Terkessidis an:

„Insofern ist ‚Migranten' eine neutrale Bezeichnung für ‚Wanderer' – für Menschen, die aus vielen verschiedenen Motiven ihr Geburtsland verlassen haben und in einem anderen Land leben." (Mark Terkessidis, 2000, S.6)

AusländerInnen

Der Begriff „AusländerInnen" wird in öffentlichen Diskussionen oftmals verwendet und ist der juristische Terminus für Menschen nicht-deutscher Herkunft. Die Kritik daran lautet, dass der Begriff „*Aus*länderIn" eine Ausgrenzung impliziert. Denn er spiegelt nicht die Realität wider, dass die Mehrheit der MigrantInnen schon seit Jahren in Deutschland lebt und viele ihrer Kinder hier in Deutschland geboren sind.[32] (vgl. Annita Kalpaka/ Nora Räthzel, 1990, S.7) Mark Terkessidis kommentiert den Begriff deshalb auch folgendermaßen:

---

[32] Mit der Einführung des neuen deutschen Staatsangehörigkeitsrechts am 1. Januar 2000 ist das „ius sanguinis" (Blutsrecht) für in Deutschland geborene Kinder von MigrantInneneltern durch das „ius solis" (Bodenrecht) ergänzt worden. Das trifft aber nur auf Kinder zu, bei denen ein Elternteil sich bei der Geburt seit mindestens acht Jahren rechtmäßig in Deutschland aufhält und seit mindestens drei Jahren eine unbefristete Aufenthaltsgenehmigung hat. Mit dem Geburtsrecht werden die Kinder zu deutschen StaatsbürgerInnen und sind also keine „AusländerInnen" mehr. Dabei ist zu beachten, dass sie sich mit 23 Jahren für eine Staatsangehörigkeit – die deutsche oder die des Heimatlandes der Eltern – entscheiden müssen. Somit können sie also mit 23 Jahren wieder zu „AusländerInnen" in Deutschland werden. Weiterhin neu sind die Regelungen für die Einbürgerung Erwachsener nicht-deutscher Herkunft. (siehe hierzu: Die Ausländerbeauftragte der Bundesregierung/ Bundesministerium des Innern: Das neue Staatsangehörigkeitsrecht. Einbürgerung: fair, gerecht, tolerant, 1999)

„ ‚Ausländer' ist (...) ein juristischer, aber mittlerweile vor allem ein ideologischer Begriff. Denn die Bezeichnung macht Einwanderer ‚fremder' als sie eigentlich sind." (Mark Terkessidis, 2000, S.9)

Schwarze Deutsche
Der Terminus „Schwarze Deutsche" ist ein politischer Begriff. Er bezeichnet Menschen, die wegen ihrer Hautfarbe/ ihres Aussehens und häufig wegen ihrer Religion, Kultur oder ethnischen Herkunft diskriminiert werden. Die von Schwarzen selber benutzte Schreibweise – Schwarz als Adjektiv mit großem Anfangsbuchstaben – verweist darauf, dass sich Schwarze Menschen über ihre Hautfarbe auch politisch definieren. (vgl. Ika Hügel u.a., 1993, S.13)
Der Begriff „Schwarze Deutsche" bezieht sich also auf Schwarze wie beispielsweise Afro-Deutsche, die teilweise schon seit Generationen in Deutschland leben.

Weiße Deutsche
Die Bezeichnung „weiße Deutsche" wird in Abgrenzung zu „Schwarzen Deutschen" verwendet. Gemeint sind damit Menschen, die der Dominanzkultur (vgl. Birgit Rommelspacher, 1998) angehören, also weiße, christlich sozialisierte Deutsche. Mit dem Begriff „Dominanzkultur" geht einher, dass deren Angehörige die politische und gesellschaftliche Macht über Schwarze Deutsche und MigrantInnen besitzen. Dies impliziert auch eine Definitionsmacht, d.h., dass die weißen Deutschen bestimmen (können), wer „anders" oder „fremd" ist. Hierbei besteht die Gefahr, dass dies in stereotypen Zuschreibungen endet.

Fazit
Ich werde im Folgenden die Begriffe „Schwarze Deutsche" und „weiße Deutsche" und für Menschen nicht-deutscher Herkunft als allumfassenden Begriff den mir am passendsten erscheinenden Begriff „MigrantIn" verwenden. Bezeichnungen wie „GastarbeiterInnen", „AussiedlerInnen" und „Flüchtlinge" gebrauche ich in diesem Kapitel teilweise zur besseren Unterscheidung. Den Begriff „AusländerInnen" verwende ich nicht, da ich mit der oben genannten Kritik übereinstimme.

3.2 MigrantInnen in Deutschland
Die Ursachen für Migration sind meist ein komplexes Netz verschiedener Gründe. Mein Anliegen an dieser Stelle ist es, auf die Komplexität von Migrationsursachen

hinzuweisen und zu betonen, dass die Motivation zur Migration sowohl freiwillig als auch unfreiwillig (z.B. Krieg, Hungersnöte, Umweltschäden etc.) sein kann. Dabei ist zu bedenken, dass sich insbesondere die westlichen Industrieländer abschotten, eine restriktive Flüchtlingspolitik betreiben und nur noch qualifizierte Arbeitskräfte immigrieren lassen. Dass die Migrationsursachen oftmals auf dem Hintergrund des Reichtums in den westlichen Industrieländern entstanden sind, bleibt dabei völlig außer Acht.[33]

Deutschland als Einwanderungsland
Laut Angaben des AusländerInnenzentralregisters lebten Ende 1999 insgesamt 7,3 Millionen MigrantInnen in Deutschland. Dies entspricht einem Anteil von ca. 9% an der Gesamtbevölkerung. (vgl. Beauftragte der Bundesregierung für Ausländerfragen (Hg.), 2002a) Die Zahl der MigrantInnen in Deutschland ist weitaus höher, da die Statistik nur MigrantInnen ohne deutschen Pass erfasst. AussiedlerInnen beispielsweise haben zwar einen deutschen Pass, sind aber trotzdem MigrantInnen und werden oft auch als „AusländerInnen" angesehen.
Die Einwanderung nach Deutschland im 20. Jahrhundert unterteilt Alf Mintzel (1997, S.467) in drei große Einwanderungswellen. Die erste Welle entstand durch die Anwerbung von Arbeitskräften in europäischen und außereuropäischen Ländern (1960-1973), die zweite Welle wurde durch die Vertreibung von SpätaussiedlerInnen verursacht und als dritte Welle lässt sich die Zuwanderung der Kriegs- und Bürgerkriegsflüchtlinge seit 1989 bezeichnen.
Wegen der Anwerbung von „GastarbeiterInnen"[34] ist die Einwanderung von staatlicher Seite gewollt und gefördert worden. Doch auch nach dem Anwerbestopp am 23. November 1973 kamen weitere MigrantInnen durch den Familiennachzug nach Deutschland. (vgl. Mark Terkessidis, 2000, S.17ff.) Allmählich setzte sich nun die Erkenntnis durch, dass die Mehrheit der „GastarbeiterInnen" dauerhaft in Deutschland bleiben wird. Mit dem Bericht der Zuwanderungskommission vom Juli 2001 wurde auch von offizieller Regierungsseite erstmals anerkannt, was schon lange Zeit de facto so ist: Deutschland ist ein Einwanderungsland. (vgl. Unabhängige Kommission „Zuwanderung", 2001, S.1) Das längst überfällige Eingeständnis von offizieller Seite, dass Deutschland ein Einwanderungsland ist, schätze ich positiv ein und sehe es als Paradigmenwechsel an. Dabei betrachte ich die Gründe für das Eingeständnis kritisch. In den Diskussionen über das Zuwanderungsgesetz wird der Grund des Perspektivenwechsels meiner Meinung nach ersichtlich. Deutschland braucht höchst qualifizierte

---

[31] Zu Ursachen von Migration siehe: Peter Opitz (1993), in: Alf Mintzel, 1997, S.99ff.
[34] Es kamen nicht nur junge Männer als „Gastarbeiter", sondern auch alleinstehende Frauen. Insgesamt betrug der Frauenanteil an den „GastarbeiterInnen" über 25%. (vgl. Mark Terkessidis, 2000, S.21)

Arbeitskräfte – diesmal keine schlecht bezahlten „GastarbeiterInnen" –, die wegen ihres wirtschaftlichen Nutzens nach Deutschland migrieren dürfen. Das Asylrecht dagegen wird nach derzeitigen Plänen weiter eingeschränkt. Folglich ist meiner Ansicht nach das Zugeständnis, dass Deutschland ein Einwanderungsland ist, aus wirtschaftlichen Zwängen – als Vorbeugung zur „Vergreisung" Deutschlands – entstanden. Dass humanitäre Gründe keine große Rolle spielen, zeigt die Einschränkung des Asylrechts.

Lebensumstände in Deutschland

Die Lebensumstände von MigrantInnen in Deutschland sind vielfältig. Als zentrale Erfahrung nennt Paul Mecheril (1994, S.57ff.) in den Ergebnissen seiner Studie zur Lebenssituation „Anderer Deutscher" – gemeint sind hiermit Menschen, die ihren Lebensmittelpunkt in Deutschland haben, zumindest zum Großteil hier aufgewachsen sind und nicht dem Aussehen einer/ eines „Standard-Deutschen" entsprechen –, ständig den Blicken, der Aufmerksamkeit, dem Interesse, den Anfeindungen und den Attacken von weißen Deutschen ausgesetzt zu sein. Die Erfahrung von Rassismus, das Reduziert-Werden auf das „ausländische" Aussehen als signifikanter Marke kultureller Identität und Zugehörigkeit und die daraus resultierende Verwehrung von beispielsweise beruflichen und bildungsbezogenen Möglichkeiten und öffentlich aufzufallen sind dabei die häufigsten Erfahrungen.

Die schlechten Berufschancen[35] sind dabei eine Folge der weniger qualifizierten Ausbildung von MigrantInnenkindern. Dieser Umstand wird durch die derzeit vielzitierte Pisa-Studie belegt. (vgl. Migration und Bevölkerung, 2001) Auch im Gesundheitsbereich und auf dem Wohnungsmarkt zeigt sich eine solche Benachteiligung von MigrantInnen. Daraus folgt, dass für die Chancen in dieser Gesellschaft die kulturelle Herkunft – neben schichtspezifischen Faktoren – entscheidend ist. Somit findet in unserer Gesellschaft eine ethnische Segregation statt. Dabei ist zu berücksichtigen, dass vor allem bei ArbeitsmigrantInnen und Flüchtlingen ein Zusammenhang zwischen Ethnizität und Schicht besteht. Probleme der Ethnizität sollten aber nicht auf Schichtprobleme reduziert werden. (vgl. Birgit Rommelspacher, 2001, S.235ff.)

Die Untersuchung von Paul Mecheril zeigt weiterhin, dass die Beschäftigung mit der Kultur, einer kulturellen Orientierungskrise und einem Kulturkonflikt ein Thema sein kann und im Einzelfall wirklich Probleme bereiten kann. Insgesamt kommt Paul Me-

---

[35] Die Benachteiligung am Arbeitsmarkt drückt sich beispielsweise in der höheren Arbeitslosenquote bei MigrantInnen aus, 16,4% im Vergleich zur durchschnittlichen Arbeitslosenquote von Deutschen 7,8% im Jahr 2000. (vgl. Beauftragte der Bundesregierung für Ausländerfragen (Hg.), 2002b) Die Quote bei MigrantInnen wäre noch höher, würde mensch diejenigen mit in die Berechnung einschließen, die wegen ihres Aufenthaltsstatusses keine Arbeitserlaubnis erhalten und denen somit bereits der Zugang zum Arbeitsmarkt verwehrt ist.

cheril aber zu dem Ergebnis, dass dies ein Thema unter vielen ist und lediglich von weißen Deutschen als zentrales Thema der Lebenssituation von MigrantInnen unterstellt wird. Diskriminierungs- und Rassismuserfahrungen stehen im Vordergrund.

3.3 Konzepte interkultureller Sozialarbeit

In diesem Abschnitt stelle ich die verschiedenen Konzepte interkultureller Sozialarbeit vor. Den Begriff „interkulturelle Sozialarbeit" verwende ich dabei als Oberbegriff für den kulturspezifischen und antirassistischen Ansatz. Zu Beginn gehe ich auf die Begriffe „multikulturell" / „interkulturell" und die Geschichte interkultureller Sozialarbeit ein. Nach Darstellung der Kriterien für den kulturspezifischen und antirassistischen Ansatz werde ich die beiden Ansätze anhand einiger Fragen erläutern und miteinander vergleichen. Abschließend veranschauliche ich die Kontroverse der beiden Ansätze am Beipiel der sexuellen Gewalt an Schwarzen Deutschen und MigrantInnen.

3.3.1 Die Unterscheidung zwischen multikulturell/ interkulturell

Die Bezeichnungen „multikulturell" und „interkulturell" werden je nach Kontext unterschiedlich definiert. So wird zum einen mit dem Terminus „multikulturell" die gesellschaftliche Situation beschrieben, die die Migrationseinflüsse berücksichtigt. Die Bezeichnung „interkulturell" hingegen wird für die pädagogischen, politischen und sozialen Zielvorstellungen und die Konzepte verwendet. Zum anderen wird von einigen AutorInnen mit dem Ausdruck „multikulturell" das Nebeneinander, also die Koexistenz der Kulturen beschrieben, wohingegen der Begriff „interkulturell" das Miteinander der Kulturen und die Bezugnahme aufeinander kennzeichnet. (vgl. Georg Auernheimer, 1996, S.1ff.) Dieser Auffassung schließe ich mich an. Als Zustandsbeschreibung für die gesellschaftliche Situation verwende ich den Begriff „multikulturell": Deutschland ist also eine multikulturelle Gesellschaft. Hierbei stimme ich mit Helmut Essinger (1993, S.91) überein, dass das Nebeneinander der Kulturen in Deutschland hierarchisch geordnet ist. Die Wertigkeit drückt sich darin aus, dass die abendländische, christliche, mitteleuropäische Kultur als weiße Herrschaftskultur an oberster Stelle steht. Diese wird als Messlatte für die anderen Kulturen benutzt.

3.3.2 Die Geschichte interkultureller Sozialarbeit

Die Entwicklung interkultureller Sozialarbeit lässt sich in folgende Phasen zusammenfassen (vgl. Maureen Raburu, 1999, S.16ff.):[36]

- **Assimilationsansatz** (bis in die 60er Jahre): Ziel des Assimilationsansatzes war die Anpassung der MigrantInnen nach dem Grundsatz der Gleichbehandlung. Kritisiert wurde daran, dass ein Widerspruch zwischen der angestrebten Gleichbehandlung und der realen Ungleichheit besteht.

- **Integrationspädagogik, AusländerInnenpädagogik** (Ende der 60er bis 70er Jahre): Das Ziel des Ansatzes war es, Schwarzen Deutschen und MigrantInnen in dem Umgang mit der Mehrheitskultur zu „helfen". Bestehende Unterschiede sollten durch die Anpassung der MigrantInnen an die deutsche Bevölkerung verringert werden. Die „Ausländerpädagogik" war eine Antwort auf die „GastarbeiterInnenbeschäftigung" und dem zugrundeliegenden Verständnis, dass deren Aufenthalt ein vorübergehender sei. In der Schule wurde dabei eine Doppelstrategie vollzogen: Einerseits sollten „Defizite" der Kinder von ArbeitsmigrantInnen wie beispielsweise mangelhafte deutsche Sprachkenntnisse oder Sozialisationsmängel abgebaut werden, um eine reibungslose Integration in das deutsche Schulsystem zu gewährleisten. Andererseits sollte ihre kulturelle Identität bewahrt und unterstützt werden, um die Rückkehrfähigkeit zu erhalten. (vgl. Rudolf Leiprecht, 1999, S.2) Hauptkritikpunkt hieran war die Defizitorientierung dieses Ansatzes.

- **Multikultureller Ansatz** (frühe 80er Jahre): Der multikulturelle Ansatz war begegnungsorientiert, d.h. Berührungsängste sollten durch Begegnungen zwischen MigrantInnen und Deutschen abgebaut werden. Kritisiert wurde daran, dass hierbei die weiße Kultur als dominante Norm angesehen wurde und die Begegnung daher eher einem Vorführen der anderen Kulturen ähnelte.

- **Interkultureller Ansatz** (späte 80er Jahre): Dieser Arbeitsansatz orientierte sich am Gedanken der Toleranz. Die Kultur wurde dabei als Essenz menschlicher Identität verstanden. Auch hieran wurde kritisiert, dass die weiße Norm unangetastet blieb und bestehende Machtverhältnisse und Rassismus ausgeblendet wurden.

- **Antirassistischer Ansatz** (frühe 90er Jahre): Schwerpunkt dieses Ansatzes ist die Bekämpfung des Rassismus. Dabei wird zeitweilig getrennt in weißen und schwarzen Gruppen gearbeitet. Ein Kritikpunkt hieran ist – diese Kritik teile ich jedoch nicht – , dass weiße Menschen nicht antirassistisch sein können. Weiterhin wird kritisiert, dass dieser Ansatz die Bequemlichkeit der Schwarzen Deutschen und

---

[36] Maureen Raburu hat die unterschiedlichen Arbeitsansätze mit den jeweiligen Kern- und Hauptkritikpunkten zusammengefasst. Meiner Ansicht nach ist eine strikte Trennung und zeitliche Abgrenzung der Ansätze nicht immer so einfach. Sie ist aber sinnvoll, um die Unterschiede zwischen den Ansätzen zu veranschaulichen.

MigrantInnen fördert, da sie die Verantwortung für ihre Befreiung quasi an die Weißen abgeben und somit der Prozess des Self-Empowerment blockiert wird.[37] In neuerer Fachliteratur wird der Begriff „transkulturell" verwendet. Ziel der transkulturellen Sozialarbeit ist es, gemeinsames Wissen und verbindliche Kriterien als Elemente einer „Menschheitskultur" herauszubilden, um die globalen sozialen Probleme gemeinsam zu bekämpfen. (vgl. Silvia Staub-Bernasconi, 1995, S.316)

3.3.3 Die Kriterien für die Zuordnung zu dem kulturspezifischen und dem antirassistischen Ansatz

Bevor ich den kulturspezifischen und antirassistischen Ansatz vorstelle, gehe ich auf die Kriterien ein, nach denen ich die AutorInnen den jeweiligen Ansätzen zugeordnet habe. Das Aufstellen von Kriterien ist notwendig, da sich bei dem kulturspezifischen Ansatz die AutorInnen nicht immer selbst als KulturalistInnen verstehen, sich aber diese Sichtweise in ihren Ausführungen widerspiegelt. Außerdem ist es schwierig, die VertreterInnen des kulturspezifischen Ansatzes ausfindig zu machen, da im Gegensatz zum antirassistischen Ansatz keine kulturspezifische Theorie existiert.

Der kulturspezifische Ansatz ist ein gängiger Arbeitsansatz in der Sozialen Arbeit. Ich vertrete die These, dass viele SozialarbeiterInnen in der Praxis kulturspezifische Ansichten vertreten und nach diesen handeln. Es geht also vielfach um Alltagstheorien. Diese Annahme findet sich auch bei Paul Mecheril u.a. (2001, S.302ff.). Wenn in sozialen Einrichtungen keine expliziten Konzepte zu MigrantInnenarbeit erstellt wurden und SozialarbeiterInnen auch in der Ausbildung keine entsprechenden Konzepte behandelt haben, so orientieren sich die SozialarbeiterInnen nach Ansicht der genannten AutorInnen an gesellschaftlichen Diskursen über MigrantInnen, die oft defizitär und kulturalistisch sind. Da sich der antirassistische Ansatz gegen eine kulturalistische Perspektive richtet, beziehe ich mich bei der Darstellung des kulturspezifischen Ansatzes teilweise auf VertreterInnen des antirassistischen Ansatzes und deren Auswertung der kulturspezifischen Perspektive. Die Kriterien für den kulturspezifischen Ansatz sind folgende (vgl. Nivedita Prasad, 2001b):
➢ Kultur wird als etwas Statisches verstanden.
➢ Kultur wird als das überwiegende Erklärungsmuster für Denken und Verhalten genannt.
➢ Im Blickfeld der Analyse sind die MigrantInnen und deren Kultur.

---

[37] Mit Self-Empowerment ist die Selbstermächtigung Schwarzer Menschen mit dem Bewusstsein der Unterdrückung und daraus folgender Handlungsansätze gemeint. (vgl. Maureen Raburu, 1999, S.62)

Im Gegensatz dazu stehen die Kriterien für den antirassistischen Ansatz (vgl. Nivedita Prasad, 2001b):
➢ Kultur wird als dynamischer Prozess verstanden.
➢ Rassismus- und Diskriminierungserfahrungen rücken dabei als Erklärungsmuster in den Vordergrund.
➢ Im Blickfeld der Auseinandersetzung stehen nicht nur die Schwarzen Deutschen und MigrantInnen, sondern auch die weißen Deutschen.

3.3.4 Der kulturspezifische und der antirassistische Ansatz im Vergleich
• **Wie wird Kultur definiert?**
Im kulturspezifischen Ansatz
Die Kultur wird als statisch und unveränderbar verstanden, also als ein geschlossenes System. (vgl. Werner Schiffauer, 1983[38]; Martina Spitzl, 1992; vgl. kritisch: Nivedita Prasad, 2001b)

Im antirassistischen Ansatz
Bei dem antirassistischen Ansatz wird Kultur prozesshaft umschrieben. Der Kulturbegriff vom „Centre for Contemporary Cultural Studies" (CCCS) der Universität Birmingham ist sehr umfassend und spiegelt meiner Meinung nach die Komplexität von Kultur treffend wider:

„Die ‚Kultur' einer Gruppe oder Klasse umfaßt die besondere und distinkte Lebensweise dieser Gruppe oder Klasse, die Bedeutungen, Werte und Ideen, wie sie in den Institutionen, in den gesellschaftlichen Beziehungen, in Glaubenssystemen, in Sitten und Bräuchen, im Gebrauch der Objekte und im materiellen Leben verkörpert sind. Kultur ist die besondere Gestalt, in der dieses Material und diese gesellschaftliche Organisation des Lebens Ausdruck finden. Eine Kultur enthält ‚die Landkarte der Bedeutung', welche die Dinge für ihre Mitglieder verstehbar machen. Diese ‚Landkarten der Bedeutung' trägt man nicht einfach im Kopf mit sich herum: sie sind in den Formen der gesellschaftlichen Organisationen und Beziehungen objektiviert, durch die das Individuum zu einem ‚gesellschaftlichen Individuum' wird. Kultur ist die Art, wie die Beziehungen einer Gruppe strukturiert und geformt sind; aber sie ist auch die Art, wie diese Formen erfahren, verstanden und interpretiert werden. Männer und Frauen werden daher durch Gesellschaft, Kultur und Geschichte geformt und formen

---

[38] In dem Vorwort der Broschüre „Die Ehre in der türkischen Kultur – Ein Wertesystem im Wandel" betont Werner Schiffauer (1997, S.5ff.), dass er unter Kultur das ständige Aushandeln, die Weiterentwicklung und Dynamik und Kultur eben nicht als Zwangsjacke versteht. Die Einteilung seines früher herausgegebenen Buches „Die Gewalt der Ehre" (1983) als kulturalistisch halte ich für legitim, da er in diesem Buch noch von einem statischen Kulturbegriff ausgeht.

sich selbst. So bilden die bestehenden kulturellen Muster eine Art historisches Reservoir – ein vorab konstituiertes ‚Feld der Möglichkeiten' – , das die Gruppen aufgreifen, transformieren und weiterentwickeln. Jede Gruppe macht irgend etwas aus ihren Ausgangsbedingungen, und durch dieses ‚Machen', durch diese Praxis wird Kultur reproduziert und vermittelt. Aber diese Praxis findet nur in dem gegebenen Feld der Möglichkeiten und Zwänge statt." (Clarke u.a., 1979 zit.n. Annita Kalpaka/ Nora Räthzel, 1990, S.46/47)

Helma Lutz beschreibt Kultur folgendermaßen:

„Kultur ist nichts Feststehendes, Undynamisches, sondern das Ergebnis von Auseinandersetzung, Kommunikation, Kampf, Selbstbehauptung und Verhandlung." (Helma Lutz, 1992, S.45)

Die Feststellung, dass Kultur prozesshaft und ein dynamisches Phänomen ist, findet sich bei vielen AutorInnen wieder. (vgl. Annita Kalpaka/ Nora Räthzel, 1990, S.47; Paul Mecheril/ Thomas Teo, 1994, S.20; Georg Auernheimer, 1996, S.111; Dietmar Böhm/ Regine Böhm/ Birgit Deiss-Niethammer, 1999, S.31)

Als weiterhin wichtig erachte in diesem Zusammenhang den Hinweis von Annita Kalpaka und Nora Räthzel, dass auch Kulturelemente nicht eindeutig definiert sind und im jeweiligen Kontext unterschiedliche Bedeutungen haben können. So kann das in der MigrantInnenforschung oft thematisierte Kopftuch aus unterschiedlichen Intentionen getragen werden, beispielsweise auch als Zeichen einer Gruppenzugehörigkeit (vgl. Annita Kalpaka/ Nora Räthzel, 1990, S.46) oder als Reaktion und Widerstand gegen Integrationsforderungen und „Germanisierungstendenzen". (vgl. Annita Kalpaka/ Nora Räthzel, 1990, S.53)

In Anlehnung an den prozesshaften Kulturbegriff folgt auch für die kulturelle Identität, dass sie nichts Festgeschriebenes ist, sondern sich sozusagen als „Patchwork" verschiedener kultureller Identitäten entwickelt. Damit ist gemeint, dass wir täglich in verschiedenen Umgebungen mit jeweils unterschiedlichen sozialen Regeln und Umgangsformen konfrontiert sind. (vgl. Helma Lutz, 1992, S.45)

Diese „Patchwork-Identität" ist auch mit dem in der Psychologie angewandten Begriff der „multiplen Identität" (vgl. Helga Bilden, 1989, S.43) umschrieben. Gemeint ist dabei, dass Identität nicht eindimensional festgelegt ist, sondern dass *„niemand entweder nur Frau oder Mann ist, schwarz oder weiß, Deutsche oder Türkin, arm oder reich, sondern Frau und Weiße oder Deutsche und Türkin zugleich. Je nachdem, in welchem Kontext frau sich bewegt, tritt mal der eine Aspekt, mal der andere in den Vordergrund. Das Selbst ist als ein offenes System zu begreifen, in dem unterschiedliche Identitätselemente gleichzeitig wirksam sind, sich gegenseitig beeinflussen und ständig gegeneinander verschieben." (Birgit Rommelspacher, 1994, S.23)*

Dabei ist zu bedenken, dass die eigene Identität immer in Relation zu den „Anderen" aufgebaut wird, also nie im herrschaftsfreien Raum entstehen kann. (vgl. Olga Uremović/ Gundula Oerter, 1994, S.12)

Fazit
Ich stimme mit den VertreterInnen des antirassistischen Ansatzes in der Dekonstruktion des starren Kulturverständnisses überein und schließe mich der Meinung an, dass Kultur in Bewegung ist. Ein starres Kulturverständnis ist zwar einfach für die praktische Arbeit, entspricht aber nicht der Wirklichkeit. Der Gedanke, dass wir eine „multiple Identität" besitzen und nicht nur auf ein Identitätsmerkmal zu reduzieren sind, trägt der Komplexität der Identität Rechnung und ist meiner Meinung nach ein gutes Modell für einen differenzierten Blick auf Menschen.

- **Was wird unter der deutschen Kultur und der Kultur der MigrantInnen verstanden?**

Im kulturspezifischen Ansatz
Bei dem kulturspezifischen Ansatz ist in erster Linie die „andere" Kultur im Blickfeld der Betrachtungen. Sie wird oftmals darüber definiert, dass sie anders als die deutsche Kultur sei, wobei die Charakteristika der deutschen Kultur nicht weiter beschrieben werden. Verbunden mit dem starren Kulturverständnis wird folglich in Untersuchungen beispielsweise über türkische MigrantInnen in Deutschland die türkische Kultur beschrieben. (vgl. Werner Schiffauer, 1983, S.65ff.)[39]
So wird beispielsweise das Verhalten von türkischen MigrantInnen in Deutschland durch Studien über das Leben in der Türkei erklärt. Somit werden die MigrantInnen in erster Linie als KulturträgerInnen wahrgenommen. Ihr Verhalten und ihre Denkweise werden kulturalistisch erklärt. (vgl. kritisch: Nivedita Prasad, 2001b)
Durch die Beschreibung, dass die „andere" Kultur rückschrittlich und traditionell ist, wird in Abgrenzung dazu die deutsche Kultur als fortschrittlich und modern aufgewertet. Diese Bewertung wird an folgendem Beispiel deutlich. Auf einer Veranstaltung unter dem Titel „Rassismus als Thema für Feministinnen" wurde die Frage der Gleichstellung von EinwanderInnen thematisiert. Annita Kalpaka als Referentin stellte die rechtliche Gleichstellung als notwendige Voraussetzung für eine gleichberechtigte Gesellschaft dar. Dieser Aussage wurde von weißen Feministinnen entgegnet, dass die Verfestigung des aufenthaltsrechtlichen Status und die Gewährung des Wahlrechts

---

[39] Das Standardbeispiel in der Fachliteratur der interkulturellen Sozialarbeit ist die Konstellation weiße/r deutsche/r SozialarbeiterIn und türkische/r KlientIn. Birgit Rommelspacher (2001, S.243) weist dabei auf die Gefahr einer Stereotypisierung hin. Wichtig wäre auch, die Dynamik einer umgekehrten Konstellation oder Afro-Deutsche – weiße Deutsche, JüdInnen – NichtjüdInnen etc. zu beleuchten.

eine Stärkung des „türkischen Patriarchats" bedeute. Die „Machos" hätten somit eine bessere Position, ihre Frauen zu unterdrücken. Die Argumentation ging so weit, dass behauptet wurde, dass die rechtliche Gleichstellung türkischer Männer die von Frauen bereits erkämpften Rechte gefährde. (vgl. Annita Kalpaka, 1994, S.43) Die weißen Feministinnen werten sich selbst folglich auf, indem sie die türkischen Männer abwerteten. Durch die Ausblendung der deutschen patriarchalen Strukturen und den Fokus auf das türkische Patriarchat erschienen sie somit fortschrittlicher und emanzipierter.

Im antirassistischen Ansatz

Bei dem antirassistischen Ansatz wird thematisiert, dass die unterschiedlichen Kulturen in Deutschland nicht gleichwertig, sondern in Kategorien der Über- und Unterordnung behandelt werden. Diese Hierarchisierung und die Macht der „deutschen Kultur" beschreibt Birgit Rommelspacher (1998) mit dem Terminus „Dominanzkultur".
Dabei entlarvt Helma Lutz (1992, S.48) den Mythos eines bis vor kurzem kulturell homogenen Deutschlands und erinnert daran, dass das heutige Deutschland Ergebnis von Zuwanderung und dass das „Deutsche" ein Konglomerat verschiedener kultureller Einflüsse ist. Daraus folgt, dass die kulturelle Homogenität der Deutschen kein erreichter Zustand ist, sondern einer, der konstruiert wurde, indem die „Anderen" ausgegrenzt werden. Auch Annita Kalpaka und Nora Räthzel (1990, S.26ff.) betonen, dass die Herstellung der „deutschen Identität" durch den Vergleich über die beispielsweise gleichzeitig konstruierte türkische Identität geschieht. Ihrer Meinung nach sind die Zuordnungen der Werte der „deutschen Identität" wie freiheitlich-demokratische Grundwerte, bestimmte Moral- und Normvorstellungen, Religion, Rechte und Freiheiten etc. nicht spezifisch deutsch. Eine „deutsche Identität" gibt es also höchstens im Sinne einer gemeinsamen Geschichte oder Sprache. Ansonsten ist die Existenz einer „deutschen Identität" zu negieren, da sich Identitäten durch mehrere Faktoren entwickeln, wie bereits im Zusammenhang mit der multiplen Identität beschrieben.
Die VertreterInnen des antirassistischen Ansatzes kritisieren, dass MigrantInnen auf ihre Kultur festgeschrieben werden. In ihrer Untersuchung[40] kommt Helma Lutz (1992, S.48ff.) zu dem Ergebnis, dass die interviewten Frauen ihre Kultur als Stigma und Schicksal erleben. Sie werden nicht als Menschen wahrgenommen, sondern als Kulturträgerinnen und dementsprechend ständig mit stereotypen Bildern über die Türkin konfrontiert. Interessant dabei ist, dass sie erst hier zu Türkinnen wurden. Vorher haben sie sich im Kontext der jeweiligen sozialen Gruppen im Herkunftsland bewegt

---

[40] Helma Lutz interviewte 1991 in den Niederlanden und in Deutschland 28 Frauen türkischer Herkunft.

und sind erst hier mit den Bildern über die türkische Kultur in Kontakt gekommen und zu Türkinnen geworden.

Als Konsequenz daraus folgert Helma Lutz, dass der heutige Kulturbegriff nicht neutral ist, sondern einhergeht mit einer westlichen Sichtweise über die „Anderen". Westliche IdeologInnen betrachten demnach den Westen als zivilisiert, modern, emanzipiert, demokratisch etc. und suggerieren durch die Nichtanpassung der MigrantInnen an unsere Normen und Werte, dass sie rückständig seien. Dies erfolgt oftmals in einer Dichotomie von modern-rückständig etc. und wird in Bezug auf das Bild von Migrantinnen besonders deutlich. Die Ablehnung der MigrantInnen durch die Mehrheitsgesellschaft kann also versteckt werden, in dem auf die Fremdheit und Andersartigkeit aufmerksam gemacht wird. Für die MigrantInnen wird folglich die Kultur zum Stigma:

„*Die reduktionistische Rede von der Kultur der ‚Anderen' hat zwei Effekte: sie verstellt erstens den Blick auf die Diversität ‚unserer eigenen Kultur'; zweitens stigmatisiert sie diejenigen, über die geredet wird. ‚Unser' eingebildeter homogener Lebensstil wird idealisiert und zum Maßstab erhoben. Die ‚Anderen' werden hieran gemessen und beurteilt und in diesem Prozeß mit bestimmten – häufig negativ bewerteten – Zuschreibungen belegt.*" *(Helma Lutz, 1992, S.46)*

Das Dilemma, in dem wir uns mit dem derzeitigen Verhältnis zu MigrantInnen in Deutschland befinden, beschreibt Helma Lutz folgendermaßen:

„*‚Kultur' ist zum Verhandlungsobjekt, zum Spielball von Interessen geworden. Der Mehrheit werden Zugeständnisse abgerungen, indem EinwandererInnen das eigene Anders-Sein betonen. In einer solchen Situation muß geradezu das Anders-Sein ‚kultiviert' werden. Mit dadurch wird Kultur zu einer Konstruktion, die ständig reproduziert wird. Auch – und gerade von den angewiesenen SprecherInnen. Die Spielregeln sind gesetzt durch die ‚Eingeborenen' – jedenfalls durch die, die die Macht und die Mittel verteilen. Und diese Spielregeln werden weitgehend befürwortet durch die restliche Mehrheit. Diejenigen unter den EinwanderInnen, die sich nicht von vornherein auf die Verliererrolle beschränken wollen, können sich eigentlich nur retten, indem sie die Spielregeln für sich selbst einsetzen, sprich – ihre Kultur zum Kapital machen. Solange unsere Gesellschaft nicht in der Lage ist, die EinwanderInnen an dem Aufstellen der Spielregeln zu beteiligen, wird sich daran wohl auch nichts ändern. Erfolgreich sind dann nämlich diejenigen, die dem Schicksal ein Schnippchen schlagen, indem sie sich dieses Schicksals bedienen.*" *(Helma Lutz, 1992, S.60)*

Die Vorstellung einer homogen Kultur entlarvt die Psychologin Berrin Özlem Otyakmaz (1995, S.122ff.) in ihrer Studie. Das Ergebnis ihrer qualitativen Umfrage bei türkischen jungen Migrantinnen ist, dass es keinen einheitlichen Kanon spezifisch türkischer Normen gibt.[41]

Fazit
Bei der Beschäftigung mit Kultur ist bei dem kulturspezifischen Ansatz in erster Linie von der Kultur der „Anderen" die Rede. Ist die Auseinandersetzung mit Kultur aber nicht nur oberflächlich gemeint, bedarf es meiner Ansicht nach einer intensiven Auseinandersetzung mit der eigenen deutschen Kultur. Wenn in öffentlichen Diskussionen die Integration der MigrantInnen bis hin zur Assimilation gefordert wird, so entsteht für mich die Frage, an was die MigrantInnen denn angepasst werden sollen. Über die Frage nach der deutschen Identität oder Kultur herrscht große Uneinigkeit, von der Forderung der Anpassung an die „deutsche Leitkultur" bis hin zur ablehnenden Haltung des „Deutsch-Seins" bei radikalen Linken. Die deutsche Kultur ist differenziert zu betrachten und weist mehrere Subkulturen und unterschiedlichste Lebensweisen auf. Meiner Ansicht nach ist es unbedingt notwendig, dass diese Heterogenität auch den „anderen" Kulturen zugestanden wird. Die von Feridun Zaimoglu herausgegebenen Bücher „Kanak Sprak. 24 Mißtöne vom Rande der Gesellschaft" (1995) über türkische Migranten und „Koppstoff. Kanaka Sprak vom Rande der Gesellschaft" (1998) über türkische Migrantinnen zeigen beispielsweise die Komplexität der türkischen Kultur sehr deutlich. Insbesondere das Buch „Koppstoff" räumt mit dem Vorurteil der unterdrückten türkischen Frau auf, die im Opferstatus verharrt. Das einzige, was die MigrantInnen nicht-deutscher Herkunft in Deutschland vereint, sind die Diskriminierungs- und Rassismuserfahrungen. Deshalb sollte bei der Beschreibung einer Kultur ständig gefragt werden: *„Von wem wird Kultur so dargestellt? Warum? Unter welchen Bedingungen? Und wer stellt sie dar? Wer hat das Recht zu sprechen?"* (vgl. Helma Lutz, 1992, 58) Diesen Hinweis von Helma Lutz finde ich wichtig, denn wer in einer Gesellschaft die Macht hat, hat auch die Definitionsmacht über die „Anderen".
Mit der Kritik an der Dichotomie, dass die Kultur der MigrantInnen rückständig, die deutsche Kultur hingegen fortschrittlich ist, stimme ich überein. (vgl. Annita Kalpaka/ Nora Räthzel, 1990, S.46) Mark Terkessidis formuliert dies meiner Meinung nach sehr treffend:

„Je unvollkommener die Anderen gemacht werden, desto mehr kommen sich die Einheimischen perfekt modern, demokratisch, offen, multikulturell, gleichberechtigt etc. vor. Manchmal scheint es, als würde heutzutage allein der Blick auf die Anderen die Einheit der Gemeinschaft garantieren. Denn „die Deutschen" sind heutzutage so unterschiedlich wie nie zuvor."
(Mark Terkessidis, 2000, S.87)

---
[41] Berrin Özlem Otyakmaz interviewte sieben junge Frauen im Alter von 19 bis 22 Jahren.

Bei dem kulturspezifischen Ansatz halte ich es weiterhin problematisch, dass VertreterInnen dieses Ansatzes das Verhalten von MigrantInnen in Deutschland mit Studien über die Kultur ihrer Herkunftsländer erklären. Dies lässt die Tatsache außer Acht, dass die MigrantInnen in Deutschland eine neue Kultur entwickeln und eben nicht in der Kultur ihres Herkunftslandes erstarren. So kann der Rückgriff auf Traditionen des Herkunftslandes eine erste Reaktion auf die Situation in Deutschland und die neue übermächtige Kultur hier sein, die aber auch schon Teil der MigrantInnenkultur ist, die sich weiter entwickelt. Ein ethnisierender Blick verstellt also die Wahrnehmung. (vgl. Georg Auernheimer, 1996, S.98; Birgit Rommelspacher, 1998, S.137)

Bezeichnend für den Blick auf MigrantInnen finde ich das von Annita Kalpaka (1994, S.43) geschilderte Beispiel. Die Assoziationskette „Ausländer = Türken = Macho = Frauenunterdrücker" zeigt deutlich das Bild über die MigrantInnen. Denn als ein Klassifizierungsmerkmal für andere Gesellschaften und Kulturen dient häufig die Emanzipation der Frau. Frauen – auch Feministinnen – aus westlichen Ländern konstruieren somit ihre eigene Emanzipation und Fortschrittlichkeit durch die Beschreibung der Unterdrückung und Rückständigkeit von Migrantinnen, insbesondere von Musliminnen. Die Generalisierung, dass Musliminnen mehr Gewalt erfahren und sich in der Gewaltsituation passiver verhalten und schwach und unterwürfig sind, ist in westlichen Ländern weit verbreitet. Dieser These wurde bislang in keiner Untersuchung nachgegangen. Zutreffend für Migrantinnen in Deutschland ist auf jeden Fall, dass es für sie aufgrund des Ausländergesetzes und verschiedener sozialer Gründe schwieriger ist, sich gegen Gewalt zu wehren. (vgl. Feyza Palecek, 1998, S.49)

MigrantInnen müssen als individuelle Personen wahrgenommen werden. Probleme sollten nicht auf deren Ethnizität reduziert werden, da sie ansonsten in ihrer Individualität und Subjekthaftigkeit entwertet werden. (vgl. Birgit Rommelspacher, 1998, S.142) Bestehende Differenzen sollten zwar anerkannt werden. Die „Anderen" sollten aber nicht auf Differenzen festgelegt werden. So empfiehlt Pat Barker den Menschen, die sich mit ihr anfreunden möchten:

„Wenn du mit mir sprichst, vergiß, daß ich eine Schwarze bin. Und vergiß nie, daß ich eine Schwarze bin." (Pat Barker, zit.n. Birgit Rommelspacher, 1998, S.100)

• **Was sind die Kernpunkte des Ansatzes?**
Im kulturspezifischen Ansatz
In Bezug auf kulturspezifische Betrachtungsweisen existieren unterschiedliche Orientierungen in der theoretischen Auseinandersetzung mit Kultur. Zwei Konzepte mit kulturspezifischer Betrachtungsweise sind der Universalismus und der Kulturrelativismus. Kernaussage des Universalismus ist, dass es universelle Werte gibt, die über alle Kul-

turen hinaus Gültigkeit haben. (vgl. Annedore Prengel, 1993, S.77) In der Praxis hat dies zur Folge, dass Professionelle jegliche kulturellen Differenzen negieren. So war das Ergebnis einer Untersuchung von Feil/ Schönhammer (1983) unter Erzieherinnen, dass diese beteuerten, dass keine Unterschiede zwischen den deutschen und den MigrantInnenkindern festzustellen seien. (vgl. Georg Auernheimer, 1996, S.178/179) Der Kulturrelativismus, beruhend auf Untersuchungen von EthnologInnen und AnthropologInnnen, geht davon aus, dass unterschiedliche Normen und Verhaltensweisen existieren. Dabei sei es notwendig, alle Kulturen als gleichwertig anzuerkennen. Demnach gibt es keine höher- oder minderwertigen Kulturen, sondern eben „nur" Unterschiede. (vgl. Helma Lutz, 1992, S.49ff.) Die Beschreibung der Unterschiede findet sich beispielsweise in der bereits genannten Dichotomie deutsche – türkische Kultur.

Kernpunkt des kulturspezifischen Ansatzes in der Sozialarbeit ist also die Konstruktion der „anderen" Kultur. Damit geht der „Modernisierungsrückstand" der MigrantInnen einher, wie ich es bereits bei der Darstellung der deutschen und MigrantInnenkultur ausgeführt habe. (vgl. kritisch: Wolf-Dietrich Bukow/ Roberto Llaryora, 1993, S.23ff.) Weiterhin wichtig sind die Thesen des „Kulturschocks" (vgl. kritisch: Delia Frigessi Castelnuovo, 1990, S.301ff.) und die Kulturkonflikthypothese. Da das Erklärungsmuster für das Verhalten die Kultur ist, wird das Leben „zwischen zwei Kulturen" betrachtet. Dabei wird häufig festgestellt, dass die beiden Kulturen miteinander kollidieren, was zu Konflikten führt. Die Kulturkonflikthypothese beinhaltet folglich, dass die MigrantInnen hier in Deutschland einen Kulturschock bekommen und somit in eine kulturelle Identitätskrise geraten. Sie werden als Opfer der Migrationssituation beschrieben und es werden ihnen dauerhafte Orientierungsschwierigkeiten unterstellt. Probleme in Deutschland sind demnach Resultat eines Kulturkonfliktes. (vgl. kritisch: Doron Kiesel, 1996, S.168)

Im antirassistischen Ansatz

Kernpunkt des antirassistischen Ansatzes ist die Bekämpfung des Rassismus. Im Folgenden stelle ich die Rassismuskonzepte vor, auf die ich mich in der vorliegenden Arbeit beziehe. Im Rahmen von Rassismuskonzepten werden oftmals Unterscheidungen gemacht wie beispielsweise institutioneller Rassismus – individueller (Alltags-) Rassismus, kolonialer (biologischer) Rassismus – differentialistischer (Kultur-) Rassismus, bewusster – unbewusster Rassismus etc. Sofern es für die vorliegende Arbeit relevant ist, werde ich auf diese Differenzierungen eingehen.
Nach dem britischen Rassismusforscher Robert Miles ist die sog. „Rasse" eine soziale Konstruktion, bei der eine soziale Verhaltens- oder Lebensweise mit einem körperlichen Merkmal in Verbindung gebracht wird, so dass allein das körperliche Kennzei-

chen zu einer Abstufung eines Menschen führt. Wird also das Soziale „naturalisiert" und eine als „Rasse" konstruierte Gruppe als minderwertig eingestuft und hat diese Einteilung eine Ausgrenzung und Marginalisierung dieser Gruppe zur Folge, handelt es sich nach Meinung von Robert Miles um Rassismus. (vgl. Annita Kalpaka/ Nora Räthzel, 1990, S.13)
Als besonders wichtig erachte ich in diesem Zusammenhang die Betonung von Annita Kalpaka und Nora Räthzel, dass Rassismus immer mit Macht verbunden ist. Es kann ihrer Ansicht nach nur von Rassismus gesprochen werden, *„wenn die Gruppe, die eine andere als minderwertige ‚Rasse' konstruiert, auch die Macht hat, diese Konstruktion durchzusetzen."* (Annita Kalpaka/ Nora Räthzel, 1990, S.14) Dabei ist die Macht nicht unbedingt durch ein zahlenmäßiges Mehrheitsverhältnis gegeben. So wurden in dem Apartheidsystem in Südafrika 80% Schwarze von 20% Weißen unterdrückt.
Bei der Beschreibung von Rassismus ist immer der historische Kontext zu betrachten. Die Verknüpfung äußerer Merkmale mit der Vorstellung von Minderwertigkeit ist das Resultat eines geschichtlichen Prozesses. So wurde die Konstruktion der sog. „Rasse" als Legitimation für die Ausbeutung und Kolonialisierung der sog. Dritten Welt verwendet. (vgl. Annita Kalpaka/ Nora Räthzel, 1990, S.14) Dieser koloniale Rassismus ist eine Form des Rassismus neben dem Antisemitismus, Antiislamismus, Antislawismus und Antiziganismus. (vgl. Birgit Rommelspacher, 1998, S.40ff.)
Weiterhin möchte ich betonen, dass ich die Verwendung des Begriffs „Rassismus" wichtig finde, um sich von dem in der öffentlichen Diskussion oftmals gebrauchten Terminus „AusländerInnenfeindlichkeit" abzugrenzen. Ich stimme hierbei mit Annita Kalpaka und Nora Räthzel (1990, S.12) überein, dass die Bezeichnung „AusländerInnenfeindlichkeit" die bestehende Realität verschleiert und beschönigt. Denn Objekt von Ausgrenzung und Diskriminierung sind nicht alle MigrantInnen. So stoßen beispielsweise weiße US-AmerikanerInnen, Schweden oder FranzösInnen nicht auf die gleichen Vorbehalte und Ausgrenzungen wie AfrikanerInnen oder TürkInnen. Außerdem kann mit dem Terminus „AusländerInnenfeindlichkeit" auch nicht das Phänomen erklärt werden, dass beispielsweise Afro-Deutsche, die seit mehreren Generationen in Deutschland leben, angegriffen werden. Sie werden Opfer von verbaler und auch tätlicher Gewalt, weil sie Schwarz sind.
Da sich VertreterInnen des antirassistischen Ansatzes oft auf den differentialistischen Rassismus berufen, stelle ich diesen im Folgenden ausführlicher dar.
Die Kernaussage ist die Darstellung der Unterschiedlichkeit bzw. Andersartigkeit der Kulturen. Mark Terkessidis (1998, S.99) beschreibt die Hinwendung zu einem differentialistischen Rassismus als „kulturalistische Wende" des Rassismus mit der Konsequenz, dass die „Anderen" nicht mehr als minderwertig, sondern als anders bezeichnet werden. Somit ist nicht mehr die postulierte Minderwertigkeit, sondern die konstatierte

Andersartigkeit Kriterium des Rassismus. (vgl. Helmut Essinger/ Ali Uçar, 1993, S.9) Während der koloniale Rassismus die Eroberung und Ausbeutung legitimiert, betont der differentialistische Rassismus hingegen die Abwehr gegenüber der Einwanderung. (vgl. Birgit Rommelspacher, 2001, S.242) Ein Rassismusforscher aus den Niederlanden, Chris Mullard, kommentiert diese Wendung folgendermaßen:

„*You say culture – and you mean colour, you say ethnicity – and you mean race.*" *(Chris Mullard, zit.n. Helmut Essinger/ Ali Uçar, 1993, S.8)*

Helma Lutz stellt fest, dass der „Rassebegriff" den „Kulturbegriff" ersetzt hat. Dabei werden Parallelen zwischen dem sog. „Rassebegriff" und einer bestimmten Fassung des Kulturbegriffs deutlich. Ähnlich wie bei der Konstruktion der sog. „Rasse" wird auch bei der Kultur davon ausgegangen, dass genuine, ursprüngliche Kulturen existieren. Daraus folgt eine Zuschreibung von äußerlich erkennbaren Unterschieden zu innerlichen Entsprechungen: „*Beispielsweise ist ein ‚Schwarzer' dieser Denkweise zufolge nicht mehr minderwertig, sondern er ist eben anders; er hat eine besondere Affinität zu seinem Körper (er tanzt), er verfügt über eine besondere Musikalität (er trommelt), er ist kinderlieb, aber auch verantwortungsscheu.*" *(Helma Lutz, 1992, S.51)* Diese Beschreibung ist also keinesfalls neutral, sondern lässt „uns" als moderner, demokratischer, entwickelter etc. erscheinen. Helma Lutz (1992, S.51) kritisiert daran, dass von einer Unaufhebbarkeit des kulturellen Ursprungs ausgegangen wird, wie es bei der „Rassenkonstruktion" ebenso der Fall ist. Mit dieser Argumentation werden ihrer Meinung nach noch heute bestimmte Menschen von sozialen und ökonomischen Ressourcen ausgeschlossen.

Der Kernpunkt des antirassistischen Ansatzes ist, dass das Verhalten von MigrantInnen bzw. deren Probleme in Deutschland nicht aus Kulturkonflikten resultieren, sondern durch Rassismus- und Diskriminierungserfahrungen zu erklären sind. (vgl. Nivedita Prasad, 2001b)

Fazit

Die Kulturkonflikt-Hypothese betrachte ich kritisch. Wird das Verhalten von MigrantInnen in Deutschland in erster Linie mit deren Kultur und einem Kulturkonflikt erklärt, so besteht die Gefahr, dass alle Probleme darauf reduziert werden. Sie werden also quasi nur noch als Opfer ihrer Kultur wahrgenommen. Außer Acht bleiben Rassismus- und Diskriminierungserfahrungen, obwohl sie im Leben von MigrantInnen eine größere Rolle spielen als der Kulturkonflikt. (vgl. Paul Mecheril, 1994, S.72ff.) Birgit Rommelspacher (2001, S.244ff.) stellt dabei die Frage, inwiefern die Kulturkonflikt-Hypothese nicht den Interessen der Mehrheitsgesellschaft entgegenkommt, da sie das Bild von der Unvereinbarkeit der Kulturen fördert und sich die Mehrheitsgesellschaft somit nicht zu hinterfragen braucht. In jedem individuellen Fall sollte kontextbezogen herausgearbeitet werden, ob ein Problem durch persönliche, soziale oder kulturelle Faktoren ausgelöst wurde. Dabei geht es meiner Meinung nach nicht darum, Kultur völlig auszublenden:

„Wer ‚Kultur' nicht gelten lässt, blendet damit eine wesentliche Dimension der Selbstthematisierung und des Handelns der Subjekte aus, um die es im Rahmen professioneller sozialer Tätigkeit geht: Klientinnen und Klienten." (Paul Mecheril u.a., 2001, S.308)

Kultur sollte auch – wenn es im individuellen Fall notwendig ist – thematisiert werden, ohne jedoch in Zuschreibungen zu geraten. Sie ist aber nicht das bestimmende Erklärungsmuster.

Annita Kalpaka (1998, S.12) weist darauf hin, dass eine kulturelle Kategorisierung zu einer Handlungsunfähigkeit seitens der SozialarbeiterInnen führen kann. Denn wenn ein Problem nicht mit der Kultur zusammenhängt und die SozialarbeiterInnen aber nur einen kulturspezifischen Blickwinkel haben, können sie den MigrantInnen nicht weiterhelfen, da ihre kulturalisierende Perspektive den Blick auf die wirklichen Lebensbedingungen verstellt.

Außerdem wird bei dem kulturspezifischen Ansatz das Leben „zwischen den Kulturen" beschrieben. Hierbei befürworte ich die Beschreibung von Berrin Özlem Otyakmaz (1995, S.131), die ihr Buch über türkische Frauen mit dem Ausdruck „Auf allen Stühlen" betitelt hat. Gemeint ist damit, dass die türkischen Migrantinnen nicht als Opfer verharren, sondern aktiv um ihren Platz in der Gesellschaft kämpfen. Dabei können sie auf Ressourcen verschiedener Kulturen zurückgreifen, was die Metapher „auf allen Stühlen" – im Gegensatz zu dem oftmals genannten Bild „zwischen zwei Stühlen" – umschreibt.

Die Erkenntnis, dass eine zentrale Erfahrung von MigrantInnen in Deutschland Diskriminierungserfahrungen sind (vgl. Paul Mecheril, 1994, S.72ff.), muss sich meiner Überzeugung nach auch in Ansätzen der interkulturellen Arbeit wiederfinden. Die Auseinandersetzung mit Rassismus, insbesondere mit dem differentialistischen Rassismus, ist dabei notwendig. Daran anknüpfend plädiere ich für eine differenzierte Herangehensweise mit mehreren Erklärungsmöglichkeiten. Darunter sind Rassismuserfahrungen und teilweise auch Kulturkonflikte mögliche Auslöser für Probleme. Sollte die Kultur eine Rolle spielen, ist ein dynamisches Kulturverständnis Voraussetzung, um die MigrantInnen nicht auf ihre Kultur festzuschreiben.

• **Was sind die Ziele des Ansatzes?**

Im kulturspezifischen Ansatz
Das Ziel ist es, sich mit den unterschiedlichen Kulturen auseinanderzusetzen. Insofern ist es für SozialarbeiterInnen vonnöten, sich ein Wissen über unterschiedliche Kulturen anzueignen, um die MigrantInnen in Deutschland besser verstehen zu können. (vgl. Martina Spitzl, 1992, S.66; kritisch: Paul Mecheril u.a., 2001, S.304)

Im antirassistischen Ansatz
Annita Kalpaka fasst die Ziele einer antirassistischen Arbeit folgendermaßen zusammen:

*„Eine Strategie gegen Rassismus muß eine Strategie zur Entwicklung gesellschaftlicher Handlungsfähigkeit sein. Sie muß die eigenen Interessen und Bedürfnisse berücksichtigen und den hier analysierten kurzfristigen ‚Nutzen' zugunsten einer erweiterten Handlungsfähigkeit aufgeben. Sie muß die Selbstverständlichkeiten hinterfragen, die einen selbst beherrschen und Widerstand dagegen organisieren. (...) Es sollten die Bilder, die wir uns von den Anderen machen, und auch die Selbstbilder analysiert werden, wobei gleichzeitig die jeweiligen Herrschaftsverhältnisse mituntersucht werden müßten. Die Gesellschaft, in der Rassismus entsteht, muß ins Zentrum der Untersuchungen gerückt werden, nicht die ‚Anderen', die Zielscheibe des Rassismus sind. (...) Es gilt, eine andere gesellschaftstheoretische und –politische Analyse zu entwickeln, erweitert um die Komponente des Rassismus, um eben die eigene Gesellschaft besser begreifen zu können. (...) Gleichzeitig muß die Fähigkeit entwickelt werden, Unterschiede nicht als feste Eigenschaften, sondern als etwas Veränderliches und Sich-Veränderndes zu sehen. (...) Eine Widerspruchskultur ist noch zu entwickeln: das Erlernen der Möglichkeit, in Widersprüchen zu denken, Widersprüche zu erkennen und zu analysieren, anstatt diese zu vereindeutigen und einer dichotomischen Entweder-oder-Logik zu verfallen."
(Annita Kalpaka, 1994, S.45)*

Es reicht nicht aus, sich als tolerant zu verstehen. Notwendig ist eine Auseinandersetzung mit Macht, die wir in jeder Situation mitkonstituieren:

„Denn Kultur, und damit auch auch die Dominanzkultur, bezieht sich auf alle Aspekte des sozialen Lebens, auf die sprachlichen, symbolischen, affektiven und körperlichen Normen und Praxen. Sie äußern sich in unbewußten Gewohnheiten, Wünschen und Gesten, die Menschen in ihre Interaktion einbringen. Ein Aufbrechen der Dominanzkultur bedeutet, sich diese kulturellen Normen bewußt zu machen, sie als veränderbar zu begreifen und dafür Verantwortung zu übernehmen. Das heißt, das soziale Leben zu repolitisieren." (Birgit Rommelspacher, 1998, S.101)

Notwendig für eine antirassistische Sozialarbeit von weißen Deutschen ist ein politisches Verständnis dieser Arbeit. Dieses Verständnis sollte beinhalten, dass die Arbeit nicht für die MigrantInnen, sondern auch für sich selbst und die deutsche Gesellschaft mit dem Ziel einer menschenwürdigen Gesellschaft gemacht wird. Annita Kalpaka und Nora Räthzel (1990, S.75ff.) bezeichnen die antirassistische Arbeit als Weg hin zu einer Gleichberechtigung der ethnischen Minderheiten mit dem Recht auf Differenz, aber nicht der Reduktion darauf.

Fazit
Der kulturspezifische Ansatz fordert in Bezug auf die Qualifizierung der weißen Professionellen eine Wissensvermittlung über Kulturen. Solch ein Hintergrundwissen erachte ich zwar als sinnvoll, sehe aber auch die Gefahr, dass dadurch Kulturstereotype verstärkt werden. Eine Wissensvermittlung über die Lebensumstände von MigrantInnen in Deutschland ist meiner Meinung nach unbedingt notwendig. Dies drückt Annita Kalpaka mit ihrem Vorschlag aus, *„anstatt einer Landeskunde der Herkunftsländer, eine ‚Deutschlandkunde' zu entwerfen." (Annita Kalpaka, 1998, S.13)* Diese „Deutschlandkunde" impliziert ihrer Meinung nach ein Wissen über gesetzliche Rahmenbedingungen der Migration, ein Wissen über offene und subtile Formen von Diskriminierung und den Umgang der Betroffenen mit Diskriminierungserfahrungen. Die Idee einer Widerspruchskultur von Annita Kalpaka finde ich wichtig. Denn es geht bei der interkulturellen Sozialarbeit gerade um das Denken in Widersprüchen, also um mehrdimensionales und differenziertes Denken. Diese Fähigkeit ist meiner Ansicht nach eine soziale Kompetenz, die in jedem Bereich der Sozialarbeit vonnöten ist.

Gesamtzusammenfassung
Als Grundvoraussetzung für interkulturelle Sozialarbeit betrachte ich eine Gesellschaftsanalyse, die zeigt, wer in dieser Gesellschaft die Macht über andere hat. Diese Analyse sollte als Ausgangspunkt für die praktische Arbeit dienen, denn jede/r ist in Machtverhältnisse eingebunden und somit nicht neutral.
In Anlehnung an den Satz von Helmut Essinger und Ali Uçar *„Interkulturelle Erziehung ist für uns politische und antirassistische Erziehung." (1993, S.8)* formuliere ich: Interkulturelle Sozialarbeit ist für mich politische und antirassistische Sozialarbeit. Die Auseinandersetzung mit Rassismus – sowohl mit dem institutionellem wie auch mit dem individuellem – ist dabei unabdingbar, da rassistische Erfahrungen Teil der Lebenswelt von MigrantInnen in Deutschland sind.
Wichtig finde ich es, dass interkulturelle Sozialarbeit sich sowohl auf die MigrantInnen als auch die weißen Deutschen bezieht. Mit den Worten von Susanne Döll bedeutet das:

„*Migration bedeutet nicht nur für die migrierenden und migrierten Menschen in Bewegung zu geraten, sondern auch für die aufnehmende Gesellschaft.*" *(Susanne Döll, 1998, S.11)*

Die Begegnung von Menschen unterschiedlicher Kultur bzw. Herkunft sollte meiner Meinung in einem Prozess der Gegenseitigkeit und nicht als einseitige Assimilation oder Integration der MigrantInnen in die deutsche Dominanzkultur stattfinden. Die Grundeinstellung sollte dabei der Respekt der anderen Kultur sein.

„*Interkulturelle Erziehung muss die Erfahrung machen, dass die eigene Kultur und Lebensweise eine unter vielen ist. (...) Es gilt zu lernen, die Gründe oder Motive nachzuvollziehen, die das Verhalten oder die Handlungen von Menschen aus anderen Kulturen verständlich machen und sie – zumindest in bezug auf ihre Lebenssituation – rational erscheinen lassen. (...) Schrittweise müssen die Lernenden einen quasi ethnologischen Blick auf die eigene Kultur und Lebensweise einnehmen. Die Utopie, die interkulturelle Erziehung vermitteln muß, ist die freie Entfaltung von Minderheitenangehörigen ohne Anpassungsdruck von seiten der Mehrheitsgesellschaft, aber auch von seiten der Herkunftsgruppe, so daß jede(r) sich unbefangen sozial verorten und seine kulturellen Ausdrucksmittel frei wählen kann. Interkulturelle Erziehung muss für Stigmatisierungen von ethnischen Gruppen, speziell von Einwanderern sensibel machen, selbst* (gerade weil! Anmerkung der Verfasserin) *wenn sie in sehr versteckter Form auftreten.*" *(Georg Auernheimer, 1996, S.180)*

Als äußerst wichtig erachte ich, dass interkulturelle Sozialarbeit, basierend auf einem antirassistischen Ansatz, als durchgängiges Arbeitsprinzip in der Sozialen Arbeit anerkannt und nicht als extra Bereich betrachtet wird. MigrantInnen sind sowohl Professionelle als auch Klientel in allen Bereichen der Sozialarbeit. Insofern sind ein interkultureller Ansatz und interkulturelle Kompetenzen in der gesamten Sozialarbeit vonnöten.[42]

Zusammenfassend formuliert plädiere ich für eine interkulturelle Sozialarbeit mit einem antirassistischem Ansatz als Basis, einem differenzierten Zugang zu MigrantInnen und kontextbezogenen Handlungsansätzen. Mehrere Erklärungsmuster für Verhalten sollten gesehen werden, wobei die Kultur dabei nur eine von mehreren Möglichkeiten ist. Bei Kultur beziehe ich mich auf ein flexibles Kulturverständnis. Dabei betone ich an dieser Stelle noch einmal den Hinweis von Birgit Rommelspacher, MigrantInnen wie alle Menschen in ihrer Subjektivität und Individualität wahrzunehmen.

---

[42] Diese Einsicht ist noch lange nicht bei allen SozialarbeiterInnen vorhanden. Eine Kommilitonin von mir äußerte in dem Pflichtseminar „Interkulturelle Sozialarbeit" zu Beginn, dass sie nicht einsehe, warum dieses Seminar obligatorisch ist, da sie später sowieso nicht mit „Ausländern" arbeiten möchte. Dass die MigrantInnen kein extra Klientel sind, sondern in allen Bereichen der Sozialen Arbeit (Jugendliche, Frauen, alte Menschen etc.) anzutreffen sind und dass sie MigrantInnen auch als ArbeitskollegInnen haben kann, war (oder wollte) ihr nicht bewusst (sein).

Rudolf Leiprecht hat in Bezug auf interkulturelle Pädagogik folgende Ziele formuliert, die ich als Abschluss in diesem Abschnitt nenne und denen ich mich anschließe. Die Bedeutung von Einwanderung und des Zusammenlebens von Menschen unterschiedlicher Herkunft, Kultur etc. sollte nach Meinung von Rudolf Leiprecht für alle thematisiert werden unter dem Prinzip der Gleichwertigkeit und Gleichberechtigung. Die Ziele interkultureller Pädagogik sind demnach folgende:

„*1. Bewusstmachung und positive Bewertung kultureller Vielfalt;*
2. Vermittlung eines positiven Bewußtseins für die Menschenrechte und des Respekts für kulturelle Unterschiede;
3. Verankerung des Rechts und der Möglichkeit zwischen alternativen Lebensformen wählen zu können;
4. Sicherung sozialer Gerechtigkeit und Chancengleichheit;
5. Unterstützung einer gleichmäßigen Verteilung der sozialen Position unter den Angehörigen aller Bevölkerungsgruppen;
6. Erfahrung von Mehrsprachigkeit als Vorteil, wobei explizit nicht nur die dominierenden Sprachen berücksichtigt werden;
7. Infragestellen monokultureller Normalisierungsmuster;
8. Vermittlung von Kenntnissen über die Ursachen von sozialer Ungleichheit, Unterdrückung und Rassismus (sowohl im nationalen als auch im internationalem Maßstab, einschließlich ihrer strukturellen Aspekte), Einleiten von entsprechenden Sensibilisierungsprozessen und Erörterung/ Erprobung von Veränderungsmöglichkeiten;
9. Einübung von Konfliktfähigkeit statt Unterordnung, von Solidarität statt Konkurrenz"(Rudolf Leiprecht, 1999, S.3)

3.3.5 Der kulturspezifische und der antirassistische Ansatz am Beispiel von sexueller Gewalt an Schwarzen Deutschen und MigrantInnen

Bevor ich mich mit der interkulturellen Präventionsarbeit gegen sexuellen Missbrauch beschäftige, gehe ich auf den Bereich der sexuellen Gewalt an Schwarzen Deutschen und MigrantInnen ein.[43] Dies ist meiner Ansicht nach wichtiges Vorwissen, um die Diskurse in der interkulturellen Präventionsarbeit besser verstehen zu können. Da Konzepte der Präventionsarbeit in erster Linie auf allgemeinem Wissen über sexuelle Gewalt beruhen, ist für den Schwerpunkt der vorliegenden Arbeit eine Auseinander-

---

[43] Hierbei beziehe ich mich nicht nur auf sexuell missbrauchte Schwarze deutsche und migrierte Kinder, sondern auch auf sexuelle Gewalt an Schwarzen Deutschen und Migrantinnen allgemein, da in dem Bereich mehr Literatur vorhanden ist. Ich denke, dass die Erkenntnisse darüber auch auf den Bereich des sexuellen Missbrauchs an Kindern übertragen werden können und hierfür hilfreich sind.

setzung mit der sexuellen Gewalt an Schwarzen Deutschen und MigrantInnen vonnöten.

Der Bereich der sexuellen Gewalt an Schwarzen Deutschen und MigrantInnen ist in Deutschland weitgehend unerforscht. (vgl. Nivedita Prasad, 1996, S.183) Diese Tatsache wirft die Frage auf, warum es im Bereich der sexuellen Gewalt an Schwarzen Deutschen und MigrantInnen wenig Untersuchungen gibt, in dem seit Brechen des Tabus viel geforscht wird. Dieses Gebiet näher zu untersuchen, erscheint meiner Meinung nach naheliegend, da die Präsenz von Schwarzen Deutschen und Migrantinnen im Anti-Gewalt-Bereich (Frauen-/ Mädchenhäuser, Zufluchtswohnungen etc.) seit Jahren deutlich ist und teilweise auch bereits spezialisierte Einrichtungen für Migrantinnen entstanden sind.[44] Eine eindeutige Antwort auf diese Frage kann an dieser Stelle nicht gegeben werden. Ich möchte aber versuchen, bevor ich auf die bereits existierende Literatur eingehe, die Frage zumindest ansatzweise zu erläutern.

Ein Grund, weshalb sich der Situation von sexueller Gewalt betroffenen Schwarzen Deutschen und Migrantinnen nicht ausreichend zugewandt wird, ist meiner Meinung nach in der Geschichte der Frauenbewegung zu finden, welche ja zuerst das Phänomen der sexuellen Gewalt öffentlich gemacht hat. Die Frauenbewegung in Deutschland war eine Bewegung, in der sich mehrheitlich weiße, deutsche, christlich sozialisierte (Mittelschichts-) Frauen engagierten. Ihre Hauptkritik richtete sich an die patriarchalen Gesellschaftsstrukturen. Dabei wurden andere Unterdrückungsmechanismen wie Rassismus weitestgehend ausgeblendet. Die Migrantinnen wurden höchstens thematisiert, wenn die westlichen Frauen sich im Vergleich zu ihnen als „emanzipierter" darstellten. (vgl. Neval Gültekin, 1984, S.6) Trotz dieser Kritik sei aber darauf hingewiesen, dass sich die Frauenbewegung im Vergleich zu anderen Teilen der Gesellschaft „relativ früh" mit Rassismus auseinandergesetzt hat. Ein Beipiel dafür ist der erste gemeinsame Kongress ausländischer und deutscher Frauen im März 1984. Darüber hinaus war die Frauenhausbewegung Vorreiterin für die Quotierung von Migrantinnen als Mitarbeiterinnen und somit für interkulturelle Teams.[45]

Ein weiterer Grund für die Dethematisierung ist meiner Ansicht nach, dass die Auseinandersetzung mit Themen wie Kultur, Interkulturalität, Migration und Rassismus eine kritische Auseinandersetzung mit dem eigenen Standpunkt und auch der eigenen Macht als weiße Deutsche in dieser Gesellschaft fordert. Bei dem Umgang damit bil-

---

[44] Ein Beispiel hierfür ist die Berliner Kriseneinrichtung PAPATYA für Mädchen und junge Frauen überwiegend türkischer, zunehmend multinationaler Herkunft. (vgl. Corinna Ter-Nedden/ Eva Kultus/ Birim Bayam-Tekeli, 2000, S.5)

[45] Nach Diskussionen, die der Artikel von Gülşen Aktaş (1993) über die Situation türkischer Frauen im Frauenhaus ausgelöst hat, haben die Mitarbeiterinnen des Zweiten Autonomen Frauenhauses in Berlin als erstes Frauenprojekt die Quotierung von Migrantinnen eingeführt. Etwa die Hälfte der Mitarbeiterinnen sind inzwischen Migrantinnen. (vgl. Gülşen Aktaş, 1993, S.60)

det die Soziale Arbeit – in diesem Fall der Anti-Gewalt-Bereich – oftmals leider keine Ausnahme.
Im Folgenden werde ich die vorhandene Literatur zu sexueller Gewalt an Schwarzen Deutschen und Migrantinnen vorstellen. Einrichtungen wie das Autonome Mädchenhaus in Berlin und PAPATYA zeigen, dass sexuelle Gewalt an Migrantinnen ein Thema in Deutschland ist. Dabei gehe ich von der Annahme aus, dass in Deutschland jedes Kind – unabhängig von Herkunft oder Kultur – Opfer sexueller Gewalt werden kann.[46]
Die sexuelle Gewalt an Migrantinnen wird zum einen durch den kulturspezifischen Ansatz und zum anderen durch den antirassistischen Ansatz erklärt, auf die ich im vorherigen Abschnitt bereits eingegangen bin. Eine klare Abgrenzung und Zuordnung der AutorInnen in einen Ansatz ist auch hier schwierig und nicht immer eindeutig. So sind bei einem Bericht der Mitarbeiterinnen von PAPATYA einige Aussagen dem kulturspezifischen, andere dem antirassistischen Ansatz zuzuordnen. Ich stelle zuerst die beiden Ansätze am Beispiel der sexuellen Gewalt an Schwarzen Deutschen und MigrantInnen dar.[47] Nach einer kritischen Auseinandersetzung mit den Kontroversen gehe ich auf einen von Gari Pavkovic und Leyla Süngerli entwickelten Ansatz ein, der mehrere Aspekte aus beiden Bereichen miteinander verbindet und somit meiner Meinung nach ein positives Beipiel sein kann.
Da sich die vorhandene Literatur auf die Konstellation „Täter gleich Mann und Betroffene gleich Mädchen /Frau" bezieht, benutze ich im Folgenden bei den Tätern ausschließlich die männliche und bei den Opfern die weibliche Schreibweise. Auf männ-

---

[46] Diese Annahme findet sich auch in der US-amerikanischen Fachliteratur. Nach einer Auswertung dieser über sexuellen Missbrauch an Schwarzen und MigrantInnen in den USA ziehen L.H. Pierce und R.L. Pierce (1984), K. Rao, R.J. Di Clemente und L.D. Ponton (1992) die Schlussfolgerung, dass sexueller Missbrauch Kinder aller kultureller Gruppen betrifft. (vgl. Lisa Aronson Fontes, 1995, S.2) Auch Gail Elizabeth Wyatt (1985, in: 1993, S.43) kommt zu dem Ergebnis, dass das Ausmaß des sexuellen Missbrauchs bei weißen und afro-amerikanischen Frauen unter 18 Jahren gleich zu sein scheint.
[47] Bei der Darstellung des antirassistischen Ansatzes beziehe ich mich hauptsächlich auf Nivedita Prasad. Das Material, was Nivedita Prasad für ihre Thesen zugrunde legt, sind zum einen Beobachtungen aus der Praxis – sie hat u.a. einige Jahre im Autonomen Mädchenhaus in Berlin gearbeitet - und der Versuch von ihrer Seite, diese Beobachtungen zu erklären. Weiterhin stützt sie sich auf US-amerikanische Forschungsergebnisse und wagt eine Übertragung auf Deutschland. Obwohl sich die Sozialisation der afro-amerikanischen Frauen in den USA von der migrierter Frauen in Deutschland unterscheidet, existieren dennoch Parallelen, die eine Übertragung der Ergebnisse zulassen. Aber selbst in den USA und England existieren nur einige Bücher über Schwarze Frauen als Opfer von sexueller Gewalt. Dabei ist auffällig, dass die Literatur sich zunächst mit der Vergewaltigung durch weiße Täter beschäftigte. Die Benennung sexueller Gewalt im innerfamiliären Rahmen dauerte länger und ist bis heute sehr umstritten. (vgl. Nivedita Prasad, 1999, S.2) Da es wenig Literatur zu dem Thema gibt, beziehe ich mich auch auf Vorträge von Nivedita Prasad. Die Vorträge spiegeln Diskurse wider, die die Notwendigkeit für theoretische Ansätze verdeutlichen. Auf die US-amerikanische Literatur, die ich verwendet habe, bin ich durch Nivedita Prasad aufmerksam geworden.

liche Opfer und Täterinnen wird in der vorhandenen Literatur zu sexuellem Missbrauch an Schwarzen und migrierten Kindern nicht eingegangen. Es wird also noch eine intensive Beschäftigung mit dem Thema nötig sein, um auch diese Tabus zu brechen.

- **Wie wird die sexuelle Gewalt an Schwarzen Deutschen und Migrantinnen erklärt?**

Im kulturspezifischen Ansatz

Bei dem kulturspezifischen Ansatz wird von Schwarzen Männern und Migranten ausgeübte Gewalt mit deren Kultur erklärt. Der Ethnologe Werner Schiffauer beschäftigt sich in dem Buch „Die Gewalt der Ehre" (1983) mit einem Fall, bei dem dreizehn türkische Jugendliche und ein Erwachsener eine 18-jährige Frau vergewaltigten. Seine Ausführungen zu den einzelnen Jugendlichen und die Darstellung der türkischen Kultur, insbesondere beschäftigt er sich mit dem Prinzip der Ehre, laufen darauf hinaus, dass die türkische Kultur Schuld daran ist, dass die Jugendlichen und der Mann die Frau vergewaltigten. Da das Prinzip der Ehre im Folgenden öfter aufgegriffen wird, gebe ich hierzu eine kurze Definition:

„Dem Wert der Ehre (namus) unterliegt die Vorstellung einer klaren Grenze, die das ‚Innen', den Bereich der Familie, vom ‚Außen', der – männlichen – Öffentlichkeit des Dorfes oder der Stadt, scheidet." (Werner Schiffauer, 1983, S.65) (...) „So definiert sich die Ehre des Mannes im wesentlichen über die Ehre der ihm anvertrauten Frauen, der Mutter, der Schwester, der Tochter und der Ehefrau. Der Begriff namus betrifft Mann und Frau unterschiedlich: Ein ‚ehrenhafter Mann', das ist einer, der seine Frauen zu verteidigen vermag, der Stärke und Selbstbewusstsein zeigt, politische, die äußere Sicherheit seiner Familie garantierende Fähigkeiten. Frauen dagegen sind im wesentlichen ‚ehrenhaft', wenn sie keusch sind. Die Frau, die Ehebruch begeht, ‚befleckt' damit nicht nur ihre eigene Ehre, sondern auch die des Gatten, der nicht Manns genug war, sie abzuhalten." (Werner Schiffauer, 1983, S.74)

Martina Spitzl (1992, S.25ff.) geht in ihrem Buch „Mädchen aus der Türkei" – es ist das erste deutschsprachige Buch zu dem Thema des sexuellen Missbrauchs an türkischen Mädchen – der Fragestellung nach, inwieweit die Bedingungen der Migration sexuellen Missbrauch an türkischen Mädchen begünstigen. Zu Beginn stellt sie die Frage, ob sexueller Missbrauch in einigen Kulturen häufiger oder seltener auftritt. Dabei verweist sie auf eine Untersuchung von David Finkelhor aus den USA (1986), nach der sich das Ausmaß sexueller Gewalt an Schwarzen und weißen Frauen nicht unterscheidet. Einen Hinweis für kulturspezifische Unterschiede gibt ihrer Meinung nach eine Studie aus Texas (1984). Ergebnis dieser Studie war, dass 21,7% der lateinamerikanischen Frauen im Vergleich zu 9,8% der weißen und 10,4% der Schwarzen

Frauen sexuell missbraucht wurden. Als Erklärung nennt Martina Spitzl die besonders patriarchal geprägte, lateinamerikanische „Macho"-Kultur.
Bezugnehmend auf ihre eingangs gestellte Frage, formuliert Martina Spitzl (1992, S.50) – nach Darstellung der traditionellen türkischen Gesellschaft, der Migration der türkischen Familien nach Deutschland und dem daraus entstehenden Konfliktpotential – die Annahme, dass sexueller Missbrauch an türkischen Mädchen in der Bundesrepublik häufiger vorkommt als in der Türkei. Dies ist ihrer Meinung nach dadurch begründet, dass die Migration zu einer Verschärfung der Risikofaktoren führt. Durch eine massive Verunsicherung ihrer männlichen Rolle und Identität in Deutschland werden türkische Männer gewalttätiger. Als weiteren Beleg für ihre These führt Martina Spitzl die US-amerikanische Untersuchung mit der höheren Prävalenzrate lateinamerikanischer Frauen an.

Im antirassistischen Ansatz
Die sexuelle Gewalt an Schwarzen Deutschen und Migrantinnen ist nach dem antirassistischen Ansatz durch die allgemein bekannten und geltenden Ursachen sexueller Gewalt zu erklären. Insofern ist die Ursache sexueller Gewalt an Migrantinnen nicht in der Kultur zu suchen:

„Ohne die Gewalt türkischer Männer gegen Frauen rechtfertigen zu wollen, muß festgestellt werden, daß Gewalt gegen Frauen keiner ethnospezifischen Besonderheit entspringt." (Gülşen Aktaş, 1993, S.50)

Fazit
Den kulturspezifischen Ansatz zur Erklärung sexueller Gewalt betrachte ich kritisch. Das Buch „Die Gewalt der Ehre" von Werner Schiffauer erklärt die Vergewaltigung einer Frau mit der türkischen Kultur. Die Täter werden demnach entlastet, denn auch sie sind Opfer, nämlich Opfer der Kultur. (vgl. Nivedita Prasad, 2000) Bei der kulturspezifischen Erklärung von Gewalt frage ich mich, warum nicht auch naheliegende Gründe in Betracht gezogen werden, die für alle Täter zutreffen, wie das Streben nach Macht.
Nach Ansicht von Nivedita Prasad (1996, S.184ff.) ist die gesamte Fragestellung Martina Spitzls, ob sexueller Missbrauch in einigen Kulturen häufiger auftrete und ob Migration das Risiko erhöhe, rassistisch. Das Ergebnis der US-amerikanischen Studie mit der höheren Prävalenz lateinamerikanischer Frauen im Vergleich zu anderen Frauen kann nach Meinung von Nivedita Prasad auch dadurch erklärt werden, dass die Lebensumstände lateinamerikanische Frauen in den USA in die Illegalität zwingen. Das bedeutet bezugnehmend auf sexuelle Gewalt, dass diese Frauen für die Täter leichtere

Opfer sind, da sie keine strafrechtlichen Konsequenzen befürchten müssen. Auch dies kann ein Grund für die höhere Prävalenz sein und nicht kulturspezifische Differenzen oder die lateinamerikanische „Macho-Kultur".

- **Wie wird der Täter dargestellt?**

Im kulturspezifischen Ansatz

Bei dem kulturspezifischen Ansatz wird der Täter, wie Nivedita Prasad (1996, S.183ff.) ausführt, folgendermaßen dargestellt. Das klassische Stereotyp des Schwarzen Vergewaltigers zieht sich nach Ansicht von Nivedita Prasad durch die gesamte Literatur. Wird auf die Situation von Migrantinnen eingegangen, so geschieht dies meist in der Betonung, dass die Schwarzen Männer besonders gewältig seien. Sie stimmt mit der Meinung von Schwarzen Feministinnnen wie Angela Davis aus den USA überein, nach der die Gewalttätigkeit des Schwarzen Mannes nicht mehr durch die Natur, sondern eher durch die soziokulturelle Umgebung erklärt wird. Der Bereich der Anti-Gewalt-Arbeit bildet nach Überzeugung von Nivedita Prasad keine Ausnahme bei der (Re-) Produzierung rassistischer Stereotype. Als Beweis für diese These führt sie zwei Beispiele an. Zum einen verweist sie auf das Buch „Nicht ohne meine Tochter" von Betty Mahmoody (1990), welches insbesondere bei Feministinnen auf großes Interesse stieß. Nivedita Prasad begründet das Interesse damit, dass „endlich" ein Buch zur Legitimation der Behauptung vorhanden ist, dass muslimische Männer besonders schlimme Gewalttäter und die Frauen besonders unterdrückt seien. Als zweites Beispiel nennt sie einen Bericht von Gülşen Aktaş, nach deren Angaben auf einem bundesweiten Treffen autonomer Frauenhäuser im August 1989 Mitarbeiterinnen eines westdeutschen Frauenhauses in einem Flugblatt den Ausschluss der Türkei aus der EG-Assoziation forderten. Als Anlass für dieses Flugblatt nannten die Frauenhausmitarbeiterinnen die Misshandlungssituation einer türkischen Frau mit der daraus gezogenen Konsequenz, dass türkische Männer ihre Frauen besonders unterdrücken. (vgl. Gülşen Aktaş, 1993, S.50)

Im antirassistischen Ansatz

Ein Schwarzer/ migrierter Täter unterscheidet sich nach dem antirassistischen Ansatz nicht vom deutschen Täter. Der antirassistische Ansatz kritisiert demnach die stereotype Darstellung Schwarzer und migrierter Täter.

Fazit

Ich teile die Kritik Nivedita Prasads an der stereotypen Darstellung der Schwarzen/ migrierten Täter. Die Unterstellung, sie seien besonders gewalttätig, empfinde ich als rassistisch. Die Berichte von Opfern sexueller Gewalt weißer deutscher Männer spiegeln auch eine hohe Gewalttätigkeit wider. Insofern ist meiner Ansicht nach eine Wertung, dass Schwarze/ migrierte Männer besonders gewalttätig sind, unzulässig.

- **Erfahrungen aus der praktischen Arbeit und deren Deutung: Inwiefern unterscheiden sich Schwarze und migrierte von sexueller Gewalt betroffene Mädchen/ Frauen von weißen deutschen Mädchen/ Frauen? Was für Unterschiede gibt es in der Verarbeitung sexueller Gewalterfahrungen bei Schwarzen und migrierten Mädchen/ Frauen im Gegensatz zu weißen deutschen Mädchen/ Frauen?**

Im kulturspezifischen Ansatz
Bei der Beantwortung dieser Fragen steht bei türkischen MigrantInnenfamilien das Prinzip der Ehre im Vordergrund. Nach Einschätzung von Martina Spitzl (1992, S.9) verlangt das Prinzip der Ehre bei sexuellem Missbrauch eine innerfamiliäre Lösung.
Eine Bestätigung dieser These findet sich in einem Bericht von Mitarbeiterinnen einer Berliner Zufluchtswohnung. Von den betroffenen Mädchen, die in die Einrichtung kommen, erfahren sie von anderen sexuell missbrauchten Mädchen, die zu Hause bleiben und versuchen, das Problem der sexuellen Gewalt innerfamiliär zu lösen. Einige unternehmen Suizidversuche, um den sexuellen Missbrauch zu beenden. Ein Suizidversuch, der im innerfamiliären Rahmen bleibt, fällt ihnen leichter als ein vermeintlicher Verrat der Familie. Die Erfahrungen der Mitarbeiterinnen zeigen zudem, dass sich wenige Verwandte der Mädchen auf ihre Seite stellen. (vgl. Memnune Yilmaz/ Brigitte Brost/ Dorothea Zimmermann, 1994, S.160) Es gibt aber auch andere Aussagen. Nach Erfahrung einer Beratungsstelle für „ausländische MitbürgerInnen" in Dortmund haben einige Mütter aktiv Partei für ihr Töchter ergriffen. Gerade auf dem Hintergrund der Ehre schützen die Frauen ihre Töchter, so dass der Mann in einigen Fällen die Familie verlassen musste. (vgl. Monika Weber/ Christiane Rohleder, 1995, S.164)
Im Zusammenhang mit der Ehre steht auch die große Bedeutung der Jungfräulichkeit für die Mädchen. So berichten die Mitarbeiterinnen der Berliner Kriseneinrichtung PAPATYA, dass die meisten der missbrauchenden Väter ihr Tochter anal oder oral vergewaltigt haben, damit ihr Jungfernhäutchen unversehrt bleibt und sie nach der Hochzeitsnacht keinen Eklat befürchten müssen. Wenn nach der Hochzeitsnacht bezweifelt wird, dass die Braut Jungfrau war, kann das zur Folge haben, dass sie zu ihrer Familie zurückgeschickt wird. Dadurch verschlechtert sich auch die soziale Stellung der Familie. (vgl. Corinna Ter-Nedden/ Silan Ucar, 1996, S.194ff.)
Türkische vergewaltigte Mädchen befürchten durch den Verlust ihrer Jungfräulichkeit, den Wert als Frau zu verlieren. Zudem haben sie Angst, für die sexuelle Gewalt verantwortlich gemacht zu werden. Da der Täter meist nicht mit Konsequenzen zu rech-

nen hat, befürchten den Angaben der Mitarbeiterinnen von PAPATYA zufolge viele Mädchen, aus der Familie verstoßen oder in die Türkei zurückgeschickt zu werden. Daraus ergibt sich, dass der Geheimhaltungsdruck der türkischen Mädchen und die mit einer Aufdeckung der sexuellen Gewalt entstehenden Konsequenzen größer sind als für deutsche Mädchen. (vgl. Monika Weber/ Christiane Rohleder, 1995, S.162) Ferner sind Mädchen, die ihre Gewalterfahrungen öffentlich machen, in hohem Maße gefährdet und brauchen unbedingt einen sicheren Ort, den die Familie nicht kennt. (vgl. Corinna Ter-Nedden/ Eva Kultus/ Birim Bayam-Tekeli, 2000, S.16)

Die Handlungsmöglichkeiten der türkischen Mädchen schätzt Martina Spitzl als geringer im Vergleich zu denen der deutschen Mädchen ein. Sie begründet dies mit der repressiven türkischen Familienideologie, der Abhängigkeit und der damit verbundenen psychischen Verstrickung türkischer Mädchen in der Familie. Ein Leben ohne Herkunftsfamilie ist für viele türkische Mädchen undenkbar. (vgl. Martina Spitzl, 1992, S.62ff.)

Wenn missbrauchte Mädchen ihre Familien verlassen, kann dies – wie bereits erwähnt – zu einem Ausschluss aus der Familie führen, weil durch sie die Ehre der Familie verletzt wurde. Damit würden sie riskieren, nicht nur ihre Familie hier in Deutschland, sondern auch die in ihrem Herkunftsland und somit auch einen Großteil ihrer Wurzeln, Kultur und Identität zu verlieren. Wagt es ein Mädchen, den Missbrauch öffentlich zu machen, wird ihr vorgeworfen, dass sie die Ehre der Familie verletzt und somit die gesamte Familie zerstört hat. Schuld an dem Missbrauch ist demnach nicht nur der Täter, sondern auch das Mädchen durch die Öffentlichmachung. (vgl. Memnune Yilmaz/ Brigtte Brost/ Dorothea Zimmermann, 1994, S.158ff.)

Zu berücksichtigen ist in der Arbeit mit sexuell missbrauchten türkischen Mädchen auch die Situation der Mütter. Dem Bericht des Mädchenhauses Hamburg zufolge war die Situation der Mütter besonders belastend für einen Teil der Mädchen. Einige sind ausschließlich ihrer Mutter zuliebe nach Hause zurückgegangen, um die verletzte Ehre wieder herzustellen und die Mutter dem Druck des Ehemanns zu entziehen. Dabei sahen sich die Mädchen als Auslöserin der Familienkrise. Ihren Angaben zufolge machte ihr Vater selbst dann die Mutter häufig für ihre Flucht verantwortlich, wenn er selbst der Missbraucher war. (vgl. Christin Hoffmann, 1990, S.57ff.)

Auf weitere Unterschiede zu weißen deutschen betroffenen Kindern weist Frauke Homann (1998, S.82ff.) hin. Ihr Wissen über das Thema der sexuellen Gewalt an MigrantInnenkindern hat sie durch ihre Tätigkeit als Sozialpädagogin an einer Haupt- und Realschule in Kreuzberg (Berlin) erworben. Da das Thema sexueller Missbrauch dort immer präsent ist, bietet sie Mädchen- und Jungengruppen an zu den Themen Sexualität, Liebe, Jungfräulichkeit, Ehre/ Schande und sexuelle Gewalt. Im Folgenden werde ich die wichtigsten Erkenntnisse zusammenfassen. Interessant empfinde ich die Aussage einiger Mädchen, dass sie in der Pubertät freiwillig ohne Druck der Eltern ein Kopftuch tragen. Sie bezeichnen das Kopftuch als Schutz. Die männlichen Jugendlichen und Männer sollen denken, dass sie aus streng islamischen Familien kommen und bei sexueller Belästigung mit Sanktionen zu rechnen hätten. Diese Aussage der Mädchen finde ich interessant, weil mit dem Tragen eines Kopftuchs viele Klischees verbunden sind. Meist lauten die Klischees, dass das Kopftuch Ausdruck der Unterdrückung der Frauen im Islam ist, die Frau nur „Opfer" und somit bemitleidenswert ist, weil sie aus einer streng muslimischen Familie kommt. In diesem Fall machen sich die Mädchen diese Klischees als Schutz für sich zunutze.

Im Falle einer Offenbarung sexueller Gewalt sind nach Darstellung von Frauke Homann *„die Ängste vor der Familie so groß, daß dabei auch immer Todesphantasien eine Rolle spielen. Das Gefühl des Mädchens, Schande über die Familie zu bringen und die Ehre des Täters zu verletzen, ist in diesen Momenten unauflösbar."* (Frauke Homann, 1998, S.82)

Als „Lösung" lassen sich betroffene Mädchen manchmal das Jungfernhäutchen operativ wieder herstellen, was einige GynäkologInnen in Berlin durchführen. Das ist nach Einschätzung von Frauke Homann *„der erste Schritt zur Entspannung, der notwendig ist, um über die ‚eigentlichen' Verletzungen reden zu können."* (Frauke Homann, 1998, S.83)

Im antirassistischen Ansatz

Die unterschiedlichen Verhaltensweisen betroffener Schwarzer und migrierter Mädchen resultieren nach dem antirassistischen Ansatz in erster Linie aus den Erfahrungen von und Angst vor Rassismus und Diskriminierung.

Nivedita Prasad (1996, S.189ff.; 1999, S.10) geht im Zusammenhang von sexuellem Missbrauch an Migrantinnen auf migrationsspezifische Sozialisationsfaktoren ein, zu denen es ihren Angaben nach kaum Literatur gibt. So gibt es anscheinend keine Untersuchung über Migrantinnen, die in ihrem Herkunftsland missbraucht wurden und später nach Deutschland migriert sind. Dies könnte ihrer Meinung nach Auswirkungen auf die Verdrängung der sexuellen Gewalt haben, wenn die Betroffenen ihr Herkunftsland als wichtige Identitätsstütze idealisieren.

Ein weiterer interessanter Aspekt, der im Zusammenhang mit sexuellem Missbrauch zu durchleuchten wäre, ist die Tatsache, dass bei Migrantinnen der zweiten Generation Eltern und Kinder teilweise jahrelang getrennt lebten, da die Kinder erst später nachgeholt wurden. Das Phänomen der sogenannten „Kofferkinder" führt dazu, dass die Kinder in eine ihnen oftmals fremdgewordene Familie kommen. Dieser migrationsspezifische Tatbestand könnte nach Einschätzung von Nivedita Prasad eventuell die Schwelle für sexuelle Übergriffe senken. Denkbar wäre auch, dass sich migrierte

Mädchen, wenn sie sexuell missbraucht werden, seltener Familienangehörigen anvertrauen als deutsche Mädchen.

Ein entscheidender Unterschied zu deutschen Mädchen ist nach Auffassung von Nivedita Prasad die Erfahrung von Rassismus für Schwarze und migrierte Mädchen, die als Sozialisationsfaktor einzuordnen ist. Rassismus ist in allen Teilen der Gesellschaft vorhanden, also auch im Zufluchtsbereich für Mädchen. So sind diese Zufluchtsorte ihrer Meinung nach Teil der Dominanzkultur. Dort sind immer noch mehrheitlich weiße deutsche Frauen tätig, obwohl in letzter Zeit verstärkt Schwarze Frauen und Migrantinnen in diesen Einrichtungen arbeiten. Betroffene Mädchen haben also nicht immer die Wahl, ob sie mit einer Schwarzen oder weißen deutschen Mitarbeiterin sprechen.

Nivedita Prasad (1999, S.2ff.) hat aus ihren Beobachtungen in der Praxis die betroffenen Mädchen in zwei Gruppen eingeteilt: die schweigenden und die sprechenden Mädchen. Als die schweigenden Mädchen bezeichnet sie die Mädchen, die einer weißen Deutschen nicht erzählen würden, dass sie von einem Migranten missbraucht wurden, aus Angst, möglicherweise eine Legitimation für rassistische Stereotype zu liefern. Das bedeutet, dass die Präsenz weißer deutscher Pädagoginnen zum weiteren Schweigen beitragen kann. Diese These wird bestätigt durch erwachsene Schwarze Frauen. In der englischen Version des Buches „Trotz allem" von Ellen Bass und Laura Davis (1990) befinden sich im Anhang Interviews mit Frauen, die in ihrer Kindheit sexuell missbraucht wurden. Darunter sind auch einige Interviews mit afroamerikanischen Frauen. Manche sprechen zu Beginn des Interviews ihr Unbehagen aus, weißen Frauen von ihren Gewalterfahrungen zu berichten, aus Angst, ihre Geschichte könnte Rassismus schüren. Eine Schwarze Interviewpartnerin hätten sie bevorzugt.

„Auch im Alltag im Mädchenhaus gab es Hinweise, die diese These bestätigen könnten. Es fiel nämlich auf, daß migrierte Mädchen im Gegensatz zu deutschen länger und häufiger bis zum Ende ihres Aufenthaltes im Mädchenhaus über den erlebten und von den Mitarbeiterinnen vermuteten Mißbrauch schwiegen. Ferner fiel auf, daß diese schweigende Gruppe vor allen Dingen aus denjenigen bestand, die sehr ‚black identified' waren, d.h. Mädchen, die sich ihrer ethnischen Herkunft sehr bewußt und stolz sind. Denen war es ein Anliegen, in der Öffentlichkeit nichts Schlechtes über Migranten zu verbreiten, denn sie wußten, daß dies immer als Legitimation von Rassismus genommen wird. Offenbar war die Angst, Rassismus zu schüren stärker, als das Bedürfnis, sich endlich von dem langjährigen Schweigen zu befreien. Denn sie ziehen es vor zu schweigen, auch wenn sie in einer Umgebung sind, die es ihnen offenbar erlaubt, sexuelle Gewalt zu thematisieren." (Nivedita Prasad, 1999, S.4)

Die sprechenden Mädchen nehmen Beratungsangebote an und sprechen über ihre erlebten Gewalterfahrungen. Auffällig dabei ist, dass die Mädchen „früher oder später" zu dem Ergebnis kommen, dass ihre Herkunft Schuld an der Gewalt ist. Sie sind der Überzeugung, dass ihre ethnische Herkunft den Missbrauch begünstigt:

„*Diese Mädchen haben Vorurteile der Dominanzgesellschaft verinnerlicht und richten sie gegen sich selbst. Sie versuchen mit rassistischen Ansätzen zu erklären, warum sie Opfer sexueller Gewalt geworden sind.*" *(Nivedita Prasad, 1999, S.4)*

Die Folge ist die Abgrenzung und Leugnung ihrer Herkunft. Sie versuchen, möglichst deutsch zu werden, was logisch erscheint, denn wenn das „ausländische" am Missbrauch Schuld zu sein scheint, ist es nur gut, sich davon zu lösen. Im Extremfall kann es bedeuten, dass sie sich auf die Suche nach einer neuen deutschen Identität begeben, was psychologisch betrachtet katastrophal sein kann. Sie versuchen etwas zu sein, was sie nicht sind und auch bei absoluter Anstrengung nie sein werden – denn sie werden nicht weiß und deutsch sein. So hat ein betroffenes Mädchen beispielsweise nach einigen Monaten Aufenthalt in einem Wohnheim für Mädchen die Gewalttätigkeit ihres Vaters auf die türkische Kultur zurückgeführt. Als sie das Heim verließ, hat sie alle Kontakte zu ihren damaligen türkischen Freundinnen abgebrochen und hatte Vorurteile gegenüber türkischen Männern. Nivedita Prasad (1994, S.162) erklärt das mit dem Phänomen des internalisierten Rassismus.[48] Diese These von Nivedita Prasad wird bestätigt durch den Bericht des Mädchenhauses Hamburg. Einige sexuell missbrauchte türkische Mädchen befinden sich in einem derartigen Identitätskonflikt, der eine Verleugnung ihrer türkischer Herkunft oder die Zulegung eines deutschen Vornamens zur Folge hat. (vgl. Christin Hoffmann, 1990, S.59)

Selbst wenn der Umgang mit der sexuellen Gewalt bei den schweigenden und sprechenden Mädchen sehr unterschiedlich ist, stehen beide unter dem starken Einfluss von Rassismus.

Nivedita Prasad (1994, S.165) verweist darauf, dass verschiedene zufluchtssuchende Schwarze und migrierte Frauen versuchen, ihre Gewalterfahrungen mit ihrer Herkunft zu „entschuldigen", als wären sie Opfer sexueller Gewalt geworden, weil sie Inderinnen oder Türkinnen sind. Dabei gerät die Tatsache in Vergessenheit, dass Tausende von Frauen aus ihrer Community ohne Gewalterfahrung leben. Sie glauben eher den Behauptungen ihrer Umwelt, dass die Gewalt für ihr Herkunftsland üblich sei. Selbst die große Anzahl zufluchtssuchender Frauen und Mädchen in Frauenhäusern, die von weißen Männern missbraucht worden sind, wird für sie irrelevant.

---

[48] In den USA benutzen Schwarze oder migrierte Jugendliche die Ausdrücke „Coconut" (außen schwarz, innen weiß) oder „Banane" (außen gelb, innen weiß) als Schimpfworte für diejeingen, die zwar eine dunkle Hautfarbe haben, sich aber als Weiße aufführen. (vgl. Nivedita Prasad, 1999, S.6)

Die möglichen Unterschiede in der Verarbeitung der Gewalterfahrung sind folgende. Laut Jahresbericht des Autonomen Mädchenhauses sind ca. 50% der Bewohnerinnen nicht-deutscher Herkunft. Grund für die Flucht ins Mädchenhaus ist oftmals sexueller Missbrauch. (vgl. Nivedita Prasad, 1996, S.188) Die Mädchen nicht-deutscher Herkunft unterscheiden sich von deutschen Mädchen insofern, als dass sie – wie oben bereits beschrieben – länger als die deutschen Mädchen schweigen. Daraus folgt für Nivedita Prasad, dass das vielbeschriebene Schweigen von Migrantinnen, die von sexueller Gewalt betroffen sind, eine zusätzliche Bedeutung hat. Nach Meinung von Nivedita Prasad gibt es trotz der ähnlich erlebten Gewalt gravierende Unterschiede im Verarbeitungsprozess. Der Zusammenhang von Sprache und sexuellem Missbrauch ist bisher kaum untersucht. Da Sprache ein wichtiger Kulturträger ist, kann der Missbrauch die Beziehung zu der jeweiligen Sprache/ Kultur zerstören. Dabei ist zu bedenken, dass jede Person, die zwei- / oder mehrsprachig aufwächst, situationsbedingt Präferenzen besitzt. Dazu Nivedita Prasad:

„Was bedeutet es im Falle von sexuell missbrauchten Mädchen, wenn der Mißbraucher eine andere Sprache als deutsch sprach, und inwiefern ist ihr Verhältnis zu ihrer Herkunftskultur hiervon beeinflußt? Was bedeutet es für ein Mädchen, diese Sprache nach dem Fortgang aus der Familie nur sporadisch zu hören, kann sie emotional unterscheiden zwischen der ‚Sprache des Täters' und der Herkunftskultur? Findet sich vielleicht gerade hierin die Antwort dafür, daß Mädchen, die sonst perfekt deutsch sprechen und schreiben können, buchstäblich sprachlos sind, wenn es darum geht, das Erlebte in deutsche Worte zu fassen? Denn Deutsch ist nicht die Sprache, in der sie den Mißbrauch erlebt und empfunden haben. Auch die abgespaltene Erzählweise, die viele Mädchen entwickeln, könnte bei Migrantinnen eine zusätzliche Bedeutung haben, wenn Deutsch nicht ihre Emotionalsprache ist." (Nivedita Prasad, 1996, S.189)

Zudem plädiert Nivedita Prasad (1996, S.189) für die Erforschung der Bedeutung nonverbaler Signale bei Migrantinnen. So könnte es sein, dass autoaggressive Handlungen als Folge sexueller Gewalt bei Migrantinnen unerkannt bleiben, weil sie sich von denen der Mädchen westeuropäischer Sozialisation unterscheiden und sie sich anders der Umwelt mitteilen.

Im Zusammenhang der unterschiedlichen Verarbeitungsmechanismen geht Nivedita Prasad (1999, S.10) auf die Verdrängung sexueller Gewalt bei Migrantinnen ein. Sie stellt die These auf, dass die Lebenssituation als Minderheit bei Migrantinnen die Verdrängung begünstigt, da vergleichsweise wenig Projektionsfläche zur Verfügung steht. Oftmals werden Betroffene sexueller Gewalt durch Vertrautes an ihre Missbrauchssituationen erinnert und damit konfrontiert. Die Auslöser hierfür sind beispielsweise bestimmte Ähnlichkeiten mit dem Täter, Stimmen, Gegenden, Musik oder Worte. Die

Wahrscheinlichkeit, dass Migrantinnen in ihrer Umgebung „zufällig" auf Vertrautes aus ihrer Herkunftsfamilie oder Kultur in ihrem Alltag stoßen, ist relativ gering. Daher könnte es sein, dass es migrierten Frauen und Mädchen länger möglich ist, sexuelle Gewalt zu verdrängen als deutschen Mädchen und Frauen. Insbesondere trifft das auf Migrantinnen zu, die nicht in Deutschland missbraucht wurden.

Ein weiterer Unterschied zu sexuell missbrauchten weißen Kindern ist, dass ein Schwarzes Kind beim Verlassen seiner Familie seine Gemeinschaft verliert. Es begibt sich in eine ihm fremde Kultur und an einen unsicheren Ort. Damit entfällt die Unterstützung der sonst vor Rassismus schützenden Gemeinschaft. (vgl. Semra Eren, 1992, S.85) Diese Bedeutung der schützenden Wirkung der Familie vor Rassismus wird an dem folgenden Zitat einer türkischen Frau klar, die zur Zeit des Interviews in einem Frauenhaus lebte:

„So wie du dich in der Wohnung deines Mannes gefühlt hast – sehr einsam, heimatlos –, so fühlst du dich auch im Frauenhaus: fremd und heimatlos. Dir wird das Gefühl vermittelt, du bist hier fremd, nicht erwünscht. (...) Ich dachte manchmal, es wäre vielleicht besser, wenn ich zu meinem Mann zurückkehren würde. Gut, ich wurde von meinem Mann mißhandelt, aber nicht so. Er hat nicht zu mir gesagt, du Scheißtürke." (Gülşen Aktaş, 1993, S.57)

Als Konsequenz aus diesem Beispiel lässt sich die Existenz von Einrichtungen begründen, die speziell für Migrantinnen sind. Ansonsten flüchten die betroffenen Frauen von einer Gewaltsituation (sexuelle Gewalt) in die nächste Gewaltsituation (rassistische Gewalt). Dass dadurch die Verarbeitung der sexuellen Gewalt negativ beeinflusst wird, ist logisch.

Fazit

Den Ausführungen Nivedita Prasads zu der Bedeutung von Rassismus schließe ich mich an. Bei der Einteilung der Schwarzen und migrierten von sexueller Gewalt betroffenen Mädchen in zwei Gruppen plädiere ich für eine Differenzierung. Die Vermutung, dass Schwarze/ migrierte Mädchen/ Frauen über ihre erlebte Gewalt schweigen, damit sie der Dominanzkultur keinen Grund für rassistische Stereotype liefern, bestätigt sich durch Nivedita Prasads Beobachtungen aus der Praxis und durch Berichte Schwarzer Frauen in der Fachliteratur. Es gibt aber auch andere Gründe, die zum Schweigen der Betroffenen beitragen, wie beispielsweise die allgemein beobachtete Schwierigkeit bei Opfern, über die erlebte sexuelle Gewalt zu sprechen. In Bezug auf die sprechenden Mädchen bin ich nicht der Überzeugung, dass sie „früher oder später" zu der Erkenntnis gelangen, dass ihre Kultur Schuld am Missbrauch ist. Während meines Praktikums in einem Berliner Frauenhaus habe ich betroffene Frauen kennenge-

lernt, die die Schuld für ihre Gewalterfahrungen nicht in der Kultur suchten, sondern eindeutig den Mann als Schuldigen bezeichneten.
Wie die Berichte aus der praktischen Arbeit mit sexuell missbrauchten Mädchen zeigen, spielt das Prinzip der Ehre eine Rolle. So kann es dazu führen, dass das Mädchen das Problem der sexuellen Gewalt innerfamiliär lösen möchte. Hierbei ist es meiner Einschätzung nach sinnvoll zu prüfen, inwieweit die Familie eine Kultur mit ihren Werten und Normen lebt und somit auch Einfluss auf das Mädchen nimmt. Es muss also an der Lebenssituation der Mädchen angeknüpft werden. Dabei möchte ich betonen, dass das Prinzip der Ehre meiner Ansicht nach kein festes Prinzip ist, sondern sich auch verändert. So hat das Ehreprinzip in einigen Fällen praktisch an Bedeutung abgenommen, wenn türkische Mädchen – wenn auch teilweise heimlich – einen Freund haben und sich dadurch diesem Prinzip widersetzen. Dass für alle betroffenen türkischen Mädchen das Prinzip der Ehre zutrifft, entspricht nicht der Realität.
Lisa Aronson Fontes (1995, S.3) plädiert dafür, Kultur nicht als einzige Erklärungsmöglichkeit zu betrachten. Gefühle und Verhalten können aus den Erfahrungen von Unterdrückung resultieren und nicht per se aus der Kultur. Wenn beispielsweise eine afro-amerikanische Mutter entscheidet, bei der Vergewaltigung ihres Kindes nicht die Polizei zu kontaktieren, kann diese Entscheidung aus dem Wissen über die Polizeibrutalität ihrer Gruppe gegenüber resultieren und nicht etwa auf kultureller Zurückhaltung basieren.
Bei der Beantwortung dieser Frage erachte ich es als wichtig, den jeweiligen Kontext von sexuell missbrauchten Schwarzen Deutschen und MigrantInnen zu betrachten. Eine differenzierte Zugangsweise – wie ich sie in Kapitel 3.3.4 beschrieben habe – ist unbedingt notwendig. Ich plädiere dafür, die binäre Betrachtungsweise aufzugeben, dass also das Verhalten entweder nur durch Kultur oder nur durch Rassismuserfahrungen zu erklären ist. Um den Betroffenen zu helfen, muss an deren Lebenssituation angeknüpft werden. So können Kultur oder Rassismuserfahrungen zwei von vielen Faktoren sein, die die individuelle Lebenssituation beeinflussen.

- **Warum gehen von sexueller Gewalt betroffene Schwarze Deutsche und Migrantinnen seltener zu Beratungsstellen?**

<u>Im kulturspezifischen Ansatz</u>
Nach Ansicht von Martina Spitzl (1992, S.9) verlangt das Prinzip der Ehre, dass türkische Familienangehörige Konflikte innerfamiliär, d.h. ohne fremde Hilfe, lösen. Die praktische Erfahrung zeigt, dass deshalb nur wenige türkische Familien die Unterstützung von helfenden Institutionen wie der Familienfürsorge, Erziehungsberatungsstellen etc. annehmen.

Die Öffentlichmachung sexueller Gewalt könnte – wie bei der vorherigen Frage bereits dargestellt – zur einer Isolierung der Mädchen innerhalb ihres kulturellen Umfeldes führen. (vgl. Memnune Yilmaz/ Brigtte Brost/ Dorothea Zimmermann, 1994, S.160) Dass sie diese Isolierung befürchten, kann zu einer Verheimlichung der sexuellen Gewalterfahrung beitragen. Weiterhin hat ein Ehrverlust nicht nur Auswirkungen auf das Mädchen selbst, sondern auf die gesamte Familie. Das damit eventuell verbundende Verantwortungsgefühl des Mädchens kann zudem zu einer Ablehnung auf Hilfe von außen führen.

Im antirassistischen Ansatz
Das Haupthindernis für Schwarze Deutsche und MigrantInnen, sich Hilfe zu holen, ist die Angst vor Rassismus.
Die Mitarbeiterinnen von PAPATYA berichten:

„Die Schwelle, familiäre Probleme in die Öffentlichkeit (Lehrer, Jugendamt, Beratungsstellen) zu tragen, ist hoch – umso höher, wenn die Mädchen zusätzlich damit das Gefühl verbinden, Vorurteile und Klischees über ihre Herkunftskultur zu bestätigen." (Corinna Ter-Nedden/ Eva Kultus/ Birim Bayam-Tekeli, 2000, S.4)

Hinweise für die Beantwortung dieser Frage sind weiterhin in der US-amerikanischen Literatur zu finden: In dem Buch von Charlotte Pierce-Baker „Surviving the silence. Black women's stories about rape" (1998, S.19/ 63ff.) berichten einige schwarze Frauen, die von Schwarzen Männern vergewaltigt wurden, dass sie geschwiegen haben, um ihre afro-amerikanischen „Brüder" zu schützen. Sie fühlten sich für die Schwarze Community verantwortlich und wollten den Weißen keinen Grund liefern, die Stereotypisierung zu legitimieren, dass alle Schwarzen Männer Vergewaltiger sind. Des Weiteren wollten sie nicht dafür verantwortlich sein, dass ein weiterer Schwarzer Mann ins Gefängnis kommt.
Ein weiteres Hindernis für die Inanspruchnahme professioneller Hilfe kann aber auch die Angst vor Abschiebung sein. Die Mitarbeiterinnen einer Berliner Zufluchtswohnung für sexuell missbrauchte Mädchen weisen darauf hin, dass migrierte Mädchen häufig von ihrem Vater abhängig sind, weil ihr Aufenthaltsstatus an ihn gebunden ist. Durch den Wegzug aus dem Elternhaus kann also der eigene Aufenthaltsstatus der Mädchen gefährdet werden. Gleiches kann geschehen, wenn durch das Einschalten des Jugendamtes die Mädchen „aktenkundig" werden. Zur Zusammenarbeit mit dem Jugendamt sind die Mitarbeiterinnen verpflichtet, da die Mädchen minderjährig sind, und ihre Eltern in der Regel mit ihrem Aufenthalt dort nicht einverstanden sind. Die Folge einer Inanspruchnahme der Jugendhilfe wie beispielsweise Bekleidungsgeld, Kostenübernahme von Therapie und/ oder längerfristige Unterbringung kann eine mögliche

Abschiebung sein. (vgl. Memnune Yilmaz/ Brigitte Brost/ Dorothea Zimmermann, 1994, S.161)
Negative Erfahrungen mit Behörden können ebenso eine große Hemmschwelle für die Inanspruchnahme von deutschen Hilfseinrichtungen bedeuten. Dabei befürchten betroffene Mädchen, dass sie auch in diesem Bereich auf rassistische Verhaltenweisen stoßen. (vgl. Memnune Yilmaz/ Brigitte Brost/ Dorothea Zimmermann, 1994, S.162) Der §19 des Ausländergesetzes ist ein weiterer Hinderungsgrund für die Inanspruchnahme deutscher Beratungsstellen oder Jugendämter.[49] Ist der Missbraucher der deutsche Stiefvater, so muss die Frau bei einer Trennung oder Scheidung – wenn sie noch nicht zwei Jahre mit ihrem Ehemann verheiratet ist – die Gefahr einer Abschiebung in Kauf nehmen. Wenn also eine Frau mit ihrem Kind nach Deutschland migriert und hier einen deutschen Mann heiratet, hat der Mann, wenn er seine Frau und/ oder Kinder sexuell missbraucht, quasi nichts zu befürchten, es sei denn, dass die Frau den Mann anzeigt und den sexuellen Missbrauch ihres Kindes beweisen kann. Ansonsten kann der Mann vor Ablauf der Frist seine Frau und Kinder verlassen, was die Abschiebung der Frau und ihrer Kinder in ihr Heimatland zur Folge hat. Somit geht der Täter straffrei aus. (Anmerkung der Verfasserin: und kann sich das nächste Opfer suchen) Bei Heiratsvermittlungsanzeigen für Frauen aus südostasiatischen oder osteuropäischen Ländern kann sich hinter dem Zusatz „gerne mit Kind" die Suche nach kindlichen Opfern verstecken. Nach Einschätzung der Mitarbeiterinnen von Ban Ying – einer Zufluchtswohnung für südostasiatische Frauen – sind diese „täterschützenden" Gesetze einigen Missbrauchern sehr wohl bewusst! (vgl. Memnune Yilmaz/ Brigitte Brost/ Dorothea Zimmermann, 1994, S.161ff.; Nivedita Prasad, 1996, S.187) Nivedita Prasad bringt diese Realität auf den Punkt:

„Das heißt, die wahrscheinliche Straffreiheit senkt die Schwelle für sexuelle Übergriffe. In diesem Falle wird die Schwelle durch das Ausländerrecht direkt vom Gesetzgeber gesenkt."
(Nivedita Prasad, 1996, S.187)

Es gibt zwar die Härtefallregelung, das Problem dabei ist aber, dass der sexuelle Missbrauch des Kindes sehr genau nachgewiesen werden muss. Das kann sich als schwierig erweisen, da – wie bereits in Kapitel 1.5 dargestellt – die Folgen eines Missbrauchs auch immer den Folgen anderer Ursachen gleichen können. Außerdem wird durch die Antragsstellung die Gefahr einer Abschiebung eingegangen, da bei Verneinung der

---

[49] Nach § 19 Absatz 1 des Ausländergesetzes ist ein eigenständiges Aufenthaltsrecht eines Ehegatten erst zu erteilen, wenn die eheliche Lebensgemeinschaft mindestens zwei Jahre rechtmäßig im Bundesgebiet bestanden hat. Im Falle einer besonderen Härte ist dem Ehegatten vor Ablauf der zwei Jahre ein weiterer Aufenthalt zu ermöglichen. Der sexuelle Missbrauch eines Kindes gehört zu einem besonderen Härtefall.

Härte eine Abschiebung erfolgt. Um es noch einmal deutlich zu formulieren: Die Handlungsmöglichkeiten für eine Mutter, deren Kind/er von ihrem Ehemann sexuell missbraucht wird/ werden, sind begrenzt. Sie hat folgende Optionen: (1) Sie bleibt bei dem Ehemann, (2) sie beantragt einen Härtefall, was im Fall einer Ablehnung die Abschiebung zur Folge hat, (3) sie lässt sich trennen mit dem Resultat einer Abschiebung oder (4) lebt ohne Papiere in Deutschland weiter. Ich denke, dass alle Möglichkeiten nicht befriedigend sind und nicht zum Schutz oder zur Unterstützung sexuell missbrauchter Kinder beitragen. Insofern ist meiner Meinung nach eine Änderung des Ausländergesetzes dringend notwendig.

Fazit
Die Frage, aus welchen Gründen Migrantinnen seltener zu Beratungsstellen gehen, wird kontrovers diskutiert. Cony Lohmeier (1998, S.21) vertritt die These, dass Migrantinnen eventuell gerade eine weiße deutsche Beraterin aufsuchen, weil dadurch die Anonymität gegenüber dem eigenen kulturellen Umfeld besser gewährleistet ist und sie sich eine konsequentere Unterstützung gegen „traditionelle familiäre Zwänge" erhoffen. Nivedita Prasad hingegen ist der Ansicht, dass Migrantinnen aus Angst vor Rassismus gerade nicht zu einer weißen deutschen Beraterin gehen.
Auch bei dieser Frage plädiere ich für eine differenzierte Auseinandersetzung mit der individuellen Situation. Eine Ablehnung der Hilfe von außen kann daraus resultieren, dass das Prinzip der Ehre in einer Familie Geltung hat und insofern eine innerfamiliäre Lösung angestrebt wird. An dieser Stelle möchte ich aber darauf verweisen, dass auch viele deutsche Familien nicht gerade an einer Öffentlichmachung sexueller Gewalt in ihrer Familie interessiert sind. Dabei finde ich es aber wichtig, darauf hinzuweisen, dass es Hinderungsgründe gibt, die nicht kulturspezifisch sind, sondern aus der deutschen Gesetzgebung resultieren wie beispielsweise §19 Ausländergesetz. Die Angst vor Rassismus als Haupthindernis ist ernst zu nehmen.

- **Zusammenfassung: Was ergibt sich daraus für die Arbeit mit sexuell missbrauchten Schwarzen deutschen und migrierten Mädchen? Welche Qualifikationen benötigen Mitarbeiterinnen in diesem Bereich?**

Im kulturspezifischen Ansatz
Dem kulturspezifischen Ansatz zufolge ist für die Arbeit ein Wissen über und eine Auseinandersetzung mit unterschiedlichen Kulturen nötig. Als Voraussetzung für die Arbeit im Anti-Gewalt-Bereich mit sexuell missbrauchten türkischen Mädchen fordert Martina Spitzl (1992, S.66) neben der eingehenden Beschäftigung mit sexueller Gewalt ein fundiertes Wissen über die Kulturen der Türkei und die Auseinandersetzung mit eigenen Vorurteilen sowie Ideologisierungen (z.B. Großfamilie, Frauenverband

etc.) der türkischen Kultur gegenüber. Da es im Bereich der sexuellen Gewalt an türkischen Mädchen kaum konzeptionelle Handlungsansätze gibt, müssen SozialarbeiterInnen mit Diskriminierungen rechnen, zum einen durch KollegInnen und zum anderen durch die türkische Gemeinde. Bei dem schwierigen Umgang mit dem Thema steht nach ihrer Ansicht die Fremdheit der türkischen Kultur im Vordergrund. Eine weitere Schwierigkeit ist die Sprache, denn auch der Einsatz von DolmetscherInnen läuft nicht immer problemlos.[50] Deshalb erachtet sie türkische Sprachkenntnisse als sinnvoll, um den Aufbau einer vertrauensvollen Beziehung zu erleichtern.

Monika Weber und Christiane Rohleder (1995, S.166) fordern in Bezug auf Jugendhilfeeinrichtungen für sexuell missbrauchte migrierte Mädchen entweder eine zielgruppenorientierte Beratungsstelle mit ausländischen Mitarbeiterinnen oder ein multinationales Beratungsteam. Des Weiteren fordern sie eine Öffentlichkeitsarbeit in den jeweiligen Sprachen. Bei den MitarbeiterInnen plädieren sie zum einen für ausländische MitarbeiterInnen, die über ein Basiswissen zu sexueller Gewalt verfügen. Zum anderen forden sie von deutschen Mitarbeiterinnen, sich speziell über die Schwierigkeiten der ausländischen Mädchen zu informieren.

Im antirassistischen Ansatz

Nivedita Prasad kommt zu dem Resultat, dass eine antirassistische feministische Arbeit mit Schwarzen/ migrierten Frauen und Mädchen, die Opfer sexueller Gewalt waren/ sind, unbedingt notwendig ist:

„Es muß gewährleistet sein, daß Schwarze und migrierte Mädchen die Möglichkeit haben, adäquat mit ihren Mißbrauchserfahrungen umzugehen, ohne daß ihre Geschichte benutzt wird, um diskriminierende Ideologien zu nähren. Dies ist besonders wichtig, weil Dominanzgesellschaften – wie die deutsche Gesellschaft – Überanpassung nicht nur ermöglichen, sondern nahezu erzwingen. Dies kann zu dem fatalen Ergebnis führen, daß rassistische Werte dieser Gesellschaft von denjenigen verinnerlicht werden, gegen die sie sich richten. Allerdings erfordert diese Arbeit nicht nur eine Auseinandersetzung mit sexistischer Gewalt gegen Mädchen und Frauen, sondern eine mindestens genauso gründliche Beschäftigung und Auseinandersetzung mit Rassismus – auch in der Frauenbewegung." (Nivedita Prasad, 1996, S.191)

---

[50] Diese Aussage bezieht sich nicht nur auf die Arbeit mit Mädchen, sondern auch auf die Arbeit mit Müttern. Die Anwesenheit einer dritten Person kann nach Einschätzung von Martina Spitzl in dem sowieso sensiblen Bereich der sexuellen Gewalt den Prozess der Vertrauensbildung erschweren, abgesehen davon, dass die Arbeit mit einer/m DolmetscherIn bereits ein Luxus ist. Zudem sind ihrer Meinung nach die DolmetscherInnen mit dem Thema überfordert und übersetzen infolgedessen unzureichend oder lassen Informationen weg.

Die Entwicklung von Konzepten betrachtet sie als große Herausforderung an die Schwarze feministische Frauenbewegung.
Des Weiteren fordert Nivedita Prasad Migrantinnen als Mitarbeiterinnen in Anti-Gewalt-Projekten. Im Zusammenhang mit den schweigenden Mädchen stellt sie ja sogar die These auf, dass die Präsenz weißer deutscher Mitarbeiterinnen zum weiteren Schweigen der Mädchen beiträgt.

Fazit
Die Basis für die Arbeit mit Schwarzen Deutschen und MigrantInnen, die von sexueller Gewalt betroffen sind, muss meiner Meinung nach auch in diesem Bereich eine antirassistische Arbeit sein. Dies beinhaltet auch politische Arbeit wie zum Beispiel Öffentlichkeitsarbeit bezogen auf den § 19 des Ausländergesetzes.
Die Forderung nach MigrantInnen als MitarbeiterInnen im Anti-Gewalt-Bereich unterstütze ich. Dabei ist meiner Ansicht nach der Migrationshintergrund nicht alleiniges Qualifizierungsmerkmal. (siehe Kapitel 4.5) Ansonsten gilt auch hier meine Ansicht über die beiden Ansätze, wie ich sie bereits im vorherigen Abschnitt ausgeführt habe. (siehe Kapitel 3.3.4)

Der Ansatz von Gari Pavkovic und Leyla Süngerli
Im Folgenden werde ich den Ansatz von Gari Pavkovic und Leyla Süngerli (2000, S.1ff.) zur kulturspezifischen Dynamik bei sexuellem Missbrauch in MigrantInnenfamilien vorstellen, da sie verschiedene Aspekte miteinander verbinden und nicht dem kulturspezifischen oder antirassistischen Ansatz zuzuordnen sind. Dabei unterscheiden sie drei Dimensionen: die psychologische Dynamik (individuell und familiär), die kulturelle Dynamik (individuell und familiär mit ihren psychischen Folgen) und die migrationsspezifische Dynamik. Jede von diesen Dimensionen kann bei der Aufdeckung und Verarbeitung von sexuellem Missbrauch eine wichtige Rolle spielen.
Die psychologische Dynamik ordnen sie als Erscheinung ein, die transkulturell ähnlich auftritt (beim Täter: mangelnde Einsicht/ mangelndes Schuldempfinden, Verleugnung und Abwehr, Einschüchterung des Opfers etc.; beim Opfer: Abhängigkeitsverhältnis zum Täter, typische Opferhaltung (wenig Selbstsicherheit); im sozialen Umfeld: Wegschauen, Nichtwahrhabenwollen etc.). Bei der kulturspezifischen Dynamik unterscheiden sie zwischen modernen individualistischen Kulturen und südländischen kollektivistischen Familienkulturen.[51] Das individualistische Konzept stellt die Autonomie, Entscheidungsfreiheit und Verantwortung des Einzelnen in den Vordergrund. Familiä-

---

[51] Die Unterscheidung zwischen den individualistischen und kollektivistischen Familienkonzepten wird bei der Darstellung der interkulturellen Präventionsansätze weiter ausgeführt.

re Beziehungen konzentrieren sich auf die Kernfamilie und können auch aufgelöst werden. Im Gegensatz dazu betont das kollektivistische Familienkonzept das Gemeinwohl, welches dem Einzelwohl übergeordnet ist. Dabei sind familiäre Beziehungen nach innen (Geschlechterrollen, Respekt gegenüber Älteren, Fürsorge für die Jüngeren) und nach außen (Ehre und Ansehen der Familie) eindeutig definiert. Der familiäre Verband bezieht sich nicht nur auf die Kernfamilie, sondern auf alle Familienangehörigen.

Im Kontext des sexuellen Missbrauchs bedeutet dies, dass nicht nur Täter, Opfer und die im Haushalt lebenden Verwandten betroffen sind, sondern auch alle anderen Familienangehörigen, wie bereits beim Prinzip der Ehre dargestellt wurde. Dies schließt auch Angehörige im Herkunftsland mit ein. Aufgrund dessen ist nach Meinung von Gari Pavkovic und Leyla Süngerli die Tabuisierung und Verleugnung bei innerfamiliärem Missbrauch größer als bei individuellen Familienkonzepten. Zudem haben missbrauchte Mädchen ein Makel, da sie kaum noch Chancen haben, verheiratet zu werden. Dabei wird den betroffenen Mädchen oftmals eine Mitschuld unterstellt. Auffällig ist auch, dass die Familien eine veränderte Version nach außen tragen, um das Ansehen der Familie zu wahren. Nach einem öffentlichen Aufdecken des Missbrauchs wird der Täter aus der Familie ausgeschlossen und von der Familie geächtet.

Als weiterhin kulturspezifisch beschreiben Gari Pavkovic und Leyla Süngerli die sexuelle Doppelmoral der kollektivistischen Familienstrukturen (Mädchen müssen als Jungfrau in die Ehe gehen, Jungen dürfen sexuelle Erfahrungen machen) und den Respekt vor älteren Menschen, der als Höflichkeit Körperkontakte wie Handkuss und vor allem eine Erziehung zum Gehorsam impliziert.

Unter der migrationsspezifischen Dynamik verstehen sie die Vorbehalte gegen deutsche Behörden. Im Vordergrund steht dabei die Angst vor Ausweisung bei Straftaten: *„Das bedeutet, dass strafrechtlich relevante Vergehen auch deshalb verschwiegen werden, weil sie ausländerrechtliche Konsequenzen haben können." (Gari Pavkovic/ Leyla Süngerli, 2000, S.3)* Weiterhin wird eine Zusammenarbeit von Behörden wie dem Jugendamt mit der Ausländerbehörde befürchtet.

Die Einflüsse auf die Lebenssituation von MigrantInnenjugendlichen differenziert Gari Pavkovic (1999, S.4ff.) folgendermaßen aus:

➢ Migration: Identität als MigrantIn, als Kind von MigrantInneneltern, Erfahrungen als MigrantIn, als Minderheit in der deutschen Mehrheitsgesellschaft, ausländerInnenrechtlicher Status (eingebürgert/ unbefristet/ befristet)
➢ Kultur: Ethnische und soziokulturelle Identität, kulturelle Wertorientierung, Alltag in zwei Kulturen, Mehrsprachigkeit, soziokulturelle Geschlechterrollen

- Individuelle/ familiäre Situation: Familienkonstellation, -dynamik, Persönlichkeitstyp, psychische Entwicklung, altersspezifische Besonderheiten, geschlechtsspezifische Besonderheiten
- Soziale Lage: Bildungsstand der Eltern, Einkommen, Wohnverhältnisse, soziales Umfeld, Arbeitssituation, Schule, Ausbildung, soziale Kontakte, peer groups

Daran anknüpfend wird auf die Notwendigkeit einer multiperspektivischen Betrachtungsweise als Voraussetzung für das Verständnis von MigrantInnenjugendlichen hingewiesen. Dafür ist eine Sensibilität wichtig für die Belastungen und Ressourcen, die 1. migrationsspezifisch, 2. kulturspezifisch, 3. individuell bzw. persönlichkeitsspezifisch sind und die sich 4. aus der sozialen Situation ergeben. Gari Pavkovic plädiert dafür, dass die verschiedenen Belastungen und Ressourcen als solche erkannt und gewürdigt werden sollten. Darunter versteht er folgendes:

- migrationsbedingte Einflüsse nicht zu kulturalisieren und zu psychologisieren (Flüchtlinge beispielsweise leiden primär unter traumatischen Erlebnissen, der Flucht und der Perspektivlosigkeit in Deutschland und nicht vordergründig unter einem „Kulturschock".)
- kulturspezifische Einflüsse nicht zu psychologisieren und dadurch zu pathologisieren (Die starke Bindung an Familie und Tradition in kollektivistischen Familienkulturen ist eine mögliche Lebensform von vielen und nicht als Ausdruck von Unreife oder Unterdrückung anzusehen.)
- psychologische Einflüsse nicht zu kulturalisieren und dadurch zu bagatellisieren (Die Ursache von Problemen ist oftmals in der Familiengeschichte und nicht in der Kultur zu suchen.)
- soziale Einflüsse nicht zu psychologisieren oder kulturalisieren (In einer von Statussymbolen geprägten Gesellschaft bereiten Armut und strukturelle Benachteiligung Selbstwertprobleme und senken die Schwelle zu unsozialem Verhalten.)
- den Minderheitenstatus weder über- noch unterzubewerten (Die Politik und gesellschaftliche Einstellungen bestimmen das Verhältnis zwischen der Mehrheitsgesellschaft und den Minderheiten. Die herrschende Diskriminierung ist anzuerkennen, ohne sie zu bagatellisieren oder eine übertriebene Fürsorge für Minderheiten zu entwickeln.)

Gesamtzusammenfassung

Ich habe in diesem Abschnitt die Kontroversen des kulturspezifischen und antirassistischen Ansatzes aufgezeigt. Sie sind Voraussetzung für das Verständnis der Diskurse in der interkulturellen Präventionsarbeit und spiegeln sich darin auch wider. Den Ansatz von Gari Pavkovic und Leyla Süngerli befürworte ich, da er Aspekte des kulturspezifischen und antirassistischen Ansatzes verbindet und somit die Dichotomie auflöst. Ich betone an diese Stelle abschließend noch einmal, dass ein differenzierter und pluralistischer Zugang und kontextbezogene Handlungsansätze in der Arbeit mit Schwarzen Deutschen und MigrantInnen vonnöten sind.

4. Interkulturelle Präventionsarbeit gegen sexuellen Missbrauch

4.1 Einführung

Ich habe bereits in der Einleitung darauf hingewiesen, dass das Thema der interkulturellen Präventionsarbeit gegen sexuellen Missbrauch in Deutschland weitgehend unerforscht ist. Erst in den letzten Jahren sind einzelne Veröffentlichungen zu dem Thema erschienen.

Warum ist die Präventionsarbeit gegen sexuellen Missbrauch ein Bereich, der sich noch nicht interkulturell geöffnet hat? Aus welchen Gründen herrscht hier eine „konzeptionelle Abstinenz"?[52] Ich werde im Folgenden versuchen, die Frage ohne Anspruch auf Vollständigkeit zu beantworten.

Ein Grund ist, dass die Präventionsarbeit ein finanziell ungesicherter Bereich ist. So äußern die Mitarbeiterinnen des Vereins zur Prävention von sexueller Gewalt an Mädchen und Jungen (1994, S.54ff.) in ihrem Praxisbericht, dass sie sich aus Personal-, Zeit- und Materialmangel nicht mit dem Thema der Interkulturalität befassen konnten bzw. dass dieser Bereich ihre Kapazitäten übersteigen würde. Meiner Einschätzung nach ist die Begründung sicherlich richtig. Ich betrachte die Dethematisierung der Situation von MigrantInnen aus den genannten Gründen aber kritisch. Da Präventionsarbeit gegen sexuellen Missbrauch alle Eltern und Kinder erreichen sollte, muss sich auch mit der Situation aller Kinder und Eltern beschäftigt werden. Gerade im Zeitalter des Qualitätsmanagements plädiere ich dafür, dass die Einbeziehung von Schwarzen Deutschen und MigrantInnen in das Arbeitskonzept ein Qualitätsmerkmal sein sollte und nicht ein extra Bereich, mit dem sich nur auseinandergesetzt wird, wenn ausreichend Zeit und Geld vorhanden sind.

Ein weiterer wichtiger Grund für den fehlenden Aspekt der Interkulturalität hängt meiner Ansicht nach mit Ängsten und Verunsicherungen zusammen, die die Beschäftigung mit Kultur, Interkulturalität, Migration und Rassismus nach sich zieht. (siehe Kapitel 3.3.5)

Ein positives Beispiel für die Thematisierung der interkulturellen Präventionsarbeit ist das Münchener Projekt zu Prävention von sexuellem Missbrauch „Amyna". Das seit 1992 existierende Projekt hat seit März 1999 eine iranische Mitarbeiterin, Parvaneh Djafarzadeh, die sich speziell mit Präventionsarbeit für MigrantInnen aus dem islami-

---

[52] Den Begriff „konzeptionelle Abstinenz" haben Paul Mecheril u.a. (2001, S.302) im Zusammenhang mit der Dethematisierung von MigrantInnen bei psychosozialen Beratungsstellen entworfen. Die Bezeichnung erscheint mir im Bereich der Präventionsarbeit gegen sexuellen Missbrauch sehr passend.

schen Kulturkreis beschäftigt. Die Ansätze der Amyna-Mitarbeiterinnen werde ich in Kapitel 4.3 ausführlich vorstellen.

In Berlin fand am 14./15. Juni 2001 die erste bundesweite Fachtagung zu dem Thema statt unter dem Titel „Möglichkeiten präventiver Arbeit bei sexuellem Mißbrauch an Kindern im interkulturellen Kontext: Gemeinsam handeln zum Schutz aller Mädchen und Jungen". Sie wurde organisiert von Kind im Zentrum, der AusländerInnenbeauftragten des Bezirkes Friedrichshain-Kreuzberg (Berlin) und dem Fachteam Kinderschutz von Friedrichshain-Kreuzberg (Berlin). Zwei Referate und einige Diskussionsergebnisse werde ich in meine Ausführungen einbinden.

Da bisher keine Konzepte für interkulturelle Präventionsarbeit existieren, spreche ich eher von Diskursen und Ansätzen in der interkulturellen Präventionsarbeit. Nach der Beschäftigung mit den Voraussetzungen für interkulturelle Präventionsarbeit beziehe ich mich auf folgende Literatur: Zu Beginn stelle ich die Ergebnisse US-amerikanischer Fachliteratur vor. Anschließend gehe ich auf die deutsche Fachliteratur zu Präventionsarbeit ein. Danach stelle ich die Ansätze der Projekte Strohhalm und Amyna und den Ansatz von Nivedita Prasad vor. Die Mitarbeiterinnen des Präventionsprojektes Strohhalm in Berlin haben auf dem Erfahrungshintergrund langjähriger praktischer Arbeit einen Artikel über „Interkulturelle Herausforderungen an die Präventionsarbeit" verfasst. Die Strohhalm-Mitarbeiterin Ulli Freund hat diesen Artikel auf der bundesweiten Fachtagung in Berlin vorgetragen. Zudem werde ich auf Ansätze präventiver Arbeit für Schwarze Deutsche und MigrantInnen eingehen, die Nivedita Prasad entwickelt und auch auf der Fachtagung vorgestellt hat. Da diese Ansätze das einzige mir bekannte Material zu interkultureller Präventionsarbeit in Deutschland sind, werde ich diese ausführlich darstellen. Mit den kontroversen Diskussionen um die unterschiedlichen Ansätze werde ich mich beschäftigen und unter dem kulturspezifischen und antirassistischen Ansatz näher beleuchten. In dem darauf folgenden Abschnitt werde ich, anknüpfend an das zweite Kapitel über Präventionsarbeit gegen sexuellen Missbrauch, die interkulturellen Aspekte unter Einbeziehung der derzeitigen Diskurse und Ansätze ausführen. Weiterhin werde ich mich mit den Qualifikationen der im Präventionsbereich Tätigen beschäftigen. Abschließend werde ich auf interkulturelle Präventionsmaterialien eingehen.

4.2 Voraussetzungen interkultureller Präventionsarbeit

Wie bereits in Kapitel 2.3 thematisiert, sind die Ursachen und Erklärungsansätze für sexuellen Missbrauch, die Sexualpädagogik und die Intervention Voraussetzungen für

Präventionsarbeit. Diese Bereiche gilt es also in der interkulturellen Präventionsarbeit um die interkulturellen Aspekte zu erweitern.

Ursachen, Erklärungsansätze
In Bezug auf die Ursachen und Erklärungsansätze ist eine Beschäftigung mit der Frage erforderlich, wie sexuelle Gewalt an Schwarzen Deutschen und MigrantInnen erklärt wird. (siehe Kapitel 3.3.5) Bei dem kulturspezifischen Ansatz wird sexuelle Gewalt, die von Schwarzen und migrierten Männern ausgeübt wird, mit deren Kultur erklärt. Dies hätte für die Präventionsarbeit zur Folge, dass die Kultur der MigrantInnen im Vordergrund der präventiven Bemühungen steht. Im antirassistischen Ansatz hingegen wird sexuelle Gewalt an Schwarzen Deutschen und MigrantInnen durch die allgemein geltenden Ursachenmodelle erklärt. Insofern verändern sich nach diesem Ansatz die Konzepte interkultureller Präventionsarbeit bezogen auf die Ursachen sexueller Gewalt nicht.

Interkulturelle Sexualpädagogik[53]
Die unterschiedlichen Werte und Normen treffen in einer multikulturellen Gesellschaft im Bereich der Sexualpädagogik aufeinander. Insofern sollte die Sexualpädagogik die Auseinandersetzung mit unterschiedlichen Normen und Werten fördern. Das Ziel interkultureller Sexualpädagogik ist es, *„mindestens zwei Wert- und Normsysteme bezüglich Sexualität und Partnerschaft in ein Verhältnis zu setzen, die jeweils besonderen kulturellen Entstehungs- und Erhaltungsbedingungen zu klären, Verständnis dafür zu schaffen und schließlich danach zu fragen, ob und aufgrund welcher Vorstellungen von den Beteiligten eine Veränderung gewünscht wird."* (Daniel Kunz/ Lucyna Wronska, 2000, S.20/21) Mit den beiden Normsystemen meinen Daniel Kunz und Lucyna Wronska (2000, S.19ff.) grundsätzlich die Tradition, die ihrer Meinung nach mehrheitlich von MigrantInnen vertreten wird, und die Postmoderne, die mehrheitlich von den Deutschen gelebt wird. Deren Werte stehen sich gegenüber. Dabei sollten vorhandene Normensysteme kritisch hinterfragt werden können. Die Jugendlichen sollten Anregungen erhalten, eine eigene Position in unserer pluralistischen Gesellschaft zu finden. Es sollte also eine *„diskursive Auseinandersetzung mit verschiedenen kulturellen Sichtweisen bezüglich Sexualität und Partnerschaft"* (Daniel Kunz/ Lucyna Wronska, 2000, S.20) stattfinden. Die Grundhaltung dabei sollte sein, die unterschiedlichen Positionen als gleichwertig anzunehmen. Insofern steht die Kulturbetrachtung und nicht -beurteilung im Vordergrund. Wichtig ist in dem Zusammenhang nicht das

---

[53] Die folgenden Ansätze interkultureller Sexualpädagogik sind zwar auf Jugendliche zugeschnitten, treffen meiner Meinung nach aber auch auf Kinder zu.

Was, die sexualpädagogischen Themen bleiben meistens die gleichen, sondern vielmehr das Wie, also die Haltung und die daraus resultierende Vermittlungsweise der PädagogInnen. Die Jugendlichen sind daher als ExpertInnen ihrer jeweiligen MigrantInnenkultur anzusehen, um einen dominierenden Blick auf sie zu vermeiden. Dabei sollten sie die unterschiedlichen Einstellungen mitteilen können und erfahren, dass sie nicht abgewertet werden. Mit den Worten von Bärbel Rippert bedeutet das:

„Interkulturelle Sexualpädagogik heißt für mich einen sensiblen Weg zu finden zwischen Ignoranz von kulturellen Differenzen und deren Dramatisierung. (...) Es geht nicht darum, neue Themen zu suchen, sondern Zugänge zu den vorhandenen Themen zielgruppenspezifisch und damit auch kulturspezifisch zu überdenken." (Bärbel Rippert, 2000, S.16)

Nach Ansicht von Daniel Kunz und Lucyna Wronska (2000, S.22ff.) sollten die Lehrkräfte folgende Kompetenzen mit sich bringen: Selbstreflexion, eigene Positionierung im Normensystem bezüglich der Bewertung von Sexualität und Partnerschaft und die Aneignung von kulturspezifischem Wissen. Die Methodik, Didaktik und Rahmenbedingungen sollten sein: Wertschätzende Atmosphäre in der Lerngruppe, Thematisierung verschiedener kultureller Sichtweisen in anderen Schulstunden, geschlechtsspezifische Gruppen und Ansprechpersonen, ressourcenorientiertes Abholen der SchülerInnen, gemeinsame kulturelle Muster transparent machen, ohne Differenzen zu überdecken, andere Sprachen mit einbeziehen, Vorbilder und Alltagshelden der Herkunftskultur der Jugendlichen einbeziehen und die Möglichkeit der Elternarbeit nutzen.

Die Basis sollte meiner Meinung nach eine antirassistische Arbeit sein, die eine Auseinandersetzung mit Rassismus voraussetzt. (siehe Kapitel 3.3.4)

Um alle Kinder zu erreichen, ist eine interkulturelle Sexualpädagogik vonnöten. Sie dient dazu, Kindern eine Sprache über Sexualität zu geben und sie zu befähigen, sexuelle Gewalt als solche zu erkennen. Somit ist sie ein erster Schritt zur Prävention.

Intervention

Präventionsarbeit kann zur einer Aufdeckung bestehender sexueller Gewaltverhältnisse führen. Insofern benötigen Professionelle im Präventionsbereich ein Wissen um Interventionsprojekte. (siehe Kapitel 2.3)

Wenn der Verdacht und die Aufdeckung sexuellen Missbrauchs MigrantInnenkinder betrifft, ist es meiner Ansicht nach sinnvoll, dass die im Präventionsbereich Tätigen einen Überblick über Interventionsprojekte besitzen, die einen interkulturellen Arbeitsansatz haben. Wie in Kapitel 3.3.5 zu sexueller Gewalt an Schwarzen Deutschen und MigrantInnen bei dem antirassistischen Ansatz beschrieben, flüchten von sexueller Gewalt Betroffene aus ihren Gewaltverhältnissen und können in dem Zufluchtsort erneuter, nämlich rassistischer Gewalt ausgesetzt sein. Nivedita Prasad stellt weiterhin die These auf, dass die Präsenz weißer deutscher Sozialarbeiterinnen zu einem weiteren Schweigen über die erlebte Gewalt bei Migrantinnen beitragen kann. Um einer erneuten Verletzung oder einer erschwerten Aufarbeitung sexueller Gewalterlebnisse vorzubeugen, ist es also meiner Meinung nach sinnvoll, dass Professionelle im Präventionsbereich Interventionsprojekte kennen, die einen antirassistischen Ansatz vertreten oder sich mit der Situation von Migrantinnen auseinandergesetzt haben und dass sie im konkreten Fall auch LehrerInnen beraten können. Insofern sind Konzepte zur Arbeit mit sexuell missbrauchten MigrantInnenkindern auch eine Voraussetzung für interkulturelle Präventionsarbeit.

Des Weiteren wäre ein Wissen um mehrsprachige Beratungsstellen sinnvoll, um beispielsweise auf Elternabenden bei Bedarf darauf verweisen zu können.

4.3 Zusammenfassung des vorhandenen Materials

4.3.1 US-amerikanische Fachliteratur

Helen Ahn und Neil Gilbert (1995, S.173ff.) stellen in ihrem Artikel „Kulturelle und ethnische Faktoren bei der Prävention sexueller Kindesmißhandlung" dar, dass die klassischen US-amerikanischen Präventionsprogramme auf die Werte und Normenvorstellungen der weißen Mittelschicht ausgerichtet sind. Für Kinder anderer kultureller Herkunft bleiben die Präventionskonzepte ihrer Ansicht nach eher befremdlich.

Einleitend gehen die Autorin und der Autor auf die Definitionsproblematik des sexuellen Missbrauchs ein, die durch die kulturelle Vielfalt in den USA erschwert wird. Dabei merken sie an, dass nicht nur Uneinigkeit über die Definition sexueller Gewalt zwischen unterschiedlichen Kulturen, sondern auch in der gesellschaftlich dominanten Kultur herrscht.

Aus der Unterschiedlichkeit kultureller Normen ergibt sich nach Meinung von Helen Ahn und Neil Gilbert eine Notwendigkeit „kultureller Feinfühligkeit" beim Umgang mit allen Formen der Kindesmisshandlung. Das Dilemma dabei ist, dass diese Forderung zwar häufig geäußert wird, der Begriff „kulturelle Feinfühligkeit" aber nicht mit eindeutigem Inhalt gefüllt ist:

„Der kulturelle Aspekt bei Kindesmißhandlung und –vernachlässigung in den USA ist insofern interessant, als daß er von der Forschung oft angesprochen, aber fast nie näher behandelt wird. Der einzige öffentliche Konsens besteht darin, daß kulturelle Gesichtspunkte bei der Untersuchung von Kindesmißhandlung und –vernachlässigung beachtet werden müssen; d.h., daß Personen, die sich beruflich mit Kindesmißhandlung beschäftigen, wie Forscher, Kinderschutzexperten, Therapeuten, Schiedsleute, die jeweilige Kultur bei der Ausübung ihrer

Arbeit mit einbeziehen müssen. Ihre Vorgehensweise sollte nicht allein auf den Wertvorstellungen und Praktiken der gesellschaftlich vorherrschenden Kultur basieren. Wir wissen jedoch nicht, wie wir diese Vorstellungen in die Tat umsetzen können." (E. Gray/ J. Cosgrove, 1985, zit.n. Helen Ahn/ Neil Gilbert, 1995, S.174)

Im weiteren Text thematisieren sie, dass sich bei einem Aufeinandertreffen mehrerer Kulturen die Wertvorstellungen der gesellschaftlich vorherrschenden Kultur in Bezug auf schädliche Handlungsweisen an Kindern durchsetzen. So wurden beispielsweise zwei in den USA tätige Kindermädchen philippinischer Herkunft des sexuellen Missbrauchs an den von ihnen zu betreuenden Kindern beschuldigt, weil sie die Kinder sexuell berührt und stimuliert hatten. Nach Aussagen der angeklagten Frauen sei dieses Verhalten auf den Philippinen üblich. In einigen Kulturen soll diese Stimulierung das Wachstum der Genitalien fördern, in anderen Kulturen sollen die Kinder dadurch beruhigt oder zum Einschlafen gebracht werden.

Die Autorin und der Autor führten 1992 eigens eine Untersuchung zu der Frage durch, inwieweit der existierende Präventionsunterricht die kulturelle Vielfalt reflektiert. In dem Rahmen ihrer Studie wurden 364 US-amerikanische Mütter – afrikanischer, kambodschanischer, kaukasischer, südamerikanischer, koreanischer und vietnamesischer Herkunft – über Bade- und Schlafgewohnheiten sowie Körperkontakt in der Familie befragt. In der Auswertung stellten sie eine Anzahl signifikanter Bewertungsunterschiede bei den einzelnen ethnischen Gruppen fest. Zusammengefasst bekamen sie folgende Ergebnisse: Das gemeinschaftliche Baden und Schlafen in einem Bett oder Zimmer von Eltern und Kindern wurde von den asiatischen Müttern bis zu einem späteren Alter akzeptiert als von den anderen Müttern. Ein weiterer signifikanter Unterschied war, dass das gemeinschaftliche Baden und Schlafen in einem Bett oder Zimmer von den US-Amerikanerinnen koreanischer Herkunft am stärksten und von den US-Amerikanerinnen afrikanischer und südamerikanischer Herkunft am wenigsten geduldet wurde.

Bei der Frage, ob es in Ordnung sei, dass eine Mutter zur Beruhigung ihres einjährigen Sohnes seine Genitalien berührt, herrschte überwiegend Einigkeit. Die Mehrheit der Mütter hielt es für unangebracht. Bei Beantwortung der Frage, ob es in Ordnung sei, dass ein Großvater voller Stolz die Genitalien seines dreijährigen Enkelsohnes berührt, zeigten sich Unterschiede. Die Mehrheit der weißen US-Amerikanerinnen und US-Amerikanerinnen afrikanischer und südamerikanischer Herkunft lehnten das Verhalten des Großvaters ab, da es an eine Rechtsverletzung des Kindes grenze. Über die Hälfte der vietnamesischen und koreanischen sowie ca. ein Viertel der kambodschanischen Mütter erachteten das Verhalten als akzeptabel. Dabei wurde auf die koreanische Tradition verwiesen, nach der diese Handlung Ausdruck von Stolz und Bewunderung sei.

Die Koreanerinnen, die das Verhalten ablehnten, verwiesen darauf, dass die Sitten in den USA anders seien als die in Korea, sprachen aber nicht von einem sexuellen Übergriff.

Die Frage, ob es in Ordnung sei, dass sich Eltern vor ihrem 12-jährigen Sohn küssen, wurde von der Majorität der weißen US-Amerikanerinnen und US-Amerikanerinnen afrikanischer und südamerikanischer Herkunft bejaht. Das Küssen ist nach deren Überzeugung Ausdruck von Zuneigung und vermittelt den Kindern ein Gefühl von Geborgenheit. Die Mehrheit der Kambodschanerinnen und Vietnamesinnen missbilligten das Verhalten.

Helen Ahn und Neil Gilbert stellen also insgesamt kulturelle Unterschiede fest. Dabei betonen sie, dass kulturelle Unterschiede nur toleriert werden können, wenn bestimmte Verhaltensweisen für Kinder körperlich oder seelisch nicht schädlich sind. Ihrer Ansicht nach sind das gemeinsame Baden von Eltern und Kind oder die Berührung der Genitalien des Enkels durch den Großvater akzeptabel, da die Entwicklung eines Kindes dadurch nicht beeinträchtigt wird. Abschließend kommen sie zu folgendem Fazit:

„Die schulischen Präventionsansätze setzen normative Grenzen, die die Vielfalt der zulässigen Verhaltensweisen im amerikanischen Familienleben nicht berücksichtigen. Allgemeine Vorschriften für Familienbeziehungen, die durch diese Programme aufgestellt werden, widersprechen den Wertvorstellungen und Traditionen der verschiedenen kulturellen Gruppen. Angesichts der Vielfalt von Normen der Eltern-Kind-Beziehung in den verschiedenen Kulturen, erweist sich jedes Präventionsprogramm für Kinder, speziell aber hinsichtlich der kulturellen Feinfühligkeit, als verbesserungswürdig." (Helen Ahn/ Neil Gilbert, 1995, S.180)

In einer Vergleichsstudie US-amerikanischer Präventionsprogramme[54] kommen David Finkelhor und Jennifer Dziuba-Leatherman (1995, S.90ff.) zu dem ihrer Meinung nach überraschenden Ergebnis, dass Schwarze Kinder die Präventionsprogramme positiver bewerteten und häufiger praktischen Nutzen zogen als weiße Kinder.[55] Sie hielten die Programme signifikant häufiger für interessant, und mehr Schwarze als weiße Kinder (59% versus 38%) gaben an, dass sie das Gelernte in bestimmten Situationen verwendet hatten. Als sie versuchten, die Ursache für die höhere Effektivität zu erforschen, kamen David Finkelhor und Jennifer Dziuba-Leatherman zu folgenden Ergebnissen: Zuerst stellen sie die These auf, dass die Programmthemen in der Lebensumwelt

---

[54] In der Untersuchung wurden 2000 Kinder zwischen 10 und 16 Jahren und ihre Erziehungsberechtigten telefonisch befragt. Die Interviews dauerten zwischen 20 Minuten und einer Stunde.
[55] Diese positive Bewertung wird auch von Kindern ausgesprochen, deren Eltern einen niedrigen sozio-ökonomischen Status haben. Der niedrigere sozio-ökonomische Status umfasst Eltern ohne High-School Abschluss. In den folgenden Ausführungen von David Finkelhor und Jennifer Dziuba-Leatherman werden die Schwarzen und statusbenachteiligten Kinder zusammengefasst.

Schwarzer Kinder nützlicher und wichtiger sind. Eine von den Kindern und Eltern des jeweiligen Wohnumfelds erstellte Einstufung der Gefahrenträchtigkeit lieferte nach der statistischen Auswertung keine Erklärung für die positive Beurteilung der Programme. Auch der weitere Erklärungsansatz, dass die Programme Inhalte vermitteln, von denen die Schwarzen Kinder zu Hause nichts erfahren, musste verworfen werden. Die befragten Schwarzen Kinder wurden ebenso häufig von ihren Eltern über sexuellen Missbrauch aufgeklärt wie weiße Kinder. Als andere Erklärungsmöglichkeit geben David Finkelhor und Jennifer Dziuba-Leatherman an, dass Programme bei Schwarzen Kindern aufgrund ihrer pädagogischen Ausrichtung eventuell einen besonders vorteilhaften Eindruck hinterließen. Die positivere Einschätzung könnte demnach also daraus resultieren, dass der sonstige Unterricht eher auf individualisiertem und konkurrenzbetontem Lernen beruht. Im Gegensatz dazu könnten die Präventionsprogramme für Kinder, die in der Schule weniger erfolgreich sind, möglicherweise einen attraktiven Gegenpol anbieten, da die Präventionsprogramme mit eher praxisbezogenen, medienorientierten und konkreten Techniken durchgeführt werden. (Hiermit setzen sie voraus, dass Schwarze Kinder schlechter in der Schule sind, ohne dies näher zu erklären oder zu beleuchten. Anmerkung der Verfasserin) Dies könnte eine positivere Einschätzung und häufigere praktische Anwendung zur Konsequenz haben.

Die Untersuchung befasste sich neben den positiven Effekten auch mit unerwünschten Programmwirkungen und widmete sich somit der Frage, ob die Kinder infolge des jeweiligen Präventionsprogramms Angst vor Erwachsenen hätten oder fürchteten, selbst missbraucht zu werden. Den Ergebnissen zufolge hatten 8% der Kinder „große" und 53% „ein bisschen" Angst vor sexuellem Missbrauch. Dabei äußerten 2% „große" und 9% „ein bisschen" Angst", von einem Familienmitglied missbraucht zu werden. Des Weiteren fürchteten sich nach Ablauf des Programms 2% „sehr" und 20% „ein bisschen" vor Erwachsenen. Auch die Eltern bestätigten eine erhöhte Ängstlichkeit: 16% bejahten eine erhöhte Angst vor Erwachsenen, 15% stellten eine generell erhöhte Ängstlichkeit fest, und 3% bezeichneten ihr Kind als „schwieriger". Dabei lässt eine erhöhte Ängstlichkeit mehrere Interpretationen zu. (siehe Kapitel 2.6.1)

Als weiteres Ergebnis wird festgestellt, dass insbesondere jüngere, Schwarze und statusbenachteiligte Kinder überproportional mehr Angstgefühle zeigten. Die Schwarzen Kinder hatten dreimal mehr „große" Angst (21% versus 6%) missbraucht zu werden als weiße Kinder. Der Anteil der Schwarzen Kinder, die sich „sehr" davor fürchteten, von einem Familienmitglied missbraucht zu werden, lag ebenso höher (6% versus 1%). Die These, dass die Schwarzen Kinder in höher gefährdeten Gegenden lebten und die große Angst eine Art Schutzanpassung sei, lässt sich nach Meinung von David Finkelhor und Jennifer Dziuba-Leatherman nicht bestätigen. Des Weiteren verweisen sie allgemein auf einen interessanten Zusammenhang. Diejenigen der Kinder, die vermehrte Angstgefühle zeigten, waren in erster Linie auch gleichzeitig diejenigen, die die Programme am positivsten bewerteten. Hinzu waren die eher verängstigten Kinder auch diejenigen, die die gelernten Techniken am häufigsten einsetzten. Daraus ziehen David Finkelhor und Jennifer Dziuba-Leatherman die Konsequenz, dass es schwierig ist, Gründe für die Befürchtungen und Angstgefühle zu bestimmen, da genau die verängstigten Kinder zugleich die Kinder sind, die die gelernten Verhaltensweisen zeigten. Auch die Befragung der Eltern brachte ähnliche Ergebnisse: Eltern, die die Programme positiv bewerteten, stellten am häufigsten Ängste bei ihren Kindern fest. Dies kann vielleicht dadurch erklärt werden, dass die betreffenden Eltern die gesteigerte Angst und Besorgnis der Kinder als zusätzlichen Schutz vor sexuellem Missbrauch und somit als positiv bewerteten.

In der Zusammenfassung ihrer Ergebnisse gehen David Finkelhor und Jennifer Dziuba-Leatherman noch einmal ausdrücklich darauf ein, dass die Präventionsprogramme für Kinder von Minderheiten besonders attraktiv sind. Daran anknüpfend ergibt sich die Forderung nach einer besonderen Einbeziehung dieser Tatsache in die pädagogische Praxis und die Forschung und die Forderung einer besseren Nutzung in dem Sinne, dass die Präventionsprogramme Zugang zu einer ansonsten oft nicht leicht erreichbaren Zielgruppe finden. Sollten die Gründe hierfür erforscht sein, könnte dies wiederum helfen, die Präventionsarbeit für andere schwierig erreichbare AdressatInnen zugänglicher zu machen.

Geraldine A. Crisci und Maria Idali Torres (1986, S.114ff.) stellen in ihrem Artikel „Child Sexual Abuse Prevention Project in an Hispanic Community" ein Modellprojekt vor, das 1980 vom National Center of Child Abuse and Neglect gegründet wurde. Mit dem Projekt sollte das Bewusstsein und Wissen über sexuellen Missbrauch erhöht werden.
Der Zugang zu den Eltern und Kindern des in Massachusetts durchgeführten Programms wurde durch das „Massachusetts Migrant Education Program" hergestellt, das ergänzende Erziehungshilfen für Kinder von migrierten Farmarbeitern anbietet. Die Bevölkerung in dem betreffenden Gebiet setzte sich aus 97% Puerto-RikanerInnen, 1% Schwarzen, 1% PortugiesInnen und 1% Anlgo-AmerikanerInnen zusammen. In der Planungs- und Vorbereitungsphase fanden Treffen mit Eltern, LehrerInnen, sozialen Diensten und Community-Organisationen statt. Diese Schaffung des Bewusstseins bezeichnen die Autorinnen als die erfolgreichste Komponente, um die Teilnehmenden über das Ausmaß des Problems, die Definition und Dynamik zu informieren und – das war der wichtigste Punkt –, um Empathie für sexuell missbrauchte Kinder zu erzeugen. Dadurch sollte im Vorfeld die Notwendigkeit von Präventionsarbeit deutlich gemacht werden. Der Hintergedanke dabei war, dass Menschen Präventionsarbeit nicht

unterstützen, wenn sie die Notwendigkeit nicht verstehen. Wichtig war den Durchführenden des Projektes dabei, über die Normen der Community und Probleme der Menschen informiert zu werden.

Die im Präventionsbereich Tätigen stellten fest, dass der Wert der Familie in puerto-amerikanischen Familien sehr hoch ist. Dabei betonen die Autorinnen, dass die typische puerto-amerikanische Familie ein Mythos ist und eine große Vielfalt an Lebensweisen besteht, wenn auch die Form der Großfamilie vorherrscht und der Hauptbezugspunkt für Unterstützung ist. Ein Wissen um die Unterschiedlichkeit zu weißen US-amerikanischen Familien ist also vonnöten. Weiterhin wichtig waren die Informationen durch den vorherigen Austausch mit Eltern, LehrerInnen und Mitgliedern von Community-Organisationen über Sprache, Überzeugungen, Einstellungen, Gewohnheiten und Werte der Community.

Das Präventionsprogramm wurde sowohl von den Eltern als auch von den Kindern positiv eingeschätzt. Ein besonderes Augenmerk wurde auf des Herstellen von bilingualem und bikulturellem Arbeitsmaterial gelegt.

In ihrem Artikel „Puerto-Ricans and Sexual Child Abuse" betont Lillian Comas-Díaz (1995, S.49), dass das Problem des sexuellen Missbrauchs offen mit verschiedenen Sektoren der puerto-rikanischen Community diskutiert werden sollte. Schulen, Kirchen, Nachbarschaften, Freizeittreffpunkte, die Massenmedien und anderen Einrichtungen könnten dabei mögliche Plätze für präventive Bemühungen sein.

Amy Okamura, Patricia Heras und Linda Wonk-Kerberg (1995, S.94) betonen in ihrem Artikel „Asian, Pacific Island and Filipino Americans and Sexual Abuse", dass Präventionsstrategien, die Kinder unterschiedlicher kultureller Herkunft erreichen, in den USA absolut wichtig sind. Eine Einbeziehung von sozialen Netzwerken, kulturellen, sozialen und spirituellen Ressourcen, Schulen und Nachbarschaften ist notwendig für die Planung geeigneter Präventionsprogramme. Denn gerade ImmigrantInnen sind ihrer Einschätzung nach von den sozialen Diensten isoliert.

In dem Artikel „Prävention gegen sexuelle Kindesmißhandlung in kanadischen Grundschulen" geht der Autor Dave Yawney (1995, 113ff.) unter dem Stichpunkt „Spezifische Adressatengruppen" kurz auf interkulturelle Prävention ein. Die Tatsache, dass Kanada ein multikulturelles Land ist, müsse seiner Meinung nach in der Prävention berücksichtigt werden. So gibt es beispielsweise spezielle Programme für die Autochthonen. Insgesamt stellt er aber fest, dass *„für Gebiete mit gemischter Einwanderungspopulation (...) noch Entwicklungsarbeit geleistet werden"* (Dave Yawney, 1995, S.126) muss.

Bei der Beschreibung des CAPP erwähnt Elisabeth Fey, dass der Ansatz des CAPP multikulturell sei, *„das heißt, der ethnische Hintergrund der Kinder wird von entsprechenden Kursleiterinnen durch die Auswahl der Kursinhalte berücksichtigt." (Elisabeth Fey, 1992, S.199)* Leider geht sie darauf nicht weiter ein. In der von mir verwendeten Literatur über das CAPP sind keine Ausführungen über interkulturelle Aspekte der Prävention vorhanden. Es wäre sicherlich interessant zu erfahren, inwieweit der von Elisabeth Fey erwähnte multikulturelle Aspekt konzeptionell im CAPP verankert ist.[56]

4.3.2 Deutsche Fachliteratur

Die Notwendigkeit für Konzepte interkultureller Präventionsarbeit und interkulturelle Präventionsmaterialien wurde in der deutschen Fachliteratur zu sexuellem Missbrauch bereits mehrfach erwähnt.

Dirk Bange (1993, S.30) stellt schon 1993 fest, dass es fast keine Materialien für die Präventionsarbeit mit migrierten Mädchen und Jungen gibt.
Auch Christian Spode (1998, S.78) formuliert in seinem Artikel „Geschlechtsbezogene Arbeit mit Jungen – Möglichkeiten der Prävention und Förderung" die Forderung, dass neue Materialien für Jungen verschiedener Altersgruppen und mit unterschiedlichem sozialen und kulturellen Hintergrund entwickelt werden müssen.

Gabriele Amann und Rudolf Wipplinger haben nach einer Auswertung mehrerer Präventionsprogramme (1997, S.673) in ihrem Resümée und Ausblick festgehalten, dass es von zentraler Bedeutung sei, die Präventionsprogramme in ihren Inhalten und ihrer Durchführung besser auf ihre Zielpopulation zuzuschneiden. In diesem Zusammenhang betonen sie neben anderen Aspekten die große Bedeutung des ethnischen Hintergrunds. Da sie die Bedeutung der Herkunft in ihren vorherigen Ausführungen nicht thematisiert haben, bleibt der Satz leider – wie so oft – nur als Feststellung stehen, dass in diesem Bereich mehr geschehen müsse.

Barbara Kavemann plädiert dafür, dass noch andere Machtverhältnisse in unserer Gesellschaft in die Präventionsarbeit einbezogen werden sollten, zusätzlich zu dem Machtverhältnis zwischen Erwachsenen – Kindern und dem Machtverhältnis zwischen Jungen/ Männern – Mädchen/ Frauen:

---

[56] Die Ausführungen von Elisabeth Fey habe ich der deutschen Fachliteratur entnommen. Da es sich bei dem CAPP aber um ein US-amerikanisches Präventionsprojekt handelt, habe ich diesen Absatz der US-amerikanischen Fachliteratur zugeordnet.

„Prävention sexualisierter Gewalt wäre ebenso gut an die Prävention politischer/ rassistischer Gewalt anzugliedern, da es sich in beiden Fällen um gesellschaftlich strukturell verankerte Gewalt handelt und um die gewaltsame Ausgrenzung und Erniedrigung Schwächerer mit dem Ziel, daß sich die Gewalttäter bzw. die Gewalttäterinnen aufwerten, stabilisieren und besser fühlen können. Soziale Gruppen wie z.B. Männer und Frauen, Mehrheiten und Minderheiten treten sich als „verletzungsoffen" bzw. als „verletzungsmächtig" gegenüber (Theresa Wobbe 1993). In beiden Fällen geht es nicht um individuelle Überlegenheit oder Körperkraft, sondern um einen gesellschaftlichen Kontext von Macht. Männer und Frauen können je nach Kontext sowohl zu den Verletzungsoffenen wie auch zu den Verletzungsmächtigen zählen, bzw. – und das ist die spezifische Schwierigkeit – beides zugleich darstellen. Frauen – im Geschlechterverhältnis Verletzungsoffene – partizipieren an der Macht z.B. als weiße Deutsche gegenüber ausländischen Frauen und Männern, bzw. unser Thema betreffend als Erwachsene gegenüber Kindern. Alle diese gesellschaftlichen Hierarchien als politische Verhältnisse zu verstehen und die innerhalb dieser Hierarchien ausgeübte Macht ebenso politisch zu begreifen, würde der Prävention sexualisierter Gewalt gegen Kinder und gegen Frauen einen anderen Rahmen verleihen." (Barbara Kavemann, 1998, S.49)

Des Weiteren betont Barbara Kavemann (1997) die Notwendigkeit einer ernsthaften Auseinandersetzung mit kulturell verankerten Vorurteilen und Klischees. Dabei kritisiert sie, dass die pädagogischen Materialien diese Fähigkeit voraussetzen, aber nicht dazu verhelfen können.

Evelyn Timmermann (1993, S.59ff.) thematisiert in ihrem Bericht über eine Unterrichtseinheit zur Prävention von sexueller Gewalt für Mädchen und Jungen im dritten Schuljahr in dem Abschnitt „Sexualerziehung zwischen zwei Kulturen" die Situation von MigrantInnen, insbesondere türkischer Herkunft. Einleitend geht sie auf die Tabuisierung von Sexualität und die repressive Sexualerziehung in türkischen Familien ein. Für die Präventionsarbeit ergeben sich ihrer Meinung nach dadurch folgende Konsequenzen:

„• Die zu vermutende und durch Bemerkungen der SchülerInnen dokumentierte Tabuisierung der Sexualerziehung darf nicht zur völligen Negierung führen, sondern erfordert gerade hier Information und Zusammenarbeit mit den Eltern.
• Falls Bedenken und Unverständnis auf Seiten der Eltern bestehen, dürfen die Kinder nicht in Konflikte mit dem Elternhaus gestürzt werden, das heißt, die Thematik muß behutsam in der Klasse angegangen werden.
• Aufgrund der bestehenden Mädchen diskriminierenden geschlechtsspezifischen Einstellungen und Verhaltensweisen muß kooperatives Sozialverhalten zwischen Mädchen und Jungen konsequent angebahnt werden, um so zu einer vertrauensvollen Klassenatmosphäre beizu-

tragen. Für konkrete Unterrichtsgespräche bieten sich hier geschlechtshomogene (evtl. kulturhomogene) und dadurch sanktionsfreie Gruppen an, um eine Diskussion zu ermöglichen." (Evelyn Timmermann, 1993, S.64)

Im weiteren Text beschreibt Evelyn Timmermann den Elternabend, den sie im Zusammenhang mit der Präventionsarbeit durchführte. Als ihr wichtigstes Anliegen nennt sie, die heterogene Gruppe von Eltern über die Ziele ihrer Arbeit in Kenntnis zu setzen, ohne sie dabei zu verängstigen oder zu verärgern. Den Schwerpunkt legte sie auf das Ziel einer befriedigenden, durch Partnerschaftlichkeit gekennzeichneten Sexualität, ohne das Thema „sexueller Missbrauch" direkt in den Vordergrund zu stellen. Da sie davon ausging, dass viele türkische Eltern mit möglicherweise divergierenden Sexualnormen anwesend waren, war sie vorsichtig in ihrer Wortwahl und wich damit von dem von Elisabeth Fey 1990 entwickelten Konzept ab, Elternabende explizit zum Thema „sexueller Missbrauch" zu veranstalten.

Im anschließenden Teil über die Arbeit mit den Kindern befürwortet sie den geschlechtsspezifischen Ansatz auch in Hinblick auf kulturspezifische Aspekte. Insbesondere die zwei anwesenden türkischen Mädchen wurden ihrer Einschätzung nach dadurch offener. Die vertrauensvolle Atmosphäre in der Jungengruppe ermöglichte, dass die türkischen Jungen offen über kulturspezifische Riten wie beispielsweise Beschneidung sprachen. Abschließend kommt Evelyn Timmermann zu dem Ergebnis, dass in beiden Gruppen eine kulturelle Annäherung und Verständigung gelang.

In dem Praxisbericht des Vereins zur Prävention von sexueller Gewalt an Mädchen und Jungen (1994, S.54ff.) wird auf die Situation von MigrantInneneltern eingegangen. Der Verein führte drei Präventionsprogramme an Bielefelder Grundschulen mit LehrerInnen, Eltern und SchülerInnen durch. In ihrem einleitenden Teil über die Elternabende schreiben die Mitarbeiterinnen:

„Für die Fragestellung, wie ausländischen Eltern mit ihren anderen kulturellen und religiösen Anschauungen ein Zugang zur Problematik der sexuellen Gewalt an Mädchen und Jungen ermöglicht werden kann, bei evtl. zusätzlich vorhandenen Sprachschwierigkeiten, konnten wir im Vorfeld der Präventionsprojekte nicht lösen. Leider gibt es zu diesem Bereich wenig Materialien. Eine angemessene Berücksichtigung dieser Problemlage würde über den Rahmen unserer bisherigen Kapazitäten (Personal, Zeit, Materialien) weit hinausgehen, zumal wir auf dem Gebiet der Elternarbeit mit ausländischen MitbürgerInnen auf keinerlei Vorerfahrungen oder Konzepte zum Thema sexuelle Gewalt zurückgreifen können." (Verein zur Prävention von sexueller Gewalt an Mädchen und Jungen, 1994, S.54/55)

In ihrer Auswertung fassen sie zusammen, dass es bei den MigrantInneneltern nicht gewiss sei, wie viele der Informationen sie erhalten hatten aufgrund von Sprach-

schwierigkeiten, kulturellen und religiösen Unterschieden und anderen Lebensformen in Bezug auf die Bedeutung der Familie, Traditionen etc. Für die Mitarbeiterinnen bleibt die Frage offen, inwiefern beispielsweise Erziehungsvorschläge wie kein Zwangskuss für Verwandte für die Eltern nachvollziehbar und umsetzbar sind. Aus diesen Erfahrungen ziehen sie das Fazit, dass der Situation von migrierten Eltern und Kindern mehr Beachtung zukommen sollte.
Zu einer ähnlichen Einschätzung gelangen die Lehrerinnen in der Auswertung des Gesamtprojekts. Sie stellten zwar fest, dass einige MigrantInneneltern anwesend waren, bei vielen aber Sprachprobleme bestanden. Auch sie konnten nicht einschätzen, ob die Eltern erreicht werden konnten oder nicht. (vgl. Verein zur Prävention von sexueller Gewalt an Mädchen und Jungen, 1994, S.141)

Ein weiterer Bericht über Elternarbeit mit MigrantInneneltern ist von Frauke Homann (1998, S.80ff.). Der dargestellte Elternabend war ausdrücklich an türkische Eltern gerichtet und fand auf Wunsch der Schule statt. Auslöser dafür waren Fälle sexueller Gewalt an mehreren SchülerInnen nicht-deutscher Herkunft, darunter an zwei türkischen Jungen, die von einem weißen deutschen Mann missbraucht worden waren. Frauke Homann war damals (1994) als Sozialpädagogin im Jugendgesundheitsdienst Kreuzberg (Berlin) in die Fälle involviert. Der Elternabend wurde von mehr als 200 TeilnehmerInnen besucht – zumeist Vätern und älteren Brüdern –, erwartet war ein kleiner Kreis an Interessierten. Die Atmosphäre beschreibt Frauke Homann als gespannt. Der vorher organisierte Dolmetscher war anscheinend so schlecht, dass seine Ablösung gefordert wurde. Als die Referentin über das Recht auf Hilfe sprach und dass Kinder beim Jugendamt Hilfe erhalten, brach nach Darstellung der Autorin fast eine Revolte aus. Daraufhin übernahm ein türkischer Psychologe die Rede. Zuerst entschuldigte er sich bei den wenigen Frauen, dass er mit den Männern deutliche Worte sprechen müsse. Deren Köpfe senkten sich, als er das Wort „sexueller Missbrauch" benutzte. Ebenso wendete er sich an die anwesenden Männer und entschuldigte sich dafür, dass er klare Worte an die Frauen richten müsse. Anschließend trat Ruhe ein, die Frauen hielten Blickkontakt und nickten zustimmend. Die Beschreibung des Elternabends endet damit, dass alle Anwesenden Beifall klatschten, als der türkische Psychologe seine Ausführungen beendet hatte.
Interessant dabei ist, dass eine türkische Lehrerin Frauke Homann anschließend berichtete, dass ein bei dem Elternabend anwesender Hodscha kurze Zeit später in der Moschee zum Thema „sexueller Missbrauch" gepredigt habe. Dabei habe er insbesondere die Mütter aufgefordert, den Kindern zuzuhören.

Der Artikel „Prävention von sexualisierter Gewalt im interkulturellen Kontext" von Angela May (2001, S.4ff.) bezieht sich hauptsächlich auf die Vorträge auf der bundesweiten Fachtagung von Ulli Freund (Strohhalm) und Nivedita Prasad. Da ich deren Ansichten im folgenden Abschnitt ausführlich darstelle, konzentriere ich mich an dieser Stelle lediglich auf neue und die mir am wichtigsten erscheinenden Aspekte.

Angela May plädiert für eine Offenheit für Menschen aus unterschiedlichen Kulturkreisen gegenüber. Eine Zuschreibung von Menschen, deren Migrationshintergrund in islamischen Ländern liegt, auf islamische Traditionen und Gesetze, entspricht nicht der Lebensrealität der MigrantInnen. Es ist besser, die Individuen in den Vordergrund zu stellen und sie nach ihrer Lebensweise zu befragen, anstatt ihnen Eigenschaften und Eigenarten zuzuschreiben. Nur so können wir ihrer Meinung nach der Tradierung alter Klischees und Bildung neuer Vorurteile entgehen.

Einem weiteren Klischee möchte sie zu in Bezug auf MigrantInnen türkischer oder arabischer Herkunft entgegenwirken:

„Es ist wichtig, die aufkommenden Bilder von Kopftuch, Schleier und Jungfräulichkeit für Frauen und Goldkettchen, Patriarch und (Drogen-)Händler durch differenzierte Bilder zu ersetzen. Hierzu muss Kommunikation und Interaktion erfolgen, in der etwas von den jeweiligen Werten und Normen der Individuen vermittelt wird. Ich möchte im Ausland auch ungern als ‚typisch' Deutsche auf die Tugenden pünktlich, fleißig, korrekt reduziert werden, die außerdem im Dirndl erwartet wird, Sauerkraut und Schweinshaxe isst, zu Ostern eine Fastenwoche einlegt und Heiligabend in die Kirche geht." (Angela May, 2001, S.5)

Auch sie betont die Notwendigkeit von Fachliteratur in dem Bereich „sexueller Missbrauch und Migration". Es muss dem entgegengewirkt werden, dass bei migrierten Opfern der Eindruck entsteht, sie seien die einzigen ihres Kulturkreises. Weiterhin könnten die Betroffenen denken, dass ihre Kultur Ursache der sexuellen Gewalt sein könnte, was dementsprechend zu einer Abwertung derselben führen würde.

Im weiteren Text informiert Angela May über Tradition und Religion des islamischen Kulturkreises. Dabei geht es ihrer Meinung nach nicht um eine erneute Stigmatisierung und Verschärfung von Vorurteilen, sondern um Hintergrundinformationen. Ein Austausch über muslimische und christliche Lebensweisen kann ihrer Ansicht nach nur in Form eines Dialogs geschehen, um gegenseitige Vorurteile abzubauen. Es ist ihrer Ansicht nach wichtig, dass wir uns vergegenwärtigen, in welchen Bereichen eine Annäherung bereits stattfindet.

„Es ist an der Zeit wahrzunehmen, wo das interkulturelle Miteinander längst reibungslos funktioniert und wo dringender Handlungsbedarf ist, damit wir die Schere im Kopf endlich schließen können." (Angela May, 2001, S.5/6)

Im Anschluss an die Darstellung der Tradition und Religion des islamischen Kulturkreises formuliert sie folgende Fragen zur Selbstreflexion:

„ ➢ *Selbstreflexion: Welche Bilder muslimischer Kultur trage ich in mir, welche Vorurteile? Wie denke ich über die Geschlechter- und Rollenverteilung von Mann und Frau, Mädchen und Jungen? Wie denke ich über Frauen und Mädchen, die ein Kopftuch tragen und welche Einstellung habe ich über den Umgang mit Sexualität?*
➢ *SchülerInnen: Welche Erfahrungen haben die SchülerInnen bisher im interkulturellen Kontext gemacht? Gibt es Vorurteile, rassistisch motivierte Übergriffe/ Konflikte? Wie kann ich ihnen gegebenenfalls begegnen?*
➢ *Institution: Auf welche Erfahrungen/ Vorurteile innerhalb der Einrichtung treffe ich? In welcher Weise wirken sie sich auf meine Arbeit aus? Wie will ich ihnen begegnen?"*
(Angela May, 2001, S.14)

4.3.3 Strohhalm

Das Berliner Präventionsprojekt zu sexuellem Missbrauch an Mädchen und Jungen Strohhalm – bestehend aus weißen deutschen Mitarbeiterinnen – macht seit 10 Jahren praktische Arbeit im Vorschul- und Grundschulbereich mit LehrerInnen, ErzieherInnen, Eltern und Kindern. Ihre Arbeitserfahrungen führten zur der Annahme, dass die MigrantInnenkinder und -eltern weniger von der Präventionsarbeit profitieren als die deutschen Kinder und Eltern. Ihre Diskussionsergebnisse haben sie in dem Artikel „Interkulturelle Herausforderungen an die Präventionsarbeit" (2001, S.153ff.) zusammengefasst.

Diese Vermutung steht nach Meinung der Mitarbeiterinnen von Strohhalm nur scheinbar im Widerspruch zu der Studie von David Finkelhor und Jennifer Dzuiba-Leatherman. (siehe Kapitel 4.3.1) Sie begründen diese Annahme mit der Tatsache, dass die US-amerikanischen Präventionsprogramme überwiegend an Kinder gerichtet sind. Die Ergebnisse der Studie von David Finkelhor und Jennifer Dzuiba-Leatherman resultieren aus der Selbsteinschätzung von Kindern. Im Gegensatz dazu liegt der Schwerpunkt der Arbeit bei Strohhalm auf der Arbeit mit den Erwachsenen und genau in diesem Bereich kommen sie zu der Einschätzung, dass die Präventionsarbeit für MigrantInnen weniger profitabel ist als für weiße Deutsche. Dabei vermuten sie, dass sie bei einer direkten Befragung von Kindern zu ähnlichen Ergebnissen wie David Finkelhor und Jennifer Dzuiba-Leatherman kommen würden, also einer positiven Einschätzung der Präventionsarbeit durch die Kinder selbst.

Die Mitarbeiterinnen von Strohhalm betonen ausdrücklich, dass sie nicht davon ausgehen, dass MigrantInnenkinder häufiger Opfer sexueller Gewalt werden:

„Diese Kinder benötigen also nicht ‚mehr', aber auch nicht ‚weniger' Prävention. Denn Prävention verstanden als Frage des Kinderschutzes ist für alle Kinder gleichermaßen relevant." (Strohhalm, 2001, S.153)

Um also alle Kinder und Eltern gleichermaßen zu erreichen, stellen sie sich die Frage, wie ihr derzeitiges Präventionskonzept verändert werden muss und ob es Reibungspunkte oder sogar Unvereinbarkeiten zwischen Prävention und interkultureller Realität gibt. Die Ausführungen von Strohhalm konzentrieren sich zunächst auf MigrantInnenfamilien türkischer oder arabischer Herkunft. Da sie die größte MigrantInnengruppe in Berlin darstellen, hat Strohhalm folglich mit ihnen die meisten Erfahrungen gesammelt.

Bevor sie konkret auf die interkulturelle Prävention eingehen, verweisen sie ausdrücklich auf das Spannungsfeld, in dem sich sich bei ihren Ausführungen befinden:

„Wir bewegen uns zwischen der Gefahr, rassistische und diskriminierende Stereotype zu bedienen und zu reproduzieren, und der Gefahr, ‚multikulturelle Scheuklappen' aufzusetzen." (Strohhalm, 2001, S.154)

Auf der einen Seite ist damit die kritische Selbstreflexion in Bezug auf Themen wie Interkulturalität, Migration, Integration und Rassismus gemeint. Interkulturelle Prävention ist daher ihrer Anschauung nach mehr als eine pädagogische Haltung und bedarf einer politischen Positionierung. Insofern bleibt nach Ansicht der Strohhalm-MitarbeiterInnen interkulturelle Prävention eine leere Geste, wenn die Auseinandersetzung mit der Lebenswelt von MigrantInnen wie die ausländerInnen- und asylrechtliche Behandlungen, die Erfahrung des alltäglichen Rassismus und dessen Auswirkungen auf das Selbstbewusstsein – ein zentrales Thema der Präventionsarbeit – außen vor bleibt. Auf der anderen Seite besteht die Gefahr, eine unkritische Haltung gegenüber MigrantInnen und ihren Erziehungseinstellungen zu beziehen, aus Angst des Rassismus bezichtigt zu werden. „Multikulturelle Scheuklappen" sind also nicht im Sinne der Prävention, wenn in Fragen des Kinderschutzes eine eindeutige Stellung bezogen werden muss.

Die Überlegungen zu interkultureller Prävention mit türkischen und arabischen MigrantInnen formulieren die Strohhalm-MitarbeiterInnen auf dem Hintergrund von drei zentralen Aspekten: der kollektivistischen Familienkultur, dem islamischen Körper- und Sexualitätskonzept und dem Migrationshintergrund.

• **Die kollektivistische Familienkultur**

Bei den Prinzipien der kollektivistischen Familienkultur berufen sich die Strohhalm-MitarbeiterInnen auf die Darstellung von Gari Pavkovic und Leyla Süngerli. (siehe Kapitel 3.3.5) Nach Ansicht der Mitarbeiterinnen von Strohhalm ist die kollektivistische Familienkultur keine typisch türkische, arabische oder islamische Lebensweise, wird aber von einer Mehrheit der MigrantInnen türkischer und arabischer Herkunft hier in Deutschland praktiziert im Gegensatz zu einer Minderheit von deutschen Familien. Dabei betonen sie, dass sie die türkische und arabische MigrantInnengemeinde in Deutschland nicht als Abbild der jeweiligen Herkunftsländer betrachten. Durch die deutsche Anwerbepolitik in den 60er und 70er Jahren sind aber vermehrt Menschen aus ländlichen Gebieten mit geringer Bildung, niedrigem sozialen Status und traditioneller Lebensweise immigriert, die an der kollektivistischen Familienkultur festhalten.

- **Das islamische Körper- und Sexualitätskonzept**

Das islamische Körper- und Sexualitätskonzept geht nach der Darstellung von Yasemin Karakasoglu-Aydin von einer Gleichwertigkeit der Geschlechter bei Betonung ihrer Verschiedenheit aus. Sexualität wird bei Erwachsenen als körperliches Bedürfnis anerkannt, ist aber nur im Rahmen der Ehe gestattet. Das islamische Körper- und Sexualitätskonzept schreibt dem weiblichen Körper eine hohe Anziehungskraft auf den Mann zu. Als Konsequenz muss die Frau ihre Reize verhüllen und sexuelle Attraktivität ausschließlich in der Ehe leben. Das islamische Körper- und Sexualitätskonzept ist nach Darstellung von Strohhalm für einen Großteil der MigrantInnen türkischer und arabischer Herkunft, sofern sie sich als Muslime bezeichnen, eine bedeutsame Quelle moralischer Einstellungen und prägt deren Menschenbild. Im Gegensatz dazu spielt für die Deutschen die christliche Morallehre eine geringe Rolle. Dabei verweisen die Mitarbeiterinnen von Strohhalm auch auf religiös lebende deutsche und polnische Familien, die ebenso wie islamische Familien das Präventionskonzept ablehnen.

- **Der Migrationshintergrund**

Die Ursache der Migration ist wichtig für das Verständnis der Lebensrealität von MigrantInnen in Deutschland. Dabei muss jeweils die individuelle Migrationsursache berücksichtigt werden, da sich daraus auch der Aufenthaltsstatus ableitet. Die Strohhalm-Mitarbeiterinnen machen darauf aufmerksam, dass die Fragen der Migration oftmals mit den Fragen der Kultur verwechselt werden. So kann beispielsweise die Verweigerung einer türkischen Mutter, in einer Erziehungsberatungsstelle Hilfe zu suchen, wie es ihr die Klassenlehrerin ihres Sohnes geraten hat, durch zwei unterschiedliche Ansätze erklärt werden. Als ein Grund für die Ablehnung der Beratung kann angeführt werden, dass eine Einmischung von außen dem kollektivistischen Familienmodell widerspricht. Der Widerstand könnte aber auch dadurch erklärt werden, dass die Mutter aufgrund negativer Erfahrungen mit der Ausländerbehörde und dem daraus entstandenem Misstrauen zu keiner Kooperation mit Behörden bereit ist.

Nach der Darstellung dieser drei tragenden Aspekte befassen sich die Strohhalm-Mitarbeiterinnen in ihrem Aufsatz mit den sieben Präventionsgrundsätzen, um die interkulturellen Herausforderungen an die Prävention exemplarisch aufzuzeigen:

- Dein Körper gehört dir!
  - Aufgrund des islamischen Sexualitätskonzepts haben die Kinder traditioneller muslimischer Familien kein altersangemessenes Wissen über Sexualität. Die Eltern äußern Ängste, dass Sexualerziehung Kinder neugierig und somit auch anfällig für sexuellen Missbrauch machen könnte.
  - Einige türkische und arabische Eltern verstehen die Notwendigkeit einer Sexualerziehung, wenn sie dem Schutz der Kinder vor sexuellem Missbrauch dient. So ist es nach Ansicht der Strohhalm-Mitarbeiterinnen ein großer Erfolg, wenn Eltern die Notwendigkeit einsehen und sie der Schule die Aufgabe überlassen und die Kompetenz dafür zuschreiben, da sie die Sexualaufklärung nicht selbst durchführen möchten.
  - Manche muslimische Eltern sehen Schläge als Erziehungsmethode an und stehen zu der Züchtigung eher „selbstbewusst". Dabei betonen die Mitarbeiterinnen von Strohhalm, dass Gewalt gegen Kinder unabhängig vom kulturellen Hintergrund als Erziehungsmaßnahme betrachtet wird. Ein Unterschied zu den deutschen Eltern besteht ihrer Meinung aber insofern, als dass deutsche Eltern, die ihre Kinder schlagen, dies eher kleinlaut zugeben. Im Gegensatz dazu haben sie die Erfahrung gemacht, dass einige muslimische Eltern eher zu den Schlägen stehen. Den Auffassungen der Eltern zufolge verlange die Liebe zu Kindern zeitweise Schläge. Dabei weisen sie auf den Koran hin, der Schläge legitimiere. Dass sich im Koran keine entsprechenden Textstellen befinden, ist nach Ansicht der Strohhalm-Mitarbeiterinnen ein wichtiges Wissen für interkulturelle Präventionsarbeit. Das Wissen ist aber nur dann effektiv, wenn es glaubhaft vermittelt werden kann. Schwierig ist dabei, dass sich einige muslimische Eltern nicht von weißen deutschen Frauen über den Koran und ihre Religion belehren lassen.

- Vertraue deinem Gefühl!
  - Da die Unterschiedlichkeit der Geschlechter dem Islam nach „gottgewollt"[57] und natürlich ist, leben viele muslimische Familien in einer traditionellen Geschlechteraufteilung. Zusätzlich zur Religion trägt auch eine traditionelle Lebensweise zu einer geschlechtsspezifischen Sozialisation bei, die ein Risikofaktor sexuellen Missbrauchs ist. Muslimische Mädchen werden zu Zurückhaltung, Schüchternheit und

---

[57] Wohl eher „allahgewollt", Anmerkung der Verfasserin

Anpassungsfähigkeit und insofern zu „leichteren" Opfern erzogen. Die bei muslimischen Eltern verbreitete Meinung, Mädchen seien sicher vor sexueller Ausbeutung, wenn sie zu Hause bleiben, ist illusionär, da sexueller Missbrauch überwiegend im innerfamiliären Rahmen verübt wird. Muslimische Jungen werden ebenso wie deutsche Jungen häufiger Opfer sexueller Gewalt durch Fremde. Für sie gilt die Anweisung nicht, zu Hause zu bleiben, und sie verbringen ihre Freizeit im öffentlichen Bereich wie auf Spielplätzen, in Freizeitstätten etc. Werden sie Opfer sexueller Gewalt, zerplatzen ihr sonstiges „cooles" Auftreten und die Überzeugung der eigenen körperlichen Überlegenheit wie eine Seifenblase. Die traditionelle Jungenrolle lässt kein Opferdasein zu und infolgedessen sind sie in der Missbrauchssituation gefangen. In diesem Zusammenhang ergänzen die Strohhalm-Mitarbeiterinnen, dass auch häufig Diskussionen mit deutschen Eltern über Geschlechterrollen entstehen.

- Unterscheide zwischen angenehmen und unangenehmen Berührungen!
- ➢ Einige Eltern türkischer und arabischer Herkunft bringen für Präventionsmerksätze wie „Kein Küsschen auf Kommando!" kein Verständnis auf. Da in kollektivistischen Familienkulturen das Prinzip des Respekts der Jüngeren vor den Älteren herrscht, ist die Ablehnung einer Begrüßung in Form eines Wangen- oder Handkusses unhöflich. Diese Art der Begrüßung ist Ausdruck der Ehrerbietung und mit dem in Westeuropa ritualisierten Händedruck zu vergleichen. Bezugnehmend auf die Prävention ziehen die Strohhalm-Mitarbeiterinnen daraus die Konsequenz, normative Grenzen zu achten und auf entsprechende Merksätze zu verzichten. Ihrer Ansicht nach darf Präventionsarbeit nicht das Ziel verfolgen, allen Kindern und Eltern unterschiedlicher Herkunft einheitliche Verhaltensweisen aufzuzwingen. Es macht also mehr Sinn, sich die unterschiedliche Wahrnehmung der Kinder von Berührungen zu vergegenwärtigen und das Recht auf die Unterschiedlichkeit zu betonen.

- Kinder dürfen Nein sagen!
- ➢ Prinzipien der kollektivistischen Familienkultur wie Respekt vor dem Alter und Gehorsamkeit stehen im Widerspruch zu diesem Präventionsgrundsatz. Dabei ist angemerkt, dass muslimische Eltern ihre Kinder selbstverständlich auch vor sexuellem Missbrauch schützen möchten. Die Eltern verlassen sich hierbei nach Einschätzung der Strohhalm-Mitarbeiterinnen auf das im Islam geltende Inzesttabu.
- ➢ Einige muslimischen Eltern überdenken ihre Erziehung und sind zu Veränderungen in Bezug auf ihr Gehorsamkeitsideal bereit, wenn dies zum Schutz ihres Kindes beiträgt.

- Es gibt gute und schlechte Geheimnisse!
➢ Das Prinzip der Ehre ist bestimmend für ein kollektivistisches Familiensystem. Dabei definiert sich die gesamte Ehre der Familie über die Ehre jeder/ jedes Einzelnen. Missachtet ein Familienmitglied die Gesetze der Ehre, ist die gesamte Familienehre verletzt. Infolgedessen versuchen kollektivistische Familiensysteme, „ehrlose" Fälle nicht nach außen dringen zu lassen oder nur in einer veränderten Version, was zu Familiengeheimnissen führt. (siehe Kapitel 3.3.5)
➢ Beim Thema Geheimnisse können aufgrund des Migrationshintergrundes Geheimnisse entstehen. Diese sind teilweise existenzerhaltend und resultieren aus den aufenthaltsrechtlichen Schwierigkeiten bei MigrantInnen. Als Beispiele nennen die Strohhalm-Mitarbeiterinnen das Geheimnis, dass ein Familienvater zusätzlich ohne Steuerkarte arbeitet, um nicht Sozialhilfe beziehen zu müssen, was ein Ausweisungsgrund sein kann oder das Geheimnis von einem illegalen Aufenthalt einer/ eines Verwandten.
➢ Den Präventionsgrundsatz, dass Kinder über schlechte Erlebnisse wie sexuellen Missbrauch reden dürfen, können einige MigrantInnenkinder aufgrund der oben genannten Ausführungen nicht ernst nehmen. Zu beachten sind dabei die Ressourcen der kollektivistischen Familienverbände wie häufig vorhandene individuelle Schutzstrategien. Gemeint sind damit Verbündete innerhalb der Familien wie beispielsweise eine ältere Schwester, denen sich betroffene muslimische MigrantInnenkinder anvertrauen können. Zum Vorteil des Täters verlässt das Geheimnis nicht den innerfamiliären Rahmen.

- Kinder haben ein Recht auf Hilfe!
➢ Manche Eltern türkischer und arabischer Herkunft sind der Überzeugung, dass sexueller Missbrauch ein westliches Phänomen ist, hervorgerufen durch die westeuropäische liberale Haltung zu Sexualität. Traditionelle muslimische Eltern schützen ihre Kinder, indem sie Sexualität nicht thematisieren und auf das im Islam geltende Inzesttabu vertrauen. Die Tatsache, dass auch ein Junge Opfer sexueller Gewalt sein kann, passt nicht in das Weltbild einiger Eltern. Solche Ansichten erschweren es, Äußerungen und Andeutungen von Kindern wahrzunehmen und sie als Hilfegesuch ernst zu nehmen.
➢ Eine Strategie, der Negierung sexuellen Missbrauchs muslimischer Eltern vorzubeugen, sind nach Erfahrung der Strohhalm-Mitarbeiterinnen gezielte Informationen. Hierbei ist es sinnvoll, auf Berichte über sexuellen Missbrauch in türkischen Zeitungen hinzuweisen. Des Weiteren hilfreich sind Schilderungen über konkrete Fälle sexueller Gewalt an Mädchen und Jungen türkischer und arabischer Herkunft, die die Mitarbeiterinnen von Strohhalm in ihrer Arbeit kennengelernt haben.

➢ Die Mehrheit der Kinder türkischer oder arabischer Herkunft wird sich nach Überzeugung der Strohhalm-Mitarbeiterinnen bei Problemen nicht an Personen wenden, die außerhalb der Familie stehen, weil dadurch die Ehre gefährdet werden könnte. Im Falle eines sexuellen Missbrauchs kann dies zum Ausschluss aus der Familie führen, was Mitarbeiterinnen von Zufluchtswohnungen für Mädchen bestätigen. An diesem Punkt ist die Präventionsarbeit an ihre Grenzen gelangt. Solange Eltern ihre Kinder bei „Ehrbeschmutzung" aus der Familie verstoßen, ist es fragwürdig, den Kinder zu vermitteln, dass sie fremde Hilfe in Anspruch nehmen sollten.

➢ Wird ein Familienmitglied bei sexuellem Missbrauch ins Vertrauen gezogen, kann sich diese Person in demselben Dilemma befinden, wenn sie für sich selbst Hilfe benötigt.

➢ Die Weigerung, eine Beratungsstelle aufzusuchen, kann auch aus schlechten Erfahrungen mit deutschen Behörden und der alltäglichen Erfahrung der Ausgrenzung resultieren. Dabei kann die Sorge im Vordergrund stehen, dass die Ausländerbehörde in Kenntnis gesetzt wird. Dies wiederum könnte zu einer Ausweisung des Verdächtigen führen, von dem eventuell der Aufenthaltsstatus der gesamten Familie abhängt.

➢ Eine weitere Sorge könnte sein, dass die Beratung aufgrund sprachlicher und kultureller Verständigungsschwierigkeiten nicht erfolgreich sein wird.

➢ Sollte die Beraterin den gleichen kulturellen Hintergrund haben, treten andere Probleme auf. Einige MigrantInnen befürchten, dass andere „Landsleute" von dem Besuch der Beratungsstelle erfahren könnten.

• Kinder haben keine Schuld!

➢ Die Tabuisierung der Sexualität in traditionellen muslimischen Familien kann bei den Kindern zu größeren Schuldgefühlen als bei weißen deutschen Kindern führen. Folge des Tabus ist die Unfähigkeit, zwischen Sexualität und sexuellem Missbrauch zu unterscheiden. Nach Meinung der Mitarbeiterinnen von Strohhalm ist für viele türkische und arabische Kinder alles „Sexual", z.B. Geschlechtsverkehr, Pornographie, sexueller Missbrauch und Masturbation, und alles was mit „Sexual" zu tun hat, ist verboten. Das verstärkt bei den Kindern die Schuldgefühle und somit die Unfähigkeit, über erlebte sexuelle Gewalt zu sprechen.

➢ Sexuell missbrauchte Jungen befürchten, schwul zu sein oder zu werden, wenn der Täter männlich war. Die auch in Deutschland noch oftmals vorhandene Homophobie ist in islamischen Familien stärker verbreitet. Homosexualität ist nach dem islamischen Körper- und Sexualitätskonzept eine außereheliche Form der Sexualität und insofern eine Gefährdung der „fitna", der gesellschaftlichen Ordnung. Dies be-

deutet für muslimische männliche Opfer neben den extremen Schuldgefühlen eine große Angst vor dem Schwulsein.
> Die bei allen sexuell missbrauchten Kindern beobachtete Schuldproblematik tritt bei traditionell lebenden türkischen und arabischen Kindern in stärkerem Maße auf, da eine Öffentlichmachung des sexuellen Missbrauch zu einem Ehrverlust der Familie führen kann. Diese große Last der Verantwortung ist selten auszuhalten und somit schweigen die betroffenen Kinder.

Im Anschluss an die interkulturellen Aspekte der sieben Präventionsgrundsätze weisen die Mitarbeiterinnen von Strohhalm ausdrücklich darauf hin, dass *„dieser Problemaufriss"* nicht ausschließlich auf türkische und arabische MigrantInnen zu übertragen ist, sondern auch für manche deutsche Familien Geltung hat:

*„So verändert der Blick auf die Erziehungshaltungen von Migrantenfamilien auch den Blick auf die ‚Einheimischen'. Hier wie dort sind Differenzierungen im Einzelfall unerlässlich, denn für arabische und türkische Familien gelten die angesprochenen Aspekte eben auch nicht in ihrer Gesamtheit. Es geht darum, eine Tendenz zu skizzieren, aber keine pauschale Aussage über **die** türkischen und arabischen Familien in der Bundesrepublik zu formulieren." (Strohhalm, 2001, S.161)*

Die interkulturellen Herausforderungen an die Präventionsarbeit sind nach Einschätzung der Strohhalm-Mitarbeiterinnen durch zwei Wege zu bewältigen. Der eine Weg ist die interkulturelle Öffnung. Darunter verstehen die Strohhalm-Mitarbeiterinnen beispielsweise die Einbeziehung präventiver Potenziale der traditionellen türkischen und arabischen Familienkultur, die sie eigenen Angaben zufolge bisher nicht im Blick hatten. So sind innerfamiliäre Vertrauenspersonen Ressourcen für die Kinder. Diese Potentiale sind zu schätzen und sind Bestandteil eines interkulturellen Präventionsverständnisses. Die alleinige Wahrnehmung der Defizite, etwa am Beispiel des Geheimnisses lediglich die Geheimniswahrung vor der Öffentlichkeit im Blickfeld zu haben, entspricht laut Strohhalm-Mitarbeiterinnen nicht einem positiven Verständnis von Präventionsarbeit. Der zweite Weg, den interkulturellen Herausforderungen gerecht zu werden, steht unter dem Motto: *„Die Präventionsarbeit darf nicht hinter ihre eigenen Standards zurückfallen, nur um es allen (Erwachsenen!) recht zu machen." (Strohhalm, 2001, S.162)* Darunter verstehen die Strohhalm-Mitarbeiterinnen, dass eine interkulturelle Öffnung falsch ist, wenn Grundrechtsfragen von Mädchen und Jungen im Mittelpunkt stehen. Hierbei ist ein klare kinderparteiliche Position einzunehmen. Wenn eine Geschlechterrollenerziehung Jungen zu Grenzüberschreitungen herausfordert und Mädchen konsequent zurücksetzt, wenn Respekt vor Älteren zu einem Verbot einer eigenen Meinungsäußerung von Kindern führt, ist dies nicht als „kulturell bedingt" zu tolerieren.

Abschließend plädieren die Strohhalm-Mitarbeiterinnen für eine Werbung der Präventionsinhalte. Das Verbindende an der Präventionsarbeit mit den Eltern ist der Schutz der Kinder vor sexuellem Missbrauch. Es geht also neben der Kritik an bestehender Erziehung darum, *„an dieser Gemeinsamkeit anzuknüpfen und um die Zustimmung der Eltern und um ihre Bereitschaft zur Veränderung zu* **werben**, *und sie nicht vom Anliegen der Prävention abzuschrecken." (Strohhalm, 2001, S.162)*

In einem weiteren Text gehen die Strohhalm-Mitarbeiterinnen (2001, S.66ff.) speziell auf die interkulturellen Aspekte der Elternarbeit ein. Obwohl es teilweise zu Überschneidungen mit dem oben ausgeführten Artikel kommt, stelle ich diesen Text ausführlich dar. Die vorhandenen Erziehungsstile bei Eltern teilen die Strohhalm-Mitarbeiterinnen in drei Kategorien ein:
- Eine Erziehung, die sich an den Rechten der Kinder orientiert, sie stärkt und als Persönlichkeiten respektiert (insofern eine präventive Erziehung im Hinblick auf sexuellen Missbrauch)
- Eine Erziehung, die sich teilweise an den Maßstäben einer präventiven Erziehung orientiert, aber auch andere Werte vertritt
- Eine Erziehung, die sich wenig an präventiver Erziehung orientiert und teilweise sogar kontraproduktiv ist.

Deutsche und nicht-deutsche Eltern sind in allen drei Kategorien vertreten. Auf dem Hintergrund ihrer Praxiserfahrungen sind die Strohhalm-Mitarbeiterinnen der Ansicht, dass die MigrantInneneltern türkischer und arabischer Herkunft mehrheitlich der dritten Kategorie zuzuordnen sind.

Bei der Darstellung der interkulturellen Aspekte der Elternarbeit erwähnen die Strohhalm-MitarbeiterInnen vorab, dass keine der festen Mitarbeiterinnen Migrantin oder Muslimin ist und die türkische oder arabische Sprache beherrscht. Dieser Zugang würde ihrer Meinung nach die Elternarbeit erleichtern.

Insgesamt stellen sie fest, dass sich die MigrantInneneltern auf Elternabenden weniger an den Diskussionen beteiligen. Bei der Beantwortung der Frage, wie das Verhalten zu erklären ist, gehen die Strohhalm-Mitarbeiterinnen auf folgende Bereiche ein: den sprachlichen Zugang zu den Inhalten, den spezifischen Migrationshintergrund, die Vorstellungen von Familie, die Sexualitäts- und Geschlechtskonzepte und das Autoritätenverständnis.

Sprache
Da nicht alle türkischen und arabischen Eltern die deutsche Sprache beherrschen, wäre eine Sprachmittlung vonnöten. Das ist aber leider die Ausnahme, selbst an Schulen mit MigrantInnenlehrerInnen. Teilweise bringen Mütter die älteste Tochter oder eine nahe Familienangehörige mit, die dann im Flüsterton übersetzt. Eine öffentliche Übersetzung wird meist verweigert, da die Fachsprache über sexuellen Missbrauch eine Übersetzung erschwert. Zudem wird das Thema nicht öffentlich, sondern höchstens mit eng vertrauten Personen thematisiert. Eine alleinige sprachliche Übersetzung reicht also nicht aus, sondern müsste mit fachlichem und kulturellem Wissen kombiniert werden. Wenn die Strohhalm-Mitarbeiterinnen auf den Elternabenden merken, dass die sprachlichen Barrieren zu groß sind, verschieben sie den inhaltlichen Schwerpunkt auf die Rollenspiele, deren Grundaussagen auch ohne Sprache vermittelt werden.

Migrationshintergrund
Hierbei benennen die Strohhalm-Mitarbeiterinnen die Lebensumstände der Minderheitsangehörigen in einer Mehrheitsgesellschaft. (siehe Artikel „Interkulturelle Herausforderungen an die Präventionsarbeit")
In Gesprächen mit türkischen PädagogInnen haben sie erfahren, dass der Erziehungsstil türkischer Eltern in Deutschland rigider ist als der in der Türkei. Bestimmte Erziehungshaltungen sind also vielmehr durch die Migration beeinflusst als durch die Kultur bedingt.
Die Beteiligung von MigrantInneneltern bei Elternabenden kann nach Überzeugung der Strohhalm-Mitarbeiterinnen größere Selbstoffenbarungsaspekte als für deutsche Eltern haben: *„Die Befürchtung vieler MigrantInnen, aufgrund ihrer Äußerungen Ausgrenzung, Unverständnis oder auch Missachtung zu erfahren, sind ja nicht phantasierte, sondern reale wiederholt gemachte Erfahrungen. Zu kurz gegriffen wären daher Einschätzungen, die unterstellen, dass das Interesse geringer sei, oder aber auch bestimmte kulturelle Einstellungen grundsätzlich ein Engagement verhindern."*
(Strohhalm, 2001, S.68)

Familienkulturen
Die Grundeinstellung der Strohhalm-Mitarbeiterinnen ist, dass die Erziehungshaltungen der MigrantInneneltern ebenso wie die der deutschen vielfältig sind. Kulturspezifische Besonderheiten treten nur tendenziell hervor und sind durch weitere Faktoren wie Bildung und Schichtzugehörigkeit beeinflusst.
Mit Familienkulturen sind das individualistische und kollektivistische Konzept gemeint. (siehe Artikel „Interkulturelle Herausforderungen an die Präventionsarbeit")
Dass MigrantInnenfamilien tendenziell traditioneller und somit nach dem kollektivisti-

schen Konzept leben, kann gerade bei Familien mit Rückkehrplänen in das Herkunftsland folgendermaßen erklärt werden. Sie erhalten traditionelle Familienstrukturen, weil sie befürchten, keinen anerkannten Platz im Herkunftsland zu bekommen, wenn sie sich nach westlichen Werten und Normen richten.

Dieses Wissen verändert nach Ansicht der Strohhalm-Mitarbeiterinnen den Blick auf die MigrantInneneltern und ermöglicht ein größeres Verständnis, anstatt in Zuschreibungen stehenzubleiben. Voraussetzung für interkulturelle Kompetenzen im Bereich der Elternarbeit ist die Thematisierung der problematischen Aspekte einer traditionellen Familienkultur, unabhängig davon, ob es sich um deutsche, türkische oder arabische Eltern handelt.

Sexualitäts- und Geschlechterkonzepte

Die Orientierung an dem Konzept richtet sich danach, ob eine konservative, orthodoxe oder modernistische Auffassung des Islam gelebt wird. Der Zusammenhang zwischen Tradition und Religiosität ist auch bei deutschen Familien festzustellen. Folglich ist das Spannungsverhältnis zwischen moderner und traditionell-religiöser Sexual- und Geschlechtererziehung nach Auffassung der Strohhalm-Mitarbeiterinnen nicht kulturspezifisch. Jedoch nehmen sie Unterschiede zwischen MigrantInneneltern und deutschen Eltern wahr, da sie häufiger traditionelle Auffassungen haben und auch die Sexualaufklärung im Unterricht kritisieren und/ oder ablehnen.

Da sich präventive Erziehung für ein gleichberechtigtes Dasein von Mädchen/ Frauen und Jungen/ Männern einsetzt, sind traditionelle Geschlechterkonzepte auf Elternabenden in Frage zu stellen.

Autoritätenverständnis

Die geringere Beteiligung von MigrantInneneltern erklären die Strohhalm-Mitarbeiterinnen mit deren Autoritätenverständnis. So berichteten ihnen ErzieherInnen türkischer Herkunft, dass MigrantInnen, die aus ländlichen Gebieten stammen und eine eher traditionelle Lebensweise haben, Autoritäten wie ÄrztInnen, LehrerInnen etc. aufgrund ihrer Ausbildung und gesellschaftlichen Stellung ernster nehmen. Damit geht einher, dass sie Autoritäten weniger in Frage stellen, als es Deutsche tun. Die Schule und die damit verbundenen Personen wie Fachkräfte der Prävention werden also einerseits respektiert und anerkannt, andererseits aber auch teilweise gefürchtet, so dass wenig Kritik geäußert wird. Die Tatsache, dass wenige Väter türkischer oder arabischer Herkunft an Elternabenden teilnehmen, kann in diesem Kontext dadurch erklärt werden, dass ein Vater als Familienvorstand und somit Autoritätsperson Situationen meidet, in denen Autorität kritisch hinterfragt wird.

Eine besondere Bedeutung haben nach Auffassung der Strohhalm-Mitarbeiterinnen die LehrerInnen. Sollten diese einen kontinuierlichen und vertrauensvollen Kontakt zu den MigrantInneneltern pflegen, sind sie als Bindeglied zwischen Eltern und Fachkräften der Prävention zu nutzen, da ein kurzer Kontakt für einen Vertrauensaufbau nicht ausreicht. Insofern formulieren sie die These, dass ein interkultureller Aspekt für präventive Fachkräfte und auch für LehrerInnen sein könnte, dass die eigene Rolle als Autorität mit ihren positiven Möglichkeiten überdacht werden sollte.

Abschließend betonen sie, dass sie ihre Ausführungen als Mitglieder der Mehrheitsgesellschaft zur Disposition stellen und durch Einschätzungen der Minderheiten ergänzen und korrigieren lassen.

Folgender Bericht der Strohhalm-Mitarbeiterin Ulli Freund (2002) ist weiterhin interessant in Bezug auf interkulturelle Elternabende. Bei einem Präventionsprogramm in einer Schulklasse haben die Strohhalm-Mitarbeiterinnen zwei getrennte Elternabende durchgeführt, einen für die deutschen Eltern und einen für MigrantInneneltern. Auf dem Elternabend für MigrantInnen mit einer türkischen und arabischen Dolmetscherin waren mehr Eltern als sonst auf den Elternabenden der Klasse. Die Einladungen hierfür wurden in mehrere Sprachen übersetzt. Die Strohhalm-Mitarbeiterinnen kamen zu der Einschätzung, dass mehr Gespräche unter den Eltern stattfanden im Vergleich zu Elternabenden, auf denen MigrantInnen und weiße Deutsche gemeinsam anwesend waren. Das Ergebnis des Elternabendes betrachteten sie als positiv. Die Eltern waren einverstanden, dass der Kinderworkshop stattfinden sollte. Auch die Kinder äußerten in dem anschließenden Kinderworkshop, dass sie die Erlaubnis und Zustimmung der Eltern erhalten hatten teilzunehmen. Dies hoben sie insbesondere beim dritten Rollenspiel hervor, bei dem ein Onkel seine Nichte sexuell belästigt. (siehe Kapitel 2.5 Ablauf des CAPP) Eine weitere positive Resonanz kam von den Lehrerinnen, die der Ansicht waren, dass die Eltern offener und zugänglicher im Vergleich zu vorherigen Kontakten waren.
Außerdem führten die Strohhalm-Mitarbeiterinnen eine Informationsveranstaltung mit türkischen Müttern durch, bei der eine türkische Sozialarbeiterin sowohl übersetzte als auch inhaltliche Aspekte behandelte. Dies geschah im Rahmen eines Treffens türkischer Mütter in einem SchülerInnencafe. Die Strohhalm-Mitarbeiterinnen machten die Erfahrung, dass alle anwesenden Mütter über sexuellen Missbrauch informiert waren. Ihrer Einschätzung nach existiert ein großes Wissen über sexuelle Gewalt. Sie gewannen den Eindruck, dass sich die Frauen untereinander darüber austauschten. Lediglich über die Hintergründe waren Defizite vorhanden.

Nach Einschätzung der Strohhalm-Mitarbeiterinn stellte ihr Deutsch-Sein bei beiden Veranstaltungen kein Hindernis dar.

In Bezug auf die Arbeit mit Kindern verteten die Strohhalm-Mitarbeiterinnen (2001, S.97ff.) folgende Ansichten. Die Erfahrung der Kinderworkshops zeigt, dass einige MigrantInnenkinder dem Präventionsprogramm nicht folgen können. So beobachten die Strohhalm-Mitarbeiterinnen Jungen, die aufgrund ihrer kulturellen Sozialisation die Themen „Gewalt und sexuelle Gewalt" nicht ertragen und den Workshop stören. Bei den Mädchen ist festzuhalten, dass einige schweigsam dasitzen. Häufiger ist auch ausgrenzendes Verhalten zu bemerken. Dabei stellen die Strohhalm-Mitarbeiterinnen fest, dass einige LehrerInnen auf das Verhalten der MigrantInnenkinder nicht reagierten.

Als wichtig für die Arbeit mit den Kindern erachten es die Mitarbeiterinnen von Strohhalm, die unterschiedlichen Werte gegenüberzustellen. Denn insbesondere MigrantInnenkinder benötigen ihrer Meinung nach ein persönliches Interesse an sich, an ihrer „Zwischenkultur", ihren Orientierungen und Wahrnehmungen und ihren speziellen Konflikten. Als spannend und wichtig erachten sie weiterhin eine Verständigung über Wörter, die mit unterschiedlichen Inhalten belegt sind wie beispielsweise Sexualität, Geheimnis, Familie, Frauen/ Männer etc.

Eine spezielle Situation ist die der Flüchtlingskinder. Hierbei ist es besonders wichtig, dass die Kinder die Möglichkeit bekommen, sich mit ihrer eigenen Geschichte und ihren Erfahrungen auseinanderzusetzen, um Selbstbewusstsein zu entwickeln und zu erhalten. Die Lehrerinnen sollten dabei für ihre Lebenswelt sensibilisiert sein, um einen einfühlsamen und respektvollen Zugang zu bekommen.

In Bezug auf die gesamte Klasse ist nach Meinung der Strohhalm-Mitarbeiterinnen die Auseinandersetzung mit solchen internationalen Themen als Alltagskultur eine Grundlage für das Wissen und das Interesse am Fremden und somit ein Baustein in der Gewaltprävention.

4.3.4 Amyna

Das Ziel der Präventionsarbeit für MigrantInnen aus dem islamischen Kulturkreis ist nach Ansicht der Mitarbeiterinnen von Amyna (vgl. Parvaneh Djafarzadeh/ Sybille Härtl – Amyna e.V. München, 1999, S.13; Parvaneh Djafarzadeh, 2000; Faltblatt Amyna; Parvaneh Djafarzadeh, 2001, S.3ff.) der Schutz der islamisch sozialisierten Mädchen und Jungen vor sexuellem Missbrauch im Sinne von Vorbeugung unter folgenden Gesichtspunkten:

➤ Achtung der kulturellen Normen und Werte von muslimischen Familien

➢ Abbau von Vorurteilen und rassistischen Vorstellungen gegenüber MuslimInnen
➢ Dialog mit muslimischen Eltern

Dazu macht das Präventionsprojekt Amyna folgende Angebote: Elternabende für MigrantInnen aus dem islamischen Kulturkreis zum Thema: Sexueller Missbrauch – ein fremdes Thema! Was tue ich dagegen? Weiterhin bietet Amyna Fortbildungen zur Prävention von sexuellem Missbrauch für LehrerInnen, ErzieherInnen und anderes pädagogisches Fachpersonal, die mit islamisch sozialisierten Mädchen und Jungen arbeiten. Zudem gibt es eine zweistündige telefonische Beratungszeit für Professionelle dieses Bereiches. Außerdem verfügt Amyna über eine Infothek für Frauen mit Literatur und Infomaterialien zu den Themen sexueller Missbrauch, sexuelle Gewalt, Prävention von sexuellem Missbrauch, Migration und MigrantInnenarbeit.

Präventionsarbeit gegen sexuellen Missbrauch findet nach Meinung der Amyna-Mitarbeiterinnen immer eine Bedeutung im kulturellen Kontext. Die Prävention beschäftigt sich mit Themen, die in unterschiedlichen Gesellschaften unterschiedlich wahrgenommen werden wie Fragen der Erziehung, der Sexualität, des Umgang mit Grenzen, mit Intimität und Gefühlen. Da die bisherige Präventionsarbeit auf die deutsche Kultur zugeschnitten ist, bedarf sie einer Erweiterung um interkulturelle Aspekte. In den Präventionsbüchern sind so gut wie nie migrierte Kinder vertreten. Für die Präventionsmaterialien ist die Einbeziehung der Lebensrealitäten aller Kinder in Deutschland vonnöten:

„Nicht alle Mädchen heißen Melanie oder Anna und Jungen Kai und haben blonde Locken oder rote Locken und rote Bäckchen. Sie haben auch nicht alle so viel Spielzeug und dürfen nicht alle große Partys und Geburtstagsfeste machen. Manche wohnen sogar in Flüchtlingsheimen und spielen im Treppenhaus und strahlen vor Glück, wenn eine Person ihnen einen Lutscher oder ein Eis spendiert oder ihnen sonst etwas anbietet, denn die Isolation und Ausgrenzung machen sie empfindlich für Zuwendung unterschiedlicher Art." (Parvaneh Djafarzadeh, 2000, S.2)

Erst in letzter Zeit sind Bemühungen zur Darstellung von MigrantInnenkindern festzustellen. Ein weiterer Bereich, der um interkulturelle Aspekte erweitert werden muss, ist nach Ansicht der Amyna-Mitarbeiterinnen die Sexualerziehung. Die kulturellen Werte der islamischen Mädchen und Jungen müssen hierbei thematisiert werden. Insofern muss auch die Bedeutung der Jungfräulichkeit für die Mädchen behandelt werden. Dieses Thema ist für die Präventionsarbeit von Bedeutung, da Täter aufgrund des Wissens um die Bedeutung der Jungfräulichkeit muslimische Mädchen häufiger anal oder oral vergewaltigen.

Außerdem ist für interkulturelle Präventionsarbeit ein Wissen über verschiedene Länder und Gesellschaften, über Kulturen und Religionen und die differenzierte Sichtwei-

se eines Gesellschaftssystems wichtig. Kontraproduktiv für die Präventionsarbeit sind demnach klischeehafte Vorstellungen über die Lebensrealität migrierter Mädchen und Jungen. Klischees ergeben Verwirrungen und falsche Schlussfolgerungen und beeinträchtigen das Verhältnis zwischen SozialpädagogIn und den Mädchen und Jungen.
Ebenso notwendig für interkulturelle Präventionsarbeit ist nach Überzeugung der Amyna-Mitarbeiterinnen die Arbeit gegen Rassismus. Rassistische Erfahrungen sind ihrer Meinung nach unbedingt zu berücksichtigen. Da die Stärkung des Selbstbewusstseins ein zentraler Faktor der Präventionsarbeit ist, muss jede Form von Angriffen auf die Persönlichkeit und Schwächung des Selbstwertgefühls mit einbezogen werden. Eine antirassistische Arbeit ist ihrer Meinung nach Basis für gelungene Präventionsarbeit.
Weiterhin erforderlich ist das Wissen um und das Erkennen von nonverbalen Signalen, die kulturspezifisch sind. Voraussetzung für die Stärkung des Selbstbewusstsein ist die Wahrnehmung der eigenen Gefühle. Gefühle werden neben Worten durch Mimik und Gestik ausgedrückt. Für eine kulturelle Verständigung müssen also auch nonverbale Signale erkannt werden. Das Gebiet der kulturspezifischen Körpersprache und der nonverbalen Kommunikation und deren Bedeutung für die Prävention und Intervention sexuellen Missbrauchs ist laut Amyna-Mitarbeiterinnen nahezu unerforscht und bedarf einer speziellen Zuwendung.
Die Einbeziehung kultureller Besonderheiten von MigrantInnen wie Sexualität vor der Ehe, Ehre, Familienansehen und Familienumgang bei MuslimInnen in die Präventionsarbeit ist weiterhin erforderlich.
In Bezug auf Elternabende kommen die Amyna-Mitarbeiterinnen zu folgenden Ergebnissen. Nach deren Ansicht ist sexueller Missbrauch ein großes Tabuthema bei MigrantInnen. Die MigrantInnen grenzen sich ihrer Überzeugung nach von dem Thema ab, indem sie behaupten, dass sexueller Missbrauch ein typisches Problem der christlichen Welt sei. Dabei hat Parvaneh Djafarzadeh bei näherem Kontakt mit MigrantInnen die Erfahrung gemacht, dass sexueller Missbrauch auch bei ihnen ein Thema ist, da sie von sexuellen Übergriffen von Verwandten und Bekannten auch aus ihrem Heimatland berichten. Bei der Thematisierung des sexuellen Missbrauchs kommt immer wieder die Frage auf, wo sexueller Missbrauch anfängt.
Da sexueller Missbrauch bei MigrantInnen ein Tabuthema ist, muss sexuelle Gewalt also nach Meinung der Amyna-Mitarbeiterinnen mit MigrantInnenkindern thematisiert werden, damit sie Schutzmöglichkeiten erfahren.
Parvaneh Djafarzadehs praktische Erfahrungen von Elternabenden mit MigrantInnen sind, dass bei der Verwendung der Begriffe „sexueller Missbrauch" oder „Pornographie" Vorsicht geboten ist. Sie ist der Überzeugung, dass die Eltern eher zu erreichen sind, wenn mensch ihren Glauben akzeptiert. Dabei sind Umformulierungen vonnöten,

da die deutsche Sprache sehr direkt ist. Die Unterscheidung der kollektiven und individualistischen Familienkultur erachtet sie als wichtiges Wissen in der Elternarbeit. Weiterhin betont sie die Notwendigkeit, sich im Islam auszukennen, um handlungsfähig zu bleiben. Mit entsprechendem Wissen können Behauptungen von Eltern „Das ist im Islam so und nicht anders." ihrer Meinung nach entlarvt werden. Dabei sind folgende Erkenntnisse wichtig: Im Islam ist der Familie eine große Bedeutung zugeschrieben. Für Eltern sind die Erziehung der Kinder und die religiöse Pflicht die wichtigsten Aufgaben. Dabei sind Gewalt und Züchtigung nicht erlaubt. Das islamische Sexualitätskonzept, auf das sich die Amyna-Mitarbeiterinnen weiterhin beziehen, wurde bereits bei den Ausführungen von Strohhalm vorgestellt.

Als Konsequenz aus der Beschäftigung mit dem Thema formuliert Parvaneh Djafarzadeh zu den bereits vorgestellten Präventionsprinzipien für Kinder ein achtes Prinzip: *„Das Recht, als Mädchen und Jungen mit Migrationshintergrund wahrgenommen und entsprechend unterstützt zu werden (interkulturelle/ antirassistische Arbeit)"*. *(Parvaneh Djafarzadeh, 2001, S.4)*

In Bezug auf die Frage, wer interkulturelle Präventionsarbeit durchführen sollte, formulieren Parvaneh Djafarzadeh und Sybille Härtl Voraussetzungen für weiße Deutsche. Diese sind ein hohes Maß an Selbstreflexion und die Notwendigkeit der Bearbeitung folgender Fragen: *„Welche Klischees habe ich selbst, wie antizipiere ich an der Dominanzkultur, was vermittele ich Mädchen und Jungen andere Kulturen? etc."* *(Parvaneh Djafarzadeh/ Sybille Härtl, 1999, S.13)* Solange weiße deutsche Sozialarbeiterlnnen /-pädagoginnen diese Voraussetzungen nicht erfüllen, ist es nach deren Überzeugung sinnvoll, dass MigrantInnen interkulturelle Präventionsarbeit durchführen.

4.3.5 Nivedita Prasad

Die Ansichten von Nivedita Prasad zu sexueller Gewalt an Schwarzen Deutschen und MigrantInnen sind bereits im Kapitel 3.3.5 ausführlich dargestellt.

In Bezug auf Präventionsarbeit stellt Nivedita Prasad (2000, 2001a) fest, dass bisherige Präventionsmodelle nicht zwischen weißen deutschen und Schwarzen/ migrierten Kindern unterscheiden. Deshalb müssen die vorhandenen Präventionsmodelle ihrer Meinung nach auf die Übertragbarkeit auf Schwarze und migrierte Kinder untersucht werden. Wie bereits bei der Darstellung der sexuellen Gewalt an Schwarzen Deutschen und MigrantInnnen aus der Sicht des antirassistischen Ansatzes mehrfach betont (siehe Kapitel 3.3.5), steht auch hier im Vordergrund der Diskussion, inwiefern die Erfahrung von Rassismus ein wesentlicher Bestandteil einer Präventionsarbeit mit Schwarzen und migrierten Kindern sein muss. Nivedita Prasad hat Rahmenbedingungen von Präventionsmodellen für Schwarze Deutsche und MigrantInnen ausgearbeitet, die auf dem Hintergrund ihrer praktischen Arbeit mit migrierten Mädchen entstanden sind.

Das wichtigste Ziel der Präventionsarbeit mit Kindern ist die Stärkung des Selbstbewusstseins. Da Schwarze und migrierte Kinder in Deutschland rassistische und diskriminierende Erfahrungen machen, muss dies auch Thema in der Präventionsarbeit sein. Nivedita Prasad fordert getrennte Gruppen. Um das Thema Rassismus zu thematisieren, bedarf es einer Gruppe, in der keine VertreterInnen der Mehrheitsgesellschaft anwesend sind.

Der Ort, an dem Präventionsarbeit gegen sexuellen Missbrauch durchgeführt wird, ist vornehmlich die Schule. Dabei betont sie, dass auch die Schule selbst Schwarze und migrierte Kinder nicht wahrnimmt und keine speziellen Angebote für sie macht.

Die vorhandenen Präventionsmaterialien spiegeln nach Meinung von Nivedita Prasad eine Vielzahl unterschiedlicher Lebensmodelle wider wie beispielsweise Alleinerziehende, arbeitslose Eltern etc. Menschen mit Migrationshintergrund sind in den existierenden Präventionsmaterialien nur äußerst selten zu finden. Nivedita Prasad formuliert die Frage, wie sich migrierte Kinder mit weißen, blonden deutschen Kindern identifizieren sollen, die sonntags Schweinebraten essen. Außerdem ist es eine Realität, dass Schwarze und migrierte Kinder mit weißen deutschen Kindern befreundet sind. Diese Tatsache sollte auch in der Präventionsarbeit Berücksichtigung finden. Aufgrund der Abwesenheit von Schwarzen und migrierten Menschen in den Präventionsmaterialien stellt Nivedita Prasad die Forderung an die SchriftstellerInnen und ZeichnerInnen, sich in dem Bereich fortzubilden, um die Lebensrealität aller Menschen darzustellen. Nivedita Prasad betont die Wichtigkeit von Präventionsmaterialien für MigrantInnen. In ihrer praktischen Arbeit hat sie festgestellt, dass die Darstellung von ausschließlich weißen deutschen Mädchen in den Präventionsbüchern migrierte Mädchen in dem Glauben verstärkt, dass sexuelle Ausbeutung nur in der weißen deutschen Gesellschaft geschehe. Wenn sie selbst sexuell missbraucht werden, fühlen sich Betroffene verstärkt in ihrer Isolation.

Des Weiteren geht Nivedita Prasad auf die Notwendigkeit der Erforschung nonverbaler Signale ein. (siehe Kapitel 3.3.5) Auch in der Präventionsarbeit wäre ein Wissen über nonverbale Signale von Vorteil.

In Bezug auf die Fachleute im Präventionsbereich betont sie die Notwendigkeit von Schwarzen oder migrierten Professionellen, weil Kinder Identifikationsmöglichkeiten brauchen. Dabei reicht ihrer Meinung nach der Migrationshintergrund und das gemeinsame Erleben von Rassismus und Diskriminierung als Verbindung zu den Kindern aus. Es bedarf also keiner türkischen Sozialarbeiterin für türkische Kinder etc., sondern die Gemeinsamkeit einer Minderheitenposition aufgrund von Ethnizität oder

Hautfarbe ist ausschlaggebend. Um den Kindern eine positive Identifikation anzubieten, sollten die im Präventionsbereich Tätigen MusikerInnen, SchriftstellerInnen, KünstlerInnen aus unterschiedlichen Ländern kennen und nicht nur diejenigen, die Teil der Dominanz sind. Die These, dass die Präsenz weißer deutscher Professioneller zum Schweigen beiträgt, vertritt Nivedita Prasad auch für den Bereich der Prävention, insbesondere in der Arbeit mit Eltern.

4.3.6 Die Kontroverse zwischen dem kulturspezifischen und dem antirassistischen Ansatz

Die Kontroverse zwischen dem kulturspezifischen und dem antirassistischen Ansatz, die ich bereits im dritten Kapitel aufgezeigt habe, wird auch bei der interkulturellen Präventionsarbeit ausgetragen. Dies wurde in den Diskussionen auf der bundesweiten Fachtagung in Berlin deutlich. Der antirassistische Ansatz kritisiert an dem kulturspezifischen Ansatz, dass dieser wenig Lösungsmöglichkeiten biete. Weiterhin wird die negative Darstellung der MigrantInnen bemängelt. Sie werden lediglich als Problem beschrieben. Dabei werden einzelne Probleme auf alle MigrantInnen übertragen, was zu einer Stigmatisierung führt, die wiederum kontraproduktiv für die Präventionsarbeit ist. Ein weiterer Kritikpunkt an dem kulturspezifischen Ansatz ist die Haltung gegenüber den MigrantInneneltern. Die Probleme der Elternarbeit werden „ethnisiert", da die Elternarbeit zum Thema des sexuellen Missbrauchs allgemein schwierig ist, nicht nur mit MigrantInnen-, sondern auch mit deutschen Eltern. Das verdeutlicht Nivedita Prasad (2001a) an folgendem Beispiel. Ihre Tochter ist in einer Kita, in der mehrheitlich linke und politisch engagierte Eltern sind. Sie hat als Migrantinmutter Präventionsarbeit gegen sexuellen Missbrauch vorgeschlagen, was von den meisten Eltern abgelehnt wurde. Diese ablehnende Haltung würde sie nicht mit einem Bibelzitat untermauern. An dem kulturspezifischen Ansatz wird folglich kritisiert, dass die Thesen über MigrantInneneltern türkischer und arabischer Herkunft mit dem Koran belegt werden. Dabei wird die Festlegung der MigrantInneneltern auf den Koran und auf „typische" Aspekte des Islam beanstandet. Die rigiden Sexualnormen, die als charakteristisch für muslimische MigrantInnen gelten, können auch als Abgrenzung zu der Mehrheitsgesellschaft vertreten werden. Die Rückbesinnung auf Werte von vor 20, 30 Jahren ist ein normales Phänomen in der Migrationsforschung.

An dem antirassistischen Ansatz wird kritisiert, dass er fast nur negativ formuliert ist. Der antirassistische Ansatz bietet kein Konzept, und somit bleibt die Frage offen, welche konkreten Handlungsansätze in Bezug auf interkulturelle Aspekte in der praktischen Arbeit notwendig wären.

Die Auseinandersetzung zwischen dem kultuspezifischen und antirassistischen Ansatz auf der bundesweiten Fachtagung in Berlin beschreibt Angela May folgendermaßen. Ihrer Auffassung nach wurde die Schwierigkeit deutlich, die Problemkonstellation zu benennen, ohne auszugrenzend und verletzend zu wirken:

„Schwierig vor allem deshalb, weil immer wieder auftretende und reale (Einzel-) Konfliktlagen leicht zu diskriminierenden Zuschreibungen an die Menschen des jeweiligen Kulturkreises führen, was häufig zu Wut, Ärger und Enttäuschung und schließlich zum Rückzug aus dem interkulturellen Dialog führen kann. MigrantInnen fühlen sich unverstanden und treten auf der Stelle. Wichtig hierbei zu erwähnen, dass das oft nicht aus ‚böser' Absicht geschieht, sondern Ausdruck unbewusster, aber tief verinnerlichter Normen und Werte ist – uns jedoch im interkulturellen Kontext überhaupt nicht weiter bringt." (Angela May, 2001, S.4)

Mit dieser Kontroverse werde ich mich im Fazit beschäftigen.

4.3.7 Fazit

Im Folgenden werde ich die dargestellte Literatur auswerten. Dabei kann ich nur die mir am wichtigsten erscheinenden Punkte nennen, da eine ausführliche Auswertung der einzelnen Artikel den Rahmen der vorliegenden Arbeit sprengen würde.

Bei der US-amerikanischen Fachliteratur habe ich lediglich die Artikel vorgestellt, die mir zur Verfügung standen. Eine Auswertung der gesamten US-amerikanischen Fachliteratur wäre sicherlich lohnenswert für die Ansätze in Deutschland. In den USA sind bereits Konzepte für interkulturelle Präventionsarbeit vorhanden, wobei eine Übertragung aufgrund der unterschiedlichen historischen und gesellschaftlichen Bedingungen nicht so einfach möglich wäre. Dabei sei aber darauf hingewiesen, dass fast alle Konzepte der Präventionsarbeit gegen sexuellen Missbrauch aus den USA kommen wie beispielsweise das CAPP (siehe Kapitel 2.5) und auf Deutschland übertragen wurden. Die Artikel aus den USA machen die Notwendigkeit interkultureller Präventionsarbeit deutlich. Erstaunlich dabei finde ich, wie der Artikel von Dave Yawney zeigt, dass es anscheinend selbst in Kanada keine zufriedenstellenden Konzepte interkultureller Präventionsarbeit gibt. Als erstaunlich erachte ich es deshalb, weil Kanada 1971 als erstes Land den Multikulturalismus zur offiziellen Politik erhoben hat. (vgl. Alf Mintzel, 1997, S.25) Daher stelle ich mir die Frage, aus welchen Gründen sich der Präventionsbereich nicht interkulturell geöffnet hat. Die Beantwortung der Frage ist schwierig und setzt eine Beschäftigung mit Kanada voraus. Daher lasse ich die Frage offen stehen.

Die Forderung von Helen Ahn und Neil Gilbert nach einer Prüfung der bestehenden Konzepte in Bezug auf Interkulturalität befürworte ich. Ich betrachte aber die Herangehensweise von Helen Ahn und Neil Gilbert als kritikwürdig und finde deren Argumentationslinien teilweise fragwürdig. Ihr Ansatz ist kulturspezifisch, da sie das Verhalten von Menschen lediglich mit Kultur erklären. Dabei beschreiben sie die Kultur statisch und unterstellen, als ob es die US-amerikanische, die japanische Kultur etc. geben würde, was meiner Ansicht nach zu einer Generalisierung und Stereotypisierung führt. Zur Untermauerung ihrer Thesen zitieren die Autorin und der Autor Studien, in denen beispielsweise japanische Mütter befragt wurden. Anhand der Forschungsergebnisse ziehen sie Rückschlüsse auf US-AmerikanerInnen japanischer Herkunft. Dieser Vergleich lässt eine neu entstandene MigrantInnenkultur außer Acht und wurde in der Migrationsforschung kritisiert. (siehe Kapitel 3.3.4)

Die der Studie zugrundliegenden Fragen sind meiner Ansicht nach für die Prüfung der bestehenden Konzepte auf Interkulturalität zu einseitig. Es wird ausschließlich nach kulturellen Unterschieden geforscht und wie diese sich auf die Prävention auswirken könnten. Unerwähnt bleibt dabei die Frage nach der Macht, was ein zentrales Thema bei sexuellem Missbrauch ist. Vielleicht resultieren Unstimmigkeiten in Bezug auf interkulturelle Prävention daraus, dass der Machtfaktor zwischen weißen und Schwarzen US-AmerikanerInnen in Präventionsprogrammen nicht thematisiert wird. Der in den USA herrschende Rassismus wird in dem Artikel mit keinem Wort erwähnt und hat aber sicherlich Auswirkungen auf das Selbstbewusstsein von Kindern.

Das Ergebnis ihrer Untersuchung, dass in einem multikulturellen Land unterschiedliche Werte und Normen herrschen, ist meiner Ansicht nach notwendiges Wissen für die Präventionsarbeit. Am Ende ihrer Ausführungen bleibt die Frage stehen, welche Präventionsthemen dahingehend verändert werden müssten, damit sie einem interkulturellen Anspruch gerecht werden. Helen Ahn und Neil Gilbert äußern die Forderung nach einer Veränderung bestehender Konzepte, bringen aber selbst keine Verbesserungsvorschläge an. Sicherlich ist der erste Schritt in Richtung Veränderung die Feststellung, dass die aktuellen Konzepte nicht passend sind. Nach dieser Analyse müssten meiner Meinung nach aber konkrete Vorschläge folgen, die in dem Artikel leider auch nur in einer Forderung nach „kultureller Feinfühligkeit" stehen bleiben. Damit machen sie genau das, was sie zuvor kritisiert haben. Sie füllen den Begriff „kulturelle Feinfühligkeit" nicht mit Inhalt.

Die Studie von David Finkelhor und Jennifer Dzuiba-Leatherman bedarf meiner Ansicht nach weiterer Untersuchungen, um die Frage zu klären, warum Schwarze Kinder einerseits die Präventionsprogramme als positiver einschätzten als weiße Kinder und andererseits aber auch größere Ängste äußerten. Es ist meiner Meinung nach aber auf jeden Fall positiv, dass David Finkelhor und Jennifer Dzuiba-Leatherman auf die Unterschiede zwischen Schwarzen und weißen Kindern eingegangen sind und die divergierenden Ergebnisse anhand verschiedener Erklärungsansätze interpretiert haben.

Die Artikel von Geraldine A. Crisci und Maria Idali Torres, von Lillian Comas-Díaz und von Amy Okamura, Patricia Heras und Linda Wonk-Kerberg betonen die Notwendigkeit der Zusammenarbeit mit der MigrantInnen-Community einschließlich der Kirchen, Nachbarschaften und anderer sozialer Netzwerke. Wie der Artikel von Geraldine A. Crisci und Maria Idali Torres zeigt, waren diese Kooperation und der Zugang über das Migrationszentrum erfolgreich, insbesondere im Vorfeld, um die Notwendigkeit präventiver Arbeit zu verdeutlichen. Diese Idee halte ich für sehr sinnvoll. Sie wäre den Versuch einer Übertragung auf Deutschland wert.

Die einzelnen Hinweise in der deutschen Fachliteratur zu Prävention gegen sexuellen Missbrauch machen die Notwendigkeit interkultureller Präventionsarbeit deutlich. Die Forderung wurde zwar schon häufiger formuliert, aber getan hat sich in dem Bereich äußerst wenig. Auf die spezielle Situation der MigrantInnen wird in der Fachliteratur zu Präventionsarbeit selten eingegangen. Wenn das Thema überhaupt in der deutschen Literatur erwähnt wird, dies ist mein Eindruck, geschieht dies meist abschließend im Fazit, wo erwähnt wird, dass die Auseinandersetzung mit interkulturellen Aspekten notwendig wäre. Das reicht sicherlich nicht aus, auch wenn es meiner Überzeugung nach ein erster Schritt in Richtung einer Veränderung der bestehenden Konzepte ist.

Evelyn Timmermann verändert bestehende Konzepte bei der Elternarbeit dahingehend, dass sie sexuellen Missbrauch nicht als Hauptthema darstellt und in ihrer Wortwahl vorsichtiger ist. Dass die deutsche Sprache sehr direkt ist und teilweise Umformulierungen erforderlich sind, bestätigt Parvaneh Djafarzadeh in ihren Ausführungen zu Elternarbeit. Meiner Ansicht nach ist die direkte Benennung des Themas „sexueller Missbrauch" als Einleitung der Elternabende wichtig. Um die Heterogenität der Eltern zu berücksichtigen, ist es meiner Einschätzung nach aber sinnvoll, die deutsche Sprache auf ihre Direktheit zu überprüfen und teilweise Umformulierungen vorzunehmen. Hierbei ist also auf kulturspezifische Unterschiede zu achten.

Der Praxisbericht des Vereins zur Prävention sexueller Gewalt an Mädchen und Jungen macht die Erfordernis einer intensiven Beschäftigung deutlich. Die Mitarbeiterinnen konnten nicht einschätzen, ob sie durch ihre Elternarbeit auch die MigrantInneneltern aufgrund sprachlicher und kultureller Barrieren erreichen konnten. Leider wird nicht darauf eingegangen, ob sich die Mitarbeiterinnen im Vorfeld um DolmetscherInnen bemüht haben. Denn wenn die Verständigungsschwierigkeiten schon durch vorherige Elternabende bekannt waren, wäre durch einen Einsatz von DolmetscherInnen zumindest die sprachliche Barriere zu überwinden gewesen. Weiterhin schade finde ich, dass die MigrantInnenkinder in der Beschreibung der Präventionsarbeit mit den Kindern völlig unerwähnt bleiben.

Die Ansätze von Strohhalm, Amyna und Nivedita Prasad sind die einzigen mir bekannten Ansätze in Deutschland zu dem Thema der interkulturellen Präventionsarbeit.

Sie spiegeln die derzeitigen Diskurse und den Stand der Diskussion wider. Die Ansätze von Amyna und Strohhalm sind eher kulturspezifisch ausgerichtet, enthalten aber auch eindeutig antirassistische Elemente. Dabei ist zu betonen, dass beide kein starres Kulturverständnis haben. Ihr Hauptfokus liegt aber auf der Kultur der MigrantInnen türkischer und arabischer Herkunft.

Im Vordergrund ihrer Beschäftigung stehen bei Strohhalm drei zentrale Aspekte: die kollektivistische Familienkultur, das islamische Körper- und Sexualitätskonzept und der Migrationshintergrund. Der Migrationshintergrund mit den daraus folgenden Konsequenzen trifft auf alle MigrantInnen in Deutschland zu. Die Mitarbeiterinnen von Strohhalm verweisen darauf, dass der Hinderungsgrund für eine Migrantin, zu einer Beratungsstelle zu gehen, die Angst vor Rassismus oder die Befürchtung vor der Zusammenarbeit der Beratungsstelle mit der Ausländerbehörde sein könnte. Weiterhin gehen sie auf die Lebensumstände der MigrantInnen mitsamt der Schwierigkeiten mit dem Ausländergesetz ein. Diesen Ausführungen schließe ich mich an. Die Aspekte der kollektivistischen Familienkultur mit den darin enthaltenden Prinzipien (Respekt vor älteren Menschen, traditionelle Rollenverteilung etc.) und das islamische Körper- und Sexualitätskonzept, auf denen die Ansätze von Strohhalm und Amyna basieren, sind meiner Einschätzung nach wichtiges Hintergrundwissen. Hierbei tragen sie meiner Ansicht nach der Heterogenität und Komplexität der MigrantInnen türkischer und arabischer Herkunft nicht ausreichend genug Rechnung. Die Strohhalm-Mitarbeiterinnen gehen von der Annahme aus, dass die Mehrheit der türkischen und arabischen MigrantInnen in Deutschland eine kollektivistische Familienkultur vertritt. Bei der Thematisierung der interkulturellen Aspekte gehen sie folglich nur auf die kollektivistische Familienkultur ein. Die kollektivistische Familienkultur ist ebenso wie das islamische Sexualitäts- und Körperkonzept ein theoretisches Konstrukt. Meiner Ansicht nach ist genau zu prüfen, ob sich die MigrantInnen türkischer und arabischer Herkunft in Deutschland an diesem Konstrukt orientieren und streng nach dem Koran leben. Das theoretische Konstrukt geht von einer typisch türkischen und arabischen Kultur aus. Die Ansätze sind also in Hinsicht auf die MigrantInnen, die sich an diesem Konstrukt orientieren, sinnvoll und meiner Überzeugung nach zutreffend. Es kann aber meiner Einschätzung nach nicht als das bestimmende Erklärungsmuster auf alle MigrantInnen angewandt werden. Auf diese Differenzierung weisen die Strohhalm-Mitarbeiterinnen zwar ausdrücklich hin, beziehen sich in ihren Ausführungen aber lediglich auf das Konstrukt. Dadurch wird aber meiner Ansicht nach ein Teil von MigrantInnen ausgeblendet, nämlich diejenigen, die nicht die stereotypen MigrantInnen sind. Denn es gibt auch MigrantInnenfamilien, die nach dem individuellen Familienkonzept leben und sich nicht nach dem islamischen Sexualitätskonzept richten.

Wie bereits in Kapitel 3.3.4 ausgeführt, ist es problematisch von <u>der</u> türkischen oder arabischen Kultur zu sprechen. Die in dem Kapitel bereits vorgestellten Bücher „Auf allen Stühlen" von Berrin Özlem Otyakmaz und „Kanak Sprak" und „Koppstoff" von Feridun Zaimoglu zeigen beispielsweise, dass die türkische Kultur – ebenso wie die deutsche – komplex ist und die unterschiedlichsten Subkulturen und Lebensentwürfe aufweist. Insofern entspricht ein theoretisches Konstrukt einer Kultur nicht der komplexen und vielfältigen Realität der MigrantInnen. Es ist immer wieder notwendig, sich die Heterogenität der MigrantInnen zu vergegenwärtigen, denn uns Deutschen wird sie selbstverständlich zugestanden.

In diesem Zusammenhang möchte ich auf die von den Strohhalm-Mitarbeiterinnen vorgenommene Einteilung der Erziehungsstile von Eltern eingehen. Deren Aufteilung von drei Erziehungsstilen stimme ich zu. Die Zuordnung der Mehrheit der Eltern türkischer und arabischer Herkunft zu einem Erziehungsstil, der sich wenig an präventiver Erziehung orientiert und teilweise kontraproduktiv ist, betrachte ich hingegen kritisch. Diese Einteilung nehmen sie auf dem Erfahrungshintergrund ihrer Elternarbeit vor. In ihrer Arbeit lernen sie aber lediglich einen kleinen Teil der MigrantInneneltern in speziellen Stadtteilen von Berlin kennen. Davon Rückschlüsse auf Erziehungshaltungen von MigrantInnen allgemein zu ziehen, empfinde ich fragwürdig, empirisch nicht eindeutig belegt und der Realität vielfältiger Erziehungsstile nicht angemessen. Dabei bin ich mir der Tatsache bewusst, dass der Artikel von Strohhalm auf dem Hintergrund ihrer Praxiserfahrungen entstanden ist und kein wissenschaftlicher Text ist.

Das traditionelle Rollenverständnis ist meiner Ansicht nach nicht kulturspezifisch. Dabei sollte meiner Meinung nach das Thema der Sexualerziehung und des Rollenverständnisses nicht nur auf Kulturen bezogen thematisiert werden, sondern für alle Eltern, was die Strohhalm-Mitarbeiterinnen auch betonen. Denn es gibt auch deutsche Eltern, die nach rigiden Sexualvorstellungen oder einem traditionellen Rollenverständnis leben, worauf die Strohhalm-Mitarbeiterinnen auch hinweisen. Wenn ein traditionelles Rollenverständnis nur in Verbindung mit MigrantInnen thematisiert wird, geht einerseits der Blick auf die Deutschen verloren und andererseits auf die MigrantInnen, die diesem Muster nicht entsprechen. Es ist also meiner Meinung nach wichtig, dass präventive Erziehung, ein demokratischer Erziehungsstil, die Gleichberechtigung von Frau und Mann nicht als typisch deutsche Errungenschaften dargestellt werden, die die MigrantInnen noch lernen müssen. Ansonsten besteht die Gefahr, eine Dichotomie von „MigrantInnen gleich rückschrittlich und Deutschen gleich fortschrittlich" herzustellen. Somit werden MigrantInnen abgewertet und bei deutschen Eltern könnten sich auf einem Elternabend eventuell vorhandene Klischees über MigrantInnen bestätigen oder es kann der Eindruck entstehen, dass ihre Erziehungshaltungen demo-

kratischer seien. Auf die Kritik an dieser Dichotomie bin ich in Kapitel 3.3.4 bereits ausführlich eingegangen.
Wenn es Unterschiede gibt, sollten diese thematisiert werden. Hierbei gilt, dass bestehende Differenzen anerkannt werden müssen, ohne die MigrantInnen darauf festzulegen. (siehe Kapitel 3.3.4) Weiterhin ist es notwendig zu bedenken, dass jede Kultur auch Subkulturen besitzt und somit die Ansichten von MigrantInneneltern auf einem Elternabend nicht stellvertretend für eine Kultur sind.
Ich bin mit den Strohhalm-Mitarbeiterinnen einer Meinung, dass es selbstverständlich nicht darum geht, „multikulturelle Scheuklappen" aufzusetzen und Risikofaktoren sexuellen Missbrauchs als „kulturell bedingt" zu tolerieren. Der Kinderschutz steht bei Präventionsarbeit im Vordergrund. Dabei ist es meiner Meinung nach aber auch wichtig, diese Risikofaktoren nicht als „kulturell bedingt" zu verstehen.
Bei der Darstellung der Kinder-Workshops berichten die Strohhalm-Mitarbeiterinnen, dass die Migrantenjungen aufgrund ihrer kulturellen Sozialisation nichts verstehen. Die migrierten Mädchen sitzen meist schweigsam da. Hierbei würde ich auch für eine Differenzierung plädieren, denn es könnten neben der kulturellen Sozialisation auch andere Gründe wie beispielsweise Sprachprobleme eine Rolle spielen, warum die Jungen nichts verstehen.
Dadurch, dass sich die Strohhalm-Mitarbeiterinnen fast ausschließlich mit den Schwierigkeiten der interkulturellen Elternarbeit beschäftigen, kann der Eindruck entstehen, dass die Arbeit mit MigrantInnen eher problematisch ist. Positive Aspekte, die eine Vielfalt von Meinungen und Ansichten meiner Meinung nach mit sich bringen, bleiben dabei unerwähnt.
Der Einstellung von Strohhalm, dass interkulturelle Präventionsarbeit mehr als eine pädagogische Haltung ist und einer politischen Positionierung bedarf, stimme ich zu. Denn sowohl Präventionsarbeit gegen sexuellen Missbrauch als auch interkulturelle Arbeit sind eingebunden in einen politischen Kontext.
Nivedita Prasad vertritt einen antirassistischen Ansatz und lehnt jede kulturspezifische Erklärung ab, wie es bereits auch in dem Kapitel 3.3.4 deutlich wurde. Mit ihren Ausführungen stimme ich überein, insbesondere in dem Punkt, dass die Basis präventiver Arbeit ein antirassistischer Ansatz sein sollte und Rassismus und dessen Auswirkungen auf das Selbstbewusstsein bei der Prävention thematisiert werden sollte. Ihrer Kritik an einem kulturspezifischen Ansatz schließe ich mich hingegen nur teilweise an. Bei ihrem Ansatz ist meiner Ansicht nach einzuwenden, dass sie wenig konkrete Vorschläge für die praktische Arbeit bietet.
Anknüpfend an die Fazite der Kapitel 3.3.4 und 3.3.5 plädiere ich auch bei der Präventionsarbeit für die Auflösung der Dichotomie des kulturspezifischen und antirassistischen Ansatzes. Um es an dieser Stelle noch einmal ausdrücklich zu betonen, es muss

an der Lebensrealität der MigrantInnen angeknüpft werden. Dabei kann sowohl Rassismus als auch Kultur eine Rolle spielen. So stimme ich mit Nivedita Prasad überein, dass Probleme, die allgemein in der Elternarbeit bestehen, nicht „ethnisiert" werden sollten. Wo aber Differenzen auftreten – und diese Differenzen treten nicht nur bei MigrantInnen, sondern auch bei deutschen Eltern auf – sollten diese thematisiert werden. Im Vordergrund steht dabei, wie mit den Differenzen umgegangen wird.

Unter diesem Gesichtspunkt betrachte ich auch die Auseinandersetzung zwischen den beiden Ansätzen. Es geht meiner Ansicht nach nicht darum, nur einen kulturspezifischen Ansatz oder nur einen antirassistischen Ansatz zu vertreten. Bei den Ansätzen von Strohhalm ist diese Dichotomie durch deren antirassistische Elemente (Einbeziehung des Migrationshintergrundes) und bei Amyna durch die Betonung der Notwendigkeit einer antirassistischen Arbeit durchbrochen. Ein differenzierter Zugang ist notwendig wie beispielsweise der Ansatz von Gari Pavkovic und Leyla Süngerli für den Interventionsbereich. Auf weitere inhaltliche Aspekte gehe ich im nächsten Abschnitt ein.

4.4 Konsequenzen für die praktische Arbeit

In diesem Abschnitt werde ich die im zweiten Kapitel vorgestellten Konzepte präventiver Arbeit unter Einbeziehung der vorgestellten Diskurse und Ansätze in der interkulturellen Präventionsarbeit um interkulturelle Aspekte erweitern. Wie aus dem Fazit des dritten Kapitels und des vorherigen Abschnitts deutlich wurde, vertrete ich die Ansicht, dass der antirassistische Ansatz als Basis dient. Kulturspezifische Elemente sind unter der Voraussetzung zu berücksichtigen, dass Kultur als Prozess verstanden wird. Bevor ich konkret auf die Präventionsarbeit eingehe, möchte ich in Anlehnung an das Kapitel 3.3.4 die Grundhaltung gegenüber MigrantInnen festhalten, die sowohl bei der Prävention mit Erwachsenen als auch bei der Prävention mit Kindern wichtig ist:

➢ MigrantInnen sollten als Menschen in ihrer Individualität und Subjekthaftigkeit und nicht als KulturträgerInnen wahrgenommen werden.
➢ Die Kultur der MigrantInnen – verstanden als dynamischer Prozess – ist heterogen. Sie sollte nicht als rückschrittlich und traditionell betrachtet werden, denn somit besteht die Gefahr einer Abwertung derselben mit der Konsequenz der Aufwertung der eigenen Kultur.
➢ Einstellungen sind nicht nur durch kulturelle Faktoren, sondern auch durch persönliche und soziale Faktoren bedingt.
➢ Kulturelemente wie Kopftücher sind nicht eindeutig definiert und können aus unterschiedlichen Intentionen getragen werden.

➢ Es existieren Klischees und Vorurteile gegenüber MigrantInnen. Diese Klischees müssen erkannt und durchbrochen werden.
➢ Der in Deutschland herrschende Rassismus beeinflusst das Leben der MigrantInnen.

In einer multikulturellen Gesellschaft wie Deutschland existieren unterschiedliche Werte und Normen. Dabei sind sowohl die Werte und Normen der Deutschen als auch die der MigrantInnen heterogen. Bei der Präventionsarbeit werden die unterschiedlichen Einstellungen in Bezug auf Körper, Gefühle, Geschlechterrollen, Sexualität etc. deutlich. Hier besteht die Herausforderung an die Präventionsarbeit, diese Vielfalt mit in die Arbeit einzubeziehen.

Weiterhin ist eine Beschäftigung mit den Lebensbedingungen der MigrantInnen in Deutschland und dem Rassismus Voraussetzung für die Arbeit im interkulturellen Präventionsbereich. (siehe Kapitel 4.3.3 Strohhalm, Kapitel 4.3.4 Amyna und Kapitel 4.3.5 Nivedita Prasad)

Zudem sei darauf hingewiesen, dass es meiner Meinung nach unmöglich ist, genaue Aussagen über interkulturelle Aspekte zu treffen. Da ich einem theoretischen Konstrukt einer Kultur kritisch gegenüberstehe, habe ich die interkulturellen Aspekte allgemein gehalten, da ansonsten meiner Ansicht nach die Gefahr einer Stereotypisierung besteht. Konkrete Maßstäbe zu formulieren, ist schwierig bei einem differenzierten Verständnis von Kultur. Insofern ist für mich ein typisch interkultureller Aspekt, offen zu sein für unterschiedliche Werte- und Normensysteme. Diese Offenheit und Toleranz gelangen dort an die Grenzen, wo das Wohl von Kindern verletzt wird. Ebenso wenig wie bei deutschen Eltern sind auch bei MigrantInneneltern Einstellungen akzeptabel, die sich gegen den Kinderschutz aussprechen. Diese Offenheit unter Einschluss der eben genannten Einschränkung und das Bewusstsein über die vorhandenen Stereotype bedeutet für mich „kulturelle Feinfühligkeit". Wichtig ist der Umgang mit MigrantInnen.

Präventionsziele

Das Machtverhältnis zwischen weißen Deutschen und Schwarzen Deutschen/ MigrantInnen und die Situation von MigrantInnen sind in die Zielformulierung der Präventionsarbeit einzubeziehen. Die in Kapitel 2.4.3 dargestellten Ziele der Präventionsarbeit von Barbara Kavemann (1998, S.47) sind um folgende Aspekte zu ergänzen:

1. *die gesellschaftlichen Strukturen zu verändern, die diese Gewalt möglich machen und aufrechterhalten:* die Veränderung der missbrauchsbegünstigenden Strukturen in jeder Kultur, die Einbeziehung von Rassismus und dem Verhältnis von Dominanzkultur und Minderheiten-Kultur als Machtverhältnis

2. *die Konstrukte von Geschlecht und Sexualität zu verändern, die die Sexualisierung von Gewalt ermöglichen:* die Konstrukte von Geschlecht und Sexualität in jeder Kultur zu verändern, die die Sexualisierung von Gewalt ermöglichen, die Konstrukte der Sexualität in Bezug auf MigrantInnen zu verändern
3. *den sozialen und rechtlichen Schutz von Kindern und Jugendlichen zu verbessern und für die Einhaltung schützender Vorschriften zu sorgen:* Bekämpfung des institutionellen Rassismus, z.b. §19 Ausländergesetz
4. *die Handlungsalternativen und Lebensmöglichkeiten von Mädchen und Jungen zu verbessern:* Auseinandersetzung mit der Lebenswelt von MigrantInnenkindern, um deren Handlungsalternativen zu verbessern
5. *eine Utopie von einem besseren Zusammenleben der Geschlechter und Generationen zu entwickeln:* und Menschen unterschiedlicher Herkunft und Kultur.

4.4.1 Prävention auf politischer Ebene

Anknüpfend an die in Kapitel 2.4.4 thematisierte Prävention auf politischer Ebene ist es Aufgabe der Öffentlichkeit und insbesondere der PolitikerInnen, sich das Problem des sexuellen Missbrauchs an MigrantInnen bewusst zu machen, sich damit zu befassen und Verantwortung zu übernehmen. Damit einher geht eine Auseinandersetzung mit den Lebensumständen der MigrantInnen und dem Rassismus in Deutschland. Bei der Beschäftigung mit dem Thema der sexuellen Gewalt sollte die herrschende Meinung über MigrantInnen wie beispielsweise die „türkischen Machos" oder die „armen unterdrückten Kopftuchträgerinnen" kritisch hinterfragt werden.
Um das Thema in die Öffentlichkeit zu bringen, wären beispielsweise Plakate wie die der Berliner Initiative gegen Gewalt gegen Frauen sinnvoll.[58] Um auch die MigrantInnen selbst zu erreichen, sollten diese Plakate mehrsprachig sein.
Zudem wäre es sinnvoll, wenn die Präventions- und auch Interventionsprojekte selbst das Thema in die Öffentlichkeit bringen. Dazu könnten beispielsweise Fachtagungen oder Kampagnen organisiert werden.
Da das Thema des sexuellen Missbrauchs an MigrantInnen in Deutschland bisher kaum erforscht ist (siehe Kapitel 3.3.5), ist es zudem Aufgabe der PolitikerInnen, Forschungen zu diesem Bereich und spezielle Einrichtungen für sexuell missbrauchte MigrantInnenkinder zu finanzieren und zu unterstützen.
Weiterhin ist auf der politischen Ebene eine Bekämpfung des institutionellen Rassismus erforderlich wie die Änderung des §19 Ausländergesetz. (siehe Kapitel 3.3.5)

---

[58] Die Berliner Initiative gegen Gewalt gegen Frauen hat 2001 in Berlin unterschiedliche Plakate aufgehängt, um das Thema Gewalt gegen Frauen in die Öffentlichkeit zu bringen.

4.4.2 Prävention auf gesellschaftlicher Ebene

Sexueller Missbrauch ist in erster Linie Machtmissbrauch. (siehe Kapitel 1.2) Insofern ist eine Auseinandersetzung mit den Machtverhältnissen in unserer Gesellschaft vonnöten, die durch verschiedene gesellschaftliche Faktoren verursacht bzw. begünstigt werden. (siehe Kapitel 2.4.5) Neben der in Kapitel 1.2 thematisierten Macht von Männern über Frauen und Erwachsenen über Kindern sind der Rassismus und die Macht der Angehörigen der Dominanzkultur über die Minderheiten mit einzubeziehen. Weiterhin ist eine Beschäftigung mit den Machtverhältnissen innerhalb der unterschiedlichen Kulturen notwendig, sowohl in der Dominanzkultur als auch in den Kulturen der Minderheiten. Hierbei ist die Heterogenität der jeweiligen Kulturen mit den unterschiedlichsten Subkulturen zu berücksichtigen.

4.4.3 Prävention mit Erwachsenen

Wie bereits in Kapitel 2.4.1 ausgeführt, existieren Risikofaktoren, die sexuellen Missbrauch begünstigen. Über diese Risikofaktoren sollten sowohl Eltern als auch Professionelle, die mit Kindern arbeiten, informiert sein. Die Risikofaktoren gelten für alle Kinder und sind nicht kulturspezifisch. Mit dem in Kapitel 2.4.1 bereits erwähnten Risikofaktor ➤ Kinder mit Migrationshintergrund sind folgende Aspekte gemeint.
Kinder, die nach Deutschland migrieren, erleiden oftmals einen Verlust von wichtigen Bezugspersonen. Meist migrieren sie mit ihren Eltern und Geschwistern und lassen wichtige Vertrauenspersonen wie Verwandte und/ oder beste FreundInnen zurück. Teilweise bleibt auch ein Elternteil oder Geschwister im Heimatland. Dieser Umstand, die neue Umgebung und der durch die Migration entstandene Stress können MigrantInnenkinder emotional bedürftiger werden lassen. Insbesondere kann dies auf Flüchtlingskinder zutreffen, die eventuell eine schwere Vergangenheit hinter sich haben und in einem Flüchtlingswohnheim auch nicht die entsprechende Betreuung und Unterstützung erhalten. Diese Bedürftigkeit und teilweise auch vorhandene Neugier auf das neue Umfeld nutzen TäterInnen aus. So schildern Amy Okamura, Patricia Heras und Linda Wonk-Kerberg (1995, S.78ff.), dass asiatische Kinder in den USA häufig Opfer sexuellen Missbrauchs von „netten" Amerikanern – Lehrern, Nachbarn, etc. – werden, die vorgeben, den Kindern in der neuen Umgebung helfen zu wollen. Viele Eltern sind erfreut über die Hilfe von außen und erwarten nur die besten Absichten. Die Autorinnen berichten von Betroffenen, die es jahrelang nicht schaffen, sich aus der Abhängigkeit von sog. „Freunden der Familie" zu befreien. Frauke Homann (1998, S.80) stellt einen Fall dar, bei dem ein weißer deutscher Mann zum Islam übergetreten war und neben seiner Tätigkeit als Koranlehrer muslimischen Eltern Hilfe bei Behördengängen

und auch bei der Kinderbetreuung anbot und in der Schule als Schularbeitshelfer auftrat. Er missbrauchte mehrere MigrantInnenkinder.
Ein weiterer Risikofaktor besteht für Kinder, deren Mütter durch Heiratsmigration nach Deutschland gelangen und ihren Aufenthaltsstatus über § 19 Ausländergesetz erhalten. Einige Männer suchen sich speziell Mütter mit Kindern, da diese besonders leichte Opfer sind. (siehe Kapitel 3.3.5) Weiterhin kann durch diese Familienkonstellation die Gefahr sexuellen Missbrauchs wachsen, da Stiefväter öfter zu Tätern werden als Väter. (siehe Kapitel 2.4.1 Risikofaktor ➢ Kinder aus „broken homes")
Des Weiteren ist für Erwachsene ein Wissen über TäterInnenstrategien notwendig. (siehe Kapitel 2.4.1) Wie aus dem Beispiel von Frauke Homann, dem Artikel von Amy Okamura, Patricia Heras und Linda Wonk-Kerberg und den Ausführungen zu §19 Ausländergesetz deutlich wird, suchen sich einige Täter speziell migrierte Kinder wegen ihrer Bedürftigkeit aus, denn somit ist ein Abhängigkeitsverhältnis leichter aufzubauen oder die Kinder und deren Mütter sind wegen des Aufenthaltsstatusses rechtlich von ihnen abhängig. Dies verstärkt die Machtposition der Täter.

Prävention mit Eltern
Der Erfolg präventiver Arbeit verringert sich, wenn die Eltern als der wichtigste Sozialisationsfaktor eines Kindes nicht angesprochen werden. (siehe Kapitel 2.4.6) Um den Eltern eine Erziehungshaltung im Sinne der Prävention zu vermitteln, bedarf es also einer Zusammenarbeit im Präventionsbereich Tätigen mit den Eltern, wie es beispielsweise der Verein zur Prävention von sexueller Gewalt an Mädchen und Jungen, Strohhalm und Amyna im Rahmen von Elternabenden praktizieren. Berichte aus der praktischen Arbeit mit MigrantInneneltern liegen vor. (siehe Kapitel 4.3.2, 4.3.3, 4.3.4)
Dabei möchte ich an dieser Stelle noch einmal ausdrücklich darauf hinweisen, dass Einstellungen und Äußerungen von MigrantInneneltern türkischer und arabischer Herkunft nicht typisch für die türkische oder die arabische Kultur sind. Die Vielfalt der Erziehungsstile, die deutsche Eltern vertreten, muss meiner Ansicht nach auch MigrantInneneltern zugestanden werden.
Des Weiteren möchte ich vorab betonen, dass ich die Elternarbeit mit migrierten Eltern nicht als Problem betrachte. Die Ausführungen des Vereins zur Prävention von sexueller Gewalt an Mädchen und Jungen und von Strohhalm gehen in erster Linie auf Probleme und Reibungspunkte ein. Es geht mir nicht darum, existierende Probleme zu negieren, möchte diese aber in ein anderes Verhältnis setzen. Wie Nivedita Prasad betont, gibt es auch mit deutschen Eltern Probleme. Insofern ist es meiner Meinung nach wichtig, nicht nur bestehende Probleme zu benennen, sondern auch auf positive Aspekte einzugehen, die in der interkulturellen Elternarbeit meiner Ansicht nach vorhan-

den sind. Die Begegnung und Diskussion mit Menschen unterschiedlicher Herkunft und Kultur führt zu einer Vielfalt an Meinungen und bereichert somit auch die eigene Perspektive. Wenn Probleme oder Schwierigkeiten auftreten, so sind diese meiner Ansicht nach nicht alleine durch die Eltern verursacht, sondern durch das Verhältnis zwischen MigrantInnen und weißen Deutschen bedingt.

Für die Elternabende ergeben sich folgende Konsequenzen, die ich in Rahmenbedingungen, in die Gestaltung der Elternabende und in inhaltliche Aspekte aufgeteilt habe.

Rahmenbedingungen
Sprache
DolmetscherInnnen
Wie aus den Ausführungen von Strohhalm deutlich wird, ist eine Sprachmittlung auf den Elternabenden wichtig. Da nicht alle Eltern die deutsche Sprache beherrschen, ist es sinnvoll, im Vorfeld mit den LehrerInnen zu besprechen, für welche Sprachen ein/e DolmetscherIn notwendig ist. Die Einladungen für den Elternabend sollten bereits in die jeweiligen Sprachen übersetzt sein und auf die/ den anwesende/n DolmetscherIn während des Elternabends hinweisen. Denn vielleicht bleiben manche Eltern bereits aus dem Grund zu Hause, weil sie befürchten, sprachlich nichts oder nur wenig zu verstehen. Durch die Übersetzung würde den MigrantInneneltern deutlich werden, dass es den Durchführenden des Präventionsprogrammes ein Anliegen ist, dass sie dem Elternabend ohne sprachliche Barrieren folgen, sich an der Diskussion beteiligen können und ihre Meinung wertvoll und wichtig ist. Somit wäre dann auch die Unsicherheit der Professionellen im Präventionsbereich zumindest in dem Punkt beseitigt, dass die MigrantInneneltern ihren Ausführungen sprachlich folgen können. (siehe Kapitel 4.3.2 Verein zur Prävention von sexueller Gewalt an Mädchen und Jungen)
In Bezug auf die Übersetzung möchte ich an die Hinweise von Parvaneh Djafarzadeh und den Strohhalm-Mitarbeiterinnen erinnern, dass dabei nicht nur eine sprachliche Übersetzung, sondern auch eine kulturelle Übersetzung notwendig ist.[59]

Mehrsprachige Informationen
Es ist meiner Meinung nach wichtig, mitgebrachtes Informationsmaterial für Eltern in mehrere Sprachen zu übersetzen, so dass allen Eltern ein Zugang möglich ist.

---

[59] Ich bin mir der Tatsache bewusst, dass solche Vorschläge, wie DolmetscherInnen für alle Sprachen, in der Praxis oft an finanziellen Mitteln und teilweise auch am Organisationsaufwand scheitern. Bei meinen Ausführungen konzentriere ich mich aber auf ideale Arbeitsbedingungen um aufzuzeigen, was alles möglich wäre, wenn der Wille, genügend Zeit und Geld vorhanden wären.

Kenntnisse über interkulturelle Projekte
Ein Wissen um interkulturelle Projekte und mehrsprachige Beratungsstellen ist notwendig, um bei Bedarf auf diese verweisen zu können.

Gestaltung des Elternabends
Wertschätzende Atmosphäre
Auf dem Elternabend sollte eine wertschätzende Atmosphäre herrschen. Gemeint ist damit, dass unterschiedliche Meinungen gleichwertig zu betrachten sind. Dabei sollten diese aber zur Diskussion stehen. Weiterhin sollte darauf geachtet werden, dass auf eventuell geäußerte Vorurteile gegenüber MigrantInnen und deren Kultur eingegangen wird.

Einbeziehung von allen Anwesenden
Es ist wünschenswert, dass sich alle Anwesenden an dem Elternabend beteiligen. So berichten die Strohhalm-Mitarbeiterinnen, dass sich die MigrantInneneltern weniger beteiligen. Sie vermuten, dass dahinter die Befürchtung steckt, aufgrund ihrer Äußerungen ausgegrenzt zu werden oder auf Missverständnis bei den weißen Deutschen zu stoßen. (siehe Kapitel 4.3.3) Diese berechtigte Angst ist einigen MigrantInnen sicherlich nicht einfach zu nehmen. Durch die Einbeziehung aller Anwesenden können die im Präventionsbereich Tätigen aber vermitteln, dass ihnen alle Meinungen wichtig sind. Dies könnte anfangs beispielsweise geschehen, indem der Reihe nach gefragt wird, ob und wie die Eltern ihre Kinder bisher über sexuellen Missbrauch aufgeklärt haben.

Diskussionskultur
Die Basis für eine erfolgreiche Kommunikation ist meiner Ansicht nach eine Diskussionskultur. Mit dem Begriff „Diskussionskultur" beschreibe ich eine Umgangsweise beim Diskutieren. Bei Diskussionen sollte darauf geachtet werden, dass miteinander geredet wird und zwar auf einer inhaltlichen Ebene mit sachlichen Argumenten. Dies impliziert – so banal es klingen mag – einander richtig zuzuhören. Dies ist speziell bei Gesprächen zwischen Deutschen und MigrantInnen ein wichtiger Punkt. Denn bei dem Aufeinandertreffen von Menschen unterschiedlicher Herkunft und Kultur sind oftmals Bilder über die andere Person durch die Sozialisation, Medien etc. bereits im Kopf vorhanden. Also wird oftmals nicht auf das Gesagte geachtet, sondern auf die bestehenden Stereotype eingegangen.

Inhaltliche Aspekte

Das Thema „sexueller Missbrauch" ist meiner Ansicht nach eingangs klar zu benennen. Ansonsten ist es sinnvoll, die deutsche Sprache auf ihre Direktheit zu überprüfen und Umformulierungen vorzunehmen, wie ich bereits in dem Fazit über das vorhandene Material ausgeführt habe. Einleitend sollte bei den Elternabenden gesagt werden, dass alle Kinder von sexuellem Missbrauch betroffen sein können, migrierte, weiße und Schwarze deutsche Kinder, sowohl Mädchen als auch Jungen. Weiterhin sollten die Durchführenden betonen, dass sexueller Missbrauch in vielen Gesellschaften vorkommt. Die Intention dabei ist, der Behauptung, dass sexueller Missbrauch ein westliches Phänomen sei, die Basis zu entziehen, was nach Berichten von Strohhalm und Amyna von einigen MigrantInneneltern geäußert wird. Die Idee von Strohhalm, beispielsweise Artikel aus der Türkei zu dem Thema des sexuellen Missbrauchs mitzubringen oder von betroffenen migrierten Kindern zu berichten, die die MitarbeiterInnen selbst kennen, finde ich sinnvoll. Auch Nivedita Prasad betont, dass es wichtig ist, beispielsweise Bücher aus anderen Ländern zu kennen, die über sexuellen Missbrauch berichten.

Die Themen eines Elternabends zu sexuellem Missbrauch sind klar. Den Eltern soll eine präventive Erziehung vermittelt werden und sie sollen auf die Risikofaktoren wie traditionelles Rollenverständnis, geschlechtsspezifische Erziehung etc. (siehe Kapitel 2.4.1) aufmerksam gemacht werden. Dies trifft auf deutsche Eltern ebenso zu wie auf MigrantInneneltern. Bei dem Risikofaktor „rigide Sexualnormen" weist Nivedita Prasad (2000) darauf hin, dass einige MigrantInnen diese verstärkt vertreten, um sich somit von der Mehrheitsgesellschaft abzugrenzen. Dies ist meiner Einschätzung nach ein Anknüpfungspunkt für die Prävention. Denn wenn die Eltern verstehen, dass eine Sexualaufklärung zum Schutz ihrer Kinder beiträgt, wären sie eventuell zu einer Veränderung bereit. (siehe Kapitel 4.3.3 Strohhalm)

Das wichtigste bei der interkulturellen Elternabend ist, wie mit Differenzen umgegangen wird. Dies formuliere ich in Anlehnung an Daniel Kunz und Lucyna Wronskas Ausführungen zu interkultureller Sexualpädagogik. (siehe Kapitel 4.2) Das Was – die Themen des Elternabends – bleiben gleich. Wichtig ist insofern das Wie, also die Haltung und die daraus resultierende Vermittlungsweise. Dies impliziert, dass die MigrantInnen als ExpertInnen ihrer Kultur angesehen werden, um einem dominierenden Blick auf sie zu entgehen. Unterschiedliche Werte und Normen wie beispielsweise das Prinzip der Ehre sind zu thematisieren. Die Grundeinstellung sollte der Respekt anderen Kulturen gegenüber sein. Wenn beispielsweise einige migrierte Eltern auf einem Elternabend eine traditionelle Geschlechterverteilung vertreten, ist dies ebenso wie bei deutschen Eltern auf jeden Fall zu thematisieren. Dabei ist der Umgang damit ausschlaggebend. Die Fachkräfte der Prävention sollten den Eltern vermitteln, dass sie nicht als Angehörige einer anderen Kultur abgelehnt werden, sondern dass deren Auffassung des Rollenverständnisses zur Diskussion steht. Dabei sollten die Durchführenden des Elternabends den Eindruck vermitteln, dass sie die MigrantInneneltern ernst nehmen und sie als Personen schätzen, diese Ansicht aber kritisieren. Es sollte nicht der Eindruck entstehen, dass die MigrantInnenkultur rückständig und die deutsche Kultur fortschrittlich ist, da diese Dichotomie die Kultur der MigrantInnen abwertet. (siehe Kapitel 3.3.4) Es ist notwendig, sich die Heterogenität von MigrantInneneltern immer wieder zu vergegenwärtigen und die Kultur als Prozess zu betrachten. Weiterhin ist es meiner Meinung nach wichtig, dass präventive Erziehung, ein demokratischer Erziehungsstil, die Gleichberechtigung von Frau und Mann etc. nicht als typisch deutsche Errungenschaften dargestellt werden, die die MigrantInnen noch lernen müssen. An diesem Punkt wäre sicherlich in manchen Fällen ein/e MigrantInmitarbeiterIn von Vorteil, damit nicht weiße Deutsche migrierten Eltern „beibringen", was beispielsweise eine gute Erziehung für ihre Kinder ist. Da sich MigrantInnen in vielen Lebensbereichen etwas von weißen Deutschen sagen lassen müssen (Ausländerbehörde, Vorgesetzte/r auf der Arbeit, Schule etc.), kommen sie hier wieder in die Situation, dass die „fortschrittlichen, modernen" weißen Deutschen ihnen sagen, was für ihre Kinder das Beste ist, um es einmal überspitzt zu formulieren.

Wenn MigrantInneneltern mit ihrer Kultur oder Religion argumentieren, sind Kenntnisse über den Koran sicherlich hilfreich (siehe Kapitel 4.3.3 Strohhalm und Kapitel 4.3.4 Amyna), um in ihrem System zu argumentieren. Dabei besteht eventuell die Schwierigkeit – wie bei Strohhalm thematisiert –, dass sich Muslime nicht von weißen Deutschen über ihren Glauben belehren lassen.

Wichtig finde ich bei der interkulturellen Elternarbeit zu sexuellem Missbrauch, das Verbindende zu betonen. Das Wohl der Kinder und deren Schutz vor sexueller Gewalt liegt vielen Eltern am Herzen. Diese Gemeinsamkeit gilt es zu betonen, bevor auf unterschiedliche Meinungen über die Art und Weise des Schutzes der Kinder eingegangen wird. (siehe Kapitel 4.3.3 Strohhalm)

Im Rahmen der Elternarbeit ist weiterhin eine Kooperation mit VertreterInnen von MigrantInnen-Organisationen und deren sozialer Netzwerke und auch mit RepräsentantInnen von Religionen etc. sinnvoll, wie es in den Artikeln von Geraldine A. Crisci und Maria Idali Torres, von Lillian Comas-Díaz und von Amy Okamura, Patricia Heras und Linda Wonk-Kerberg beschrieben ist. (siehe Kapitel 4.3.1) Wenn VertreterInnen von MigrantInnenorganisationen die Inhalte der Präventionsarbeit befürworten und unterstützen, kann sich dies positiv auf die Eltern auswirken. Wie das Beispiel von Frauke Homann zeigt, hat ein Hodscha nach einem Elternabend das Thema des sexuellen Missbrauchs in seine Predigt eingebunden. (siehe Kapitel 4.3.2) Meiner Ansicht nach ist diese Zusammenarbeit ein sinnvoller Bereich und sollte – wie am Beispiel des

Präventionsberichts aus Massachusetts beschrieben (siehe Kapitel 4.3.2) – als Zugang zu MigrantInnen genutzt werden. Somit werden vielleicht auch Eltern erreicht, die das Thema Sexualität und sexuelle Gewalt tabuisieren und aufgrund dessen mit ihren Kindern nicht darüber sprechen. Befürworten ein/e ReligionsvertreterIn oder wichtige Bezugspersonen der MigrantInnen-Community die Thematisierung, fällt es ihnen vielleicht auch leichter, ihre Kinder über sexuellen Missbrauch zu informieren.

Falls einige MigrantInneneltern den Durchführenden aufgrund ihres Autoritätenverständnisses besonderen Respekt und Aufmerksamkeit entgegenbringen, ist dieses positiv zu nutzen. (siehe Kapitel 4.3.3 Strohhalm)

Prävention mit Professionellen

Professionelle, die im Kinderbereich tätig sind, müssen über sexuelle Gewalt informiert werden und befähigt werden, sexuelle Gewalt zu erkennen und mit betroffenen Kindern umzugehen. Wie bereits in Kapitel 2.4.6 dargestellt, wird jede/r Professionelle im Kinderbereich während ihrer/ seiner Arbeit auf sexuell missbrauchte Kinder treffen, darunter auch MigrantInnenkinder. Insofern ist auch eine Vermittlung des Themas des sexuellen Missbrauchs an Schwarzen deutschen und migrierten Kindern und dessen spezielle Dynamik vonnöten. (siehe Kapitel 3.3.5) Dies impliziert auch eine kritische Auseinandersetzung mit Kultur, Interkulturalität, Migration und Rassismus, die bereits in der Ausbildung an den ErzieherInnenschulen, Fachhochschulen und Universitäten erfolgen sollte. Weiterhin ist eine kritische Selbstreflexion der Professionellen erforderlich, beispielsweise an dem Punkt, wie sexuelle Gewalt an Schwarzen Deutschen und MigrantInnen erklärt wird, entweder durch die geltenden Ursachenmodelle oder durch die Kultur der Täter.

Da Kompetenzen im Bereich der Prävention auch Handlungskompetenzen im (Verdachts-) Fall eines sexuellen Missbrauchs beinhalten, ist hier eine Kenntnis über die spezielle Dynamik der Gewalt bei MigrantInnen und über das Ausländergesetz vonnöten. Dabei ist es notwendig, den Kinderschutz als oberste Priorität anzuerkennen. Cony Lohmeier formuliert Vorurteile in Bezug auf sexuelle Gewalt gegen Migrantinnen, diese sind meiner Einschätzung nach auch auf den Bereich des sexuellen Missbrauchs an Kindern übertragbar, wie *„In ihrer Kultur ist es üblich, daß Männer ihre Frauen schlagen. Der Mann ist eben der Patriarch, das ist normal.", „die kennen das nicht anders", „das ist südländisches Temperament", „da geht es eben wilder zu als hier" * oder *„die sind eben nicht so zimperlich."* (Cony Lohmeier, 1998, S.23). Diese Klischees können im Interventionsbereich ein Nicht-Einschreiten zur Folge haben. Hierbei ist es meiner Meinung nach wichtig zu betonen, dass der Schutz vor sexuellem Missbrauch für alle Kinder Geltung hat. Insofern ist auch ein Einschreiten bei MigrantInnenfamilien erforderlich. Denn wenn die Gewalt als „kulturell bedingt" angesehen wird, schreiten Professionelle nicht ein, was den betroffenen Kindern schadet. Deren Verantwortung zu betonen, ist meiner Meinung nach ein wichtiger Punkt bei der Prävention mit Professionellen.

4.4.4 Prävention mit Kindern

Die Spannbreite von MigrantInnenkindern in Deutschland ist groß. Diese Tatsache und die unterschiedlichen Lebensgeschichten der Kinder gilt es in der Präventionsarbeit zu berücksichtigen.

Rahmenbedingungen

Bei den Rahmenbedingungen für die Arbeit mit Kindern wäre es ebenso sinnvoll, DolmetscherInnen in die Arbeit mit einzubeziehen, falls große Sprachprobleme bestehen. Vielleicht unterrichten teilweise auch MigrantInnenlehrerInnen in der Klasse.

Gestaltung

Für die Gestaltung der Arbeit mit den Kindern gilt ebenso wie bei der Arbeit auf Elternabenden, dass eine wertschätzende Atmosphäre geschaffen werden sollte, dass alle Kinder einzubeziehen sind und dass auf eine Diskussionskultur geachtet werden sollte. Weiterhin ist es sinnvoll, Sprache mit einzubeziehen. Um die Vielfalt der Sprachen in die Arbeit einzubinden und somit den MigrantInnenkindern ein Interesse an ihnen zu vermitteln, können wichtige Wörter (z.B. Gefühle, Neinsagen, Hilfe etc.) aufgegriffen werden und es kann nach deren Übersetzung in die jeweilige (Mutter-) Sprache gefragt werden. Auch bei den Rollenspielen (siehe Kapitel 2.5) sollte darauf geachtet werden, dass die Akteure sowohl deutsche als nicht-deutsche Namen haben. Weiterhin sinnvoll finde ich eine getrennte Gruppenarbeit, auf die ich im inhaltlichen Teil weiter eingehen werde.

Inhaltliche Aspekte

Auch bei der Arbeit mit den Kindern sollte vermittelt werden, dass sexuelle Gewalt alle Kinder, unabhängig von Geschlecht, Alter, Schicht, Herkunft oder Kultur treffen kann.

Antirassistische Arbeit

Die Erfahrung von Rassismus muss ein wesentlicher Bestandteil in der Präventionsarbeit mit Schwarzen und migrierten Kindern sein. (siehe Kapitel 4.3.5 Nivedita Prasad) Da es bei der Präventionsarbeit hauptsächlich um die Stärkung des Selbstbewusstseins und der Persönlichkeit geht, ist jede Form eines Angriffs auf die Persönlichkeit und die

Schwächung des Selbstwertgefühls mit einzubeziehen. Insofern ist eine antirassistische Arbeit die Basis für interkulturelle Präventionsarbeit. (siehe Kapitel 4.3.4 Amyna)

Der Vorschlag von Nivedita Prasad (2001a) in getrennten Gruppen zu arbeiten – Schwarze und migrierte Kinder in einer, weiße deutsche Kinder in einer anderen Gruppe –, ist meiner Meinung nach eine sinnvolle Idee. Hierbei könnten Elemente aus der antirassistischen Arbeit in die Präventionsarbeit einfließen. Teil der Präventionsarbeit mit Kindern sollte eine Sensibilisierung für Rassismus sein, wodurch bei Schwarzen/ migrierten und weißen Kindern gleichermaßen ein Bewusstseinsprozess ausgelöst werden sollte. Ein Bewusstsein über die unterschiedlichen Hautfarben ist bereits bei kleinen Kindern vorhanden. Menschen, die mit Kindern arbeiten, äußern zwar häufig die Meinung, dass Kinder die unterschiedlichen Hautfarben nicht wahrnehmen, also sozusagen „farbenblind" sind. Untersuchungen in Großbritannien, Kanada und den USA kommen aber zu dem Ergebnis, dass die Hautfarbe und Ethnizität für Kinder ab zwei oder drei Jahren bedeutsam sind und eine Rolle in dem sozialen Einordnungsprozess spielen. Die durch die Studien gezeichnete Entwicklungslinie veranschaulicht ein klares Bewusstsein über Hautfarbe und Ethnizität in den ersten Schuljahren, das in der Mittelstufe zunimmt. (vgl. Ann Phoenix, 1998, S.18)

Für Schwarze und migrierte Kinder ist es meiner Meinung nach wichtig, einen Raum zu schaffen, in dem sie unter sich sind. Denn so kann das wichtigste Ziel der Präventionsarbeit mit Kindern, die Stärkung des Selbstbewusstseins, auf dem Hintergrund der Lebenserfahrungen in Deutschland thematisiert werden, darunter auch Rassismus- und Diskriminierungserfahrungen.

Schwarze Kinder – Schwarz gemeint im politischen Sinne – werden mit den Stereotypen konfrontiert, die in Deutschland über Schwarze Menschen herrschen und in den Medien, Schulbüchern etc. reproduziert werden. Ihre psychosoziale Entwicklung ist weiterhin stressbesetzter als die der weißen Kinder. (vgl. Maureen Raburu, 1999, S.50) Maureen Raburu stellt die Auswirkungen des Rassismus auf Schwarze Kinder eindeutig dar:

„Schwarze Kinder deuten die Aggressionen oder grenzüberschreitendes Verhalten Weißer als ihre eigene Schuld und kommen zu dem Schluß, daß sie dafür verantwortlich sind ihr Verhalten zu ändern, um den Aggressionen ein Ende zu bereiten. Versuchen also zu erahnen, auf welche Weise sie sich verhalten müssen, um keine Aggressionen bei Weißen zu erwecken. Sie bestimmen ihr Verhalten durch eine Außenbeziehung auf Weiße anstatt nach ihrer eigenen Beurteilung, Bedürfnissen und Gewissen zu gehen." (Maureen Raburu, 1999, S.55)

An Maureen Raburus Ausführungen wird deutlich, dass Rassismus das Selbstwertgefühl und Selbstbewusstsein von Schwarzen Kindern beeinflusst und insofern Thema präventiver Arbeit gegen sexuellen Missbrauch sein muss. Sie sollten meiner Ansicht nach dazu befähigt werden, ihr Verhalten nicht im Sinne der Weißen auszurichten, sondern sich selbst zu vertrauen und die eigenen Gefühle und Bedürfnisse ernst zu nehmen. Denn wenn Schwarze Kinder internalisiert haben, sich so zu verhalten, wie es andere von ihnen verlangen, dann wird es ihnen auch im Falle sexueller Gewalt schwerer fallen, ihre Grenzen wahrzunehmen und auf ihre Gefühle zu achten.

Weiterhin ist eine getrennte Gruppenarbeit sinnvoll, um auch kulturspezifische Unterschiede zu thematisieren. Schwarze und migrierte Kinder können sich über Werte und Normen in ihren Kulturen austauschen, ohne mit den Stereotypen der weißen Kinder konfrontiert zu werden.

Eine Trennung der Kinder hat sich auch bei der geschlechtsspezifischen Arbeit bewährt, indem sowohl die Mädchen als auch die Jungen Freiräume bekommen.

Präventionsgrundsätze

Die interkulturellen Aspekte der Präventionsgrundsätze sind meiner Ansicht nach einerseits die Thematisierung des Rassismus für Schwarze und migrierte Kinder und andererseits die Berücksichtigung der Vielfalt der unterschiedlichen Werte und Normen in einer multikulturellen Gesellschaft. Dabei sollten die unterschiedlichen Werte und Normen gegenübergestellt und als gleichwertig betrachtet werden, wie es Daniel Kunz und Lucyna Wronska in Bezug auf interkulturelle Sexualpädagogik formulieren. (siehe Kapitel 4.2) Um die Werte und Normen herauszuarbeiten, sollten die Durchführenden offene Fragen an die Kinder stellen (Wie ist es bei dir zu Hause? Was ist deine Meinung? etc.).

- Dein Körper gehört dir!
➢ Die zentrale Botschaft, dass die Kinder selbst bestimmen, was mit ihrem Körper geschieht und wer sie anfasst, beinhaltet eine Beschäftigung mit dem eigenen Körper und mit Sexualität. Die bereits in Kapitel 4.2 thematisierte interkulturelle Sexualpädagogik, die den unterschiedlichen Werten und Normen Rechnung trägt, ist Voraussetzung für die Entwicklung eines positiven Körpergefühls.

- Vertraue deinem Gefühl!
➢ Wie bereits bei der Gruppenarbeit mit Schwarzen und migrierten Kindern ausgeführt, sollten Schwarze Kinder ermutigt werden, ihren Gefühlen zu vertrauen und ihr Verhalten nicht darauf auszurichten, was weiße Menschen von ihnen verlangen. Wenn sie darauf trainiert sind, ihre eigenen Gefühle nicht ernst zu nehmen, können somit auch ihre Gefühle als Schutzmechanismus gegen sexuelle Gewalt entfallen.

- Unterscheide zwischen angenehmen und unangenehmen Berührungen!
➢ Dieser Präventionsgrundsatz beinhaltet das Recht der Kinder, unangenehme Berührungen zurückweisen zu dürfen. Die Mitarbeiterinnen von Strohhalm weisen in diesem Zusammenhang darauf hin, dass Berührungen in den unterschiedlichen Kulturen verschieden bewertet werden. So gilt beispielsweise der Wangen- oder Handkuss bei einigen MigrantInnenfamilien türkischer oder arabischer Herkunft als Zeichen der Ehrerbietung und Respekt vor dem Alter. Ich teile die Ansicht der Strohhalm-Mitarbeiterinnen, dass Prävention nicht darauf zielt, allen Kindern einheitliche Verhaltensweisen aufzuzwingen. Mit der daraus folgenden Konsequenz der Strohhalm-Mitarbeiterinnen auf den Präventionsmerksatz „Kein Küsschen auf Kommando!" zu verzichten, stimme ich nicht überein. Der Grundgedanke des Präventionsgrundsatzes ist, dass Kinder nicht zu unangenehmen Berührungen gezwungen werden sollten. Die Botschaft „Kein Küsschen auf Kommando!" sollte mit MigrantInnenkindern und mit deutschen Kindern thematisiert werden, die ihren Verwandten oder Bekannten einen Kuss als Zeichen der Ehrerbietung geben müssen. Denn es ist meiner Meinung nach ein Widerspruch, einerseits zu betonen, dass Kinder ihren Gefühlen vertrauen sollen und andererseits Botschaften wie „Kein Küsschen auf Kommando!" aufzugeben, da solche „Küsschen" bei einigen Kindern vielleicht auch komische Gefühle auslösen. Außerdem sind diese „Küsschen" auch zu differenzieren. Ein „Küsschen" auf einem Familienfest ist ein anderes „Küsschen", als wenn ein Kind beispielsweise alleine mit einer/m Erwachsenen ist und der/ dem Erwachsenen „Küsschen" geben muss. Dieser Unterschied kann mit den Kindern thematisiert werden.

- Du hast das Recht, „Nein" zu sagen!
➢ Bei der Vermittlung dieses Präventionsgrundsatzes sollte den Schwierigkeiten beim Neinsagen Raum gegeben werden. Hierbei ist die unterschiedliche Lebenssituation der Kinder zu berücksichtigen. Wie bereits bei dem Risikofaktor ➢ Kinder mit Migrationshintergrund ausgeführt, können MigrantInnenkinder emotional bedürftig sein. (siehe Kapitel 4.4.3) So formulieren auch die Amyna-Mitarbeiterinnen beispielsweise, dass es wohl insbesondere Flüchtlingskindern schwerfallen könnte, nein zu sagen, wenn sie Geschenke etc. bekommen. Die Einbeziehung der unterschiedlichen Lebenssituationen der Kinder halte ich auch für wichtig. Denn ein Kind von AsylbewerberInnen und Flüchtlingen, dessen Eltern über geringe finanzielle Mittel verfügen, ist wahrscheinlich durch Geld oder Geschenke leicht zu beeinflussen. Hierbei ist auf die Gefahr hinzuweisen, dass einige TäterInnen diese emotionale Bedürftigkeit ausnutzen.

> Der Alltag der Kinder sollte bei diesem Präventionsgrundsatz beleuchtet werden. Wird ihr „Nein" ernst genommen? Werden im Alltag Grenzen überschritten? Wenn Schwarze oder MigrantInnenkinder von Diskriminierungen berichten, sind diese im Rahmen der Präventionsarbeit zu thematisieren, denn sie haben Auswirkungen auf das Selbstbewusstsein.

• Es gibt gute und schlechte Geheimnisse.
> Wie bereits bei dem Artikel der Strohhalm-Mitarbeiterinnen ausgeführt, können aufgrund des Migrationshintergrundes Geheimnisse bestehen, die mitunter existenzerhaltend sind. Deren Schlussfolgerung, dass die davon betroffenen MigrantInnenkinder diesen Präventionsgrundsatz nicht ernst nehmen können, stimme ich zu, da sie in ihrem Alltag erfahren, dass sie bestimmte Dinge nicht weiterzählen dürfen. Es ist meiner Meinung nach trotzdem wichtig, diesen Präventionsgrundsatz zu behandeln, da die Geheimhaltungspflicht ein zentraler Aspekt sexuellen Missbrauchs ist.
> Unter dem kulturspezifischen Aspekt kann in diesem Zusammenhang auf das Prinzip der Ehre und dem daraus resultierenden Geheimhaltungsdruck eingegangen werden. (siehe Kapitel 4.3.3 Strohhalm). Dabei ist es wichtig, das Prinzip der Ehre nicht als starres Konzept zu betrachten, sondern auch dessen Wandel anzuerkennen. Es ist also nicht als ein Prinzip darzustellen, dass alle MigrantInnen türkischer oder arabischer Herkunft betrifft. Bei der Behandlung dieses Thema sind also offene Fragen an die Kinder zu stellen, um herauszufinden, inwieweit es Bedeutung für die jeweiligen Kinder hat, die an dem Präventionsprogramm teilnehmen.

• Du hast ein Recht auf Hilfe!
> Bei diesem Präventionsgrundsatz ist es notwendig auf Professionelle hinzuweisen, die mit der Thematik des sexuellen Missbrauchs arbeiten und Kindern Hilfe und Unterstützung bieten. In diesem Zusammenhang sollte auf spezielle Einrichtungen und Projekte für MigrantInnen hingewiesen werden, die interkulturell arbeiten.
> In Bezug auf das Prinzip der Ehre kommen die Strohhalm-Mitarbeiterinnen zu dem Schluss, dass die Präventionsarbeit an diesem Punkt an ihre Grenzen stößt, da betroffene Kinder, die außerhalb der Familie Hilfe suchen, aus der Familie ausgeschlossen werden können. Ihrer Meinung nach sei es fragwürdig, den Kindern ein Recht auf Hilfe zu vermitteln, wenn sie bei Inanspruchnahme dieser aus der Familie verstoßen werden. Hierbei ist meiner Ansicht nach eine Differenzierung erforderlich. So berichten Monika Weber und Christiane Rohleder, dass in einigen Familien, in denen das Prinzip der Ehre Geltung hatte, die Täter die Familie verlassen mussten. (siehe Kapitel 3.3.5) Das bedeutet, dass selbst für Familien, die sich nach

dem Prinzip der Ehre richten, keine zuverlässigen Aussagen zu treffen sind, wie die Familie bei dem Bekanntwerden sexueller Gewalt damit umgehen wird. Insofern ist also wieder individuell zu prüfen, inwieweit das Prinzip der Ehre bei den MigrantInnenkindern islamischen Glaubens Geltung hat. Es ist meiner Meinung nach sinnvoll, den Kindern das Recht auf Hilfe zu vermitteln, selbst wenn dies in einigen Fällen den Ausschluss des Kindes aus der Familie bedeuten würde. Hier ist meiner Ansicht nach eine klare Position zu beziehen, deren oberste Priorität der Schutz des Kindes ist. Weiterhin sei an dieser Stelle zu bedenken, dass der Ausschluss eines betroffenen Kindes nicht typisch für die türkische oder arabische Kultur ist. Auch in deutschen Familien werden Kinder aus der Familie ausgeschlossen, wenn beispielsweise der Vater die Tat leugnet und die Mutter zu dem Täter hält.

- Kinder haben niemals Schuld.
- ➢ Die Tabuisierung von Sexualität kann zu größeren Schuldgefühlen führen, was wiederum eine verstärkte Unfähigkeit bedeuten kann, über erlebte sexuelle Ausbeutung zu sprechen. Die Strohhalm-Mitarbeiterinnen stellen die These auf, dass die rigiden Sexualnormen in traditionell muslimischen Familien bei Kindern größere Schuldgefühle als bei weißen deutschen Kindern auslösen können. Der Annahme, dass Kinder aus Familien, in denen Sexualität tabuisiert wird, größere Schuldgefühle entwickeln können, stimme ich zu. Dies schließt muslimische Kinder mit ein, in deren Familien rigide Sexualnormen herrschen. Dabei bin ich aber nicht der Meinung, dass diese Kinder größere Schuldgefühle als deutsche Kinder besitzen, denn es gibt auch deutsche Familien, in denen Sexualität tabuisiert wird. Somit sind bei der Präventionsarbeit Schuld und Schuldgefühle zu thematisieren. Dies sollte aber – wie bereits oben beschrieben – in einem offenen Gespräch erfolgen, ohne MigrantInnenkindern eventuell größere Schuldgefühle zu unterstellen.
- ➢ Die bei allen sexuell missbrauchten Kindern beobachtete Schuldproblematik verstärkt sich nach Ansicht der Strohhalm-Mitarbeiterinnen bei traditionell lebenden türkischen und arabischen Kindern, da eine Öffentlichmachung einen Ehrverlust der gesamten Familie zur Folge haben kann. Insofern schweigen betroffene Kinder unter der Last der Verantwortung. Dies trifft meiner Meinung nach zu und ist insofern in der Präventionsarbeit mit MigrantInnenkindern zu thematisieren. Ich möchte aber auch hier die Perspektive erweitern, dass eine große Schuldproblematik auch bei weißen deutschen Kindern auftreten kann. So haben sicherlich auch weiße deutsche betroffene Kinder große Schuldgefühle, in denen das Ansehen der Familie nach außen eine große Rolle spielt, wenn sie diese Ansicht ständig vermittelt bekommen.
- ➢ Eine größere Schuldproblematik könnte meiner Einschätzung nach eventuell bei MigrantInnenkindern entstehen, die von einem Täter sexuell missbraucht werden,

der keinen festen Aufenthaltsstatus in Deutschland besitzt. Wenn sie die erlebte Gewalt öffentlich machen, den Täter anzeigen und dieser verurteilt werden sollte, kann der Täter abgeschoben werden. So könnte sich ein betroffenes Kind für die Ausweisung verantwortlich fühlen. Weiterhin kann bei dieser Täter-Opfer-Konstellation ein größerer Druck auf das betroffene Kind entstehen. Wenn es sich beispielsweise einer/ einem Familienangehörigen anvertraut, kann diese/r Druck auf das Kind ausüben, den Missbrauch nicht öffentlich zu machen, um eine Abschiebung des Täters zu vermeiden.

Risikofaktoren für Kinder mit Migrationshintergrund
Kinder müssen über Risikofaktoren informiert werden. MigrantInnenkinder müssen also auch über spezielle Risikofaktoren und TäterInnenstrategien informiert werden, die sie betreffen. (siehe Kapitel 4.4.3)

Stereotyp des Schwarzen und migrierten Vergewaltigers
Das Stereotyp des Schwarzen und migrierten Täters kann bei der Thematisierung der Täter aufgegriffen werden. Bei der Frage, welche Menschen Kinder sexuell missbrauchen, werden die Kinder wahrscheinlich auch auf Klischees kommen, dass der böse, fremde Mann den Kindern im Gebüsch auflauert, sie entführen und vergewaltigen will etc. In diesem Zusammenhang kann auch das Stereotyp des besonders gefährlichen Schwarzen Mannes entlarvt werden. Denn wie in dem Kapitel 3.3.5 bei dem antirassistischen Ansatz beschrieben, führen einige sexuell missbrauchte Mädchen ihre Betroffenheit darauf zurück, dass die Kultur oder Herkunft des Täters schuld am Missbrauch sei. Gehören sie demselben Kulturkreis an, kann dies eine völlige Ablehnung desselben zur Folge haben. Es ist also zu betonen, dass eine Kultur oder Herkunft nie schuld an sexueller Gewalt sind.

Nonverbale Signale
Die Notwendigkeit der Erforschung nonverbaler Signale wurde bereits in Kapitel 3.3.5 dargestellt. Auch in der Präventionsarbeit sind Kenntnisse über nonverbale Signale von Vorteil. Da das Gebiet weitgehend unerforscht ist, bedarf es Untersuchungen in diesem Bereich. (siehe Kapitel 4.3.4 Amyna und Kapitel 4.3.5 Nivedita Prasad)

Schule
Die Schule ist der Ort, an dem die Kinder einen wesentlichen Teil ihrer Kindheit und Jugend verbringen und somit neben den Eltern ein wichtiger Sozialisationsfaktor. Sie ist ein Spiegel der Gesellschaft (vgl. Lisa Lercher/ Barbara Derler/ Ulrike Höbel, 1995,

S.87) und somit auch ein Machtort. Falls die Kinder in der Schule Diskriminierungen erfahren, sollte dies thematisiert werden.
Nivedita Prasad verweist darauf, dass die Schulen die Situation der Schwarzen und migrierten Kinder nicht in ihre Arbeit einbeziehen. (siehe Kapitel 4.3.5) Ich stimme mit Nivedita Prasad überein, dass die Schulen die Situation von Schwarzen und migrierten Kindern berücksichtigen sollten. Dabei ist zu bedenken, dass dies in einigen Schulen bereits geschieht.

Einbeziehung von Vorbildern der MigrantInnenkinder unterschiedlicher Herkunft und Kultur
Diese Forderung, die Daniel Kunz und Lucyna Wronska in Bezug auf interkulturelle Sexualpädagogik formulieren (siehe Kapitel 4.2), ist auch in der Präventionsarbeit wichtig. Nivedita Prasad betont ebenso, dass im Präventionsbereich Tätige MusikerInnen, SchriftstellerInnen, KünstlerInnen etc. aus unterschiedlichen Ländern kennen sollten und nicht nur solche, die Teil der Dominanzkultur sind.

Verwendung interkultureller Präventionsmaterialien
Bei der Präventionsarbeit mit Kindern sollten interkulturelle Präventionsmaterialien verwendet werden. Dies scheitert momentan an der Realität, dass es fast keine gibt. (siehe Kapitel 4.6)

4.5 Qualifikationen von Professionellen im Präventionsbereich

In dem Bereich der interkulturellen Präventionsarbeit sind einerseits Qualifikationen in der Präventionsarbeit und andererseits interkulturelle Kompetenzen vonnöten.

Präventionsarbeit
In der Präventionsarbeit sind Selbstreflexion, die Bereitschaft zu parteilicher Arbeit, persönliche, kommunikative Kenntnisse und spezifische Fachkenntnisse erforderlich. (vgl. Barbara Kavemann, 1998, S.54) Weiterhin bedarf es einer Kenntnis über Wege und Grenzen der Intervention und insofern einer Vertrautheit mit lokalen Angeboten und Vernetzungen. (vgl. Barbara Kavemann, 1998, S.50) Dies impliziert ein Wissen über spezialisierte Einrichtungen für MigrantInnen. (siehe Kapitel 4.2)
Zudem formuliert Barbara Kavemann folgende Bedingungen:

"Prävention sexualisierter Gewalt bedarf, wenn sie sinnvoll und vielleicht erfolgreich sein soll, einer vorausgehenden ernsthaften Auseinandersetzung mit kulturell verankerten Vorur-

teilen und Klischees, sowie der Befähigung, altersgemäß und unbefangen über Sexualität und sexualisierte Gewalt sprechen zu können." (Barbara Kavemann, 1998, S.50)

Diese Voraussetzungen für Präventionsarbeit erachte ich insofern als wichtig, als dass sie interkulturelle Aspekte bereits beinhalten.

Interkulturelle Kompetenz

In letzter Zeit wird die Forderung nach interkultureller Kompetenz in der Sozialen Arbeit häufig formuliert. Über die Notwendigkeit herrscht Einigkeit, aber nicht über die Frage, was genau interkulturelle Kompetenz bedeutet. (vgl. Ingrid Kurz, 1999, S.36)

Bei der Beschäftigung mit interkultureller Handlungskompetenz geht es nach Ansicht von Wolfgang Hinz-Rommel um eine Auseinandersetzung mit den *„notwendigen persönlichen Voraussetzungen für angemessene, erfolgreiche oder gelingende Kommunikation in einer fremdkulturellen Umgebung, mit Angehörigen anderer Kulturen." (Wolfgang Hinz-Rommel, 1994, S.56)*

Wolfgang Hinz-Rommel (1994, S.61ff.) kritisiert nach einer Auswertung US-amerikanischer Konzepte der interkulturellen Handlungskompetenz, dass sie die strukturelle Seite ungenügend oder gar nicht reflektieren. Insofern plädiert er dafür, dass neben die „cultural awareness" auch eine „institutionell awareness" bzw. „political awareness" treten soll. Denn nur dadurch werden strukturell verankerte Formen der Diskriminierung und des Rassismus deutlich. Dabei ist zu beachten, dass die Aneignung einer interkulturellen Kompetenz ein langer Prozess ist, der umfassend, reflexiv, bewusst, komplex und andauernd sein muss und sowohl die Wissensaneignung als auch die Persönlichkeitsentwicklung mit einschließen sollte.

Stefan Gaitanides unterteilt die interkulturelle Kompetenz sozialer Berufe in interkulturelle kognitive Kompetenz und interkulturelle Handlungskompetenz:

„Interkulturelle kognitive Kompetenz
- *Kenntnisse über Herkunftsgesellschaften/ -kulturen/ politische Strukturen/ Geschichte et cetera der Herkunftsländer der MigrantInnen*
- *Kenntnisse über Herkunftssprachen und Auslandserfahrungen*
- *Kenntnisse über geschichtliche Prägungen, politische/ sozio-ökonomische Strukturen, kulturelle Standards und spezifische kollektive Identitätsprobleme der Mehrheitsgesellschaft des Einwanderungslandes*
- *Kenntnisse über die Struktur und Entwicklung, über Ursachen und Folgen von Migrationsprozessen*
- *Kenntnisse über die Einwanderersubkulturen beziehungsweise die verschiedenen psychosozialen Reaktions- und Bewältigungsstrategien von Integrations-/ Marginalitätsproblemen*

➤ *Kenntnisse über das migrantenspezifische Versorgungsnetz und über die spezifischen Zugangsbarrieren zu den Regelangeboten der sozialen und psychosozialen Dienste*
➤ *Kenntnisse über die Binnendifferenzierung der Einwanderergruppen beziehungsweise deren Schichtung*
➤ *Kenntnisse über den rechtlichen, politischen und sozialen Status der Immigranten*
➤ *Kenntnisse über Erscheinungsformen und Ursachen von Vorurteilsbereitschaft und Rassismus*
➤ *Kenntnisse über theoretische Prämissen, Strategien und Methoden interkulturellen Lernens und antirassistischer Arbeit*

Interkulturelle Handlungskompetenz

➤ *Fähigkeit zur Selbstwahrnehmung, zur Reflexion der eigenen individuellen wie kollektiven Identitätskonstruktionen und der eigenen kulturellen Befangenheiten (Reflexion des Selbstbildes)*
➤ *Fähigkeit zur kritischen Reflexion stereotyper Fremdbilder, zur Reflexion der unbewußten psychischen wie gesellschaftlich vermittelten interessengeleiteten Anteile (Reflexion des Fremdbildes)*
➤ *Fähigkeit zur Perspektivenübernahme (Empathie/ dezentrierte Wahrnehmungsfähigkeit/ Relativierungsfähigkeit)*
➤ *Interkulturelle Konfliktfähigkeit (Ambiguitätstoleranz, Balance zwischen rigidem Universalismus und Kulturrelativismus, Bereitschaft und Fähigkeit zur dialogischen Überprüfung der Geltungsansprüche von Normen – diskursethische Kompetenz, Aushandlungsfähigkeit, Abgrenzungsfähigkeit et cetera)"* (Stefan Gaitanides, 1998, S.60)

Dabei betont Stefan Gaitanides (1998, S.58), dass es angesichts der Vielzahl der Nationen und spezifischen sozialen und rechtlichen Verläufe der Migrationsbiographien kaum möglich ist, ein halbwegs verlässliches Wissen über spezifische Hintergründe zu erlangen. Unter der Voraussetzung, dass mithilfe interkultureller Handlungskompetenz eine gute Kommunikationsbeziehung geschaffen wird und die sprachlichen Bedingungen erfüllt sind, werden seiner Überzeugung nach die KlientInnen selbst die wichtigen Informationen und Deutungsmuster liefern können.

Für die Angehörigen der Dominanzkultur hebt Birgit Rommelspacher (2001, S.246) die kulturelle Selbstreflexivität hervor. Das bedeutet, das Bewusstwerden von Bildern, die mensch sich vom Anderen macht, welche emotionalen Reaktionen die Anderen hervorrufen und wie diese in der eigenen Sozialisation und der Position als Angehörige der Mehrheitskultur verankert sind. Dabei sollten die eigenen Interessen und Bedürfnisse und der gesellschaftliche Kontext, in dem diese Bilder stehen, klar sein. Dies impliziert auch, den Umgang mit Macht zu lernen. Im Gegenzug ist ein Bewusstsein darüber notwendig, welche Bilder die Anderen über die Angehörigen der Mehrheits-

kultur haben und deren Hintergründe zu erforschen. Es ist also eine Auseinandersetzung mit kulturellen Übertragungs- und Gegenübertragungsmustern vonnöten.
Bei der Beschäftigung mit interkultureller Kompetenz geht es aber nicht nur um weiße deutsche SozialarbeiterInnen, sondern ebenso um SozialarbeiterInnen mit Migrationshintergrund. Diese sind nach Ansicht von Wolfgang Hinz-Rommel (1996, S.24) wichtige PartnerInnen, unverzichtbare Ressourcen und fördern die notwendige Auseinandersetzung.
MitarbeiterInnen mit Migrationshintergrund bringen folgende Voraussetzungen mit sich:
➢ Sprachkompetenz
➢ Migrations- und Diskriminierungserfahrungen (ermöglichen eine andere Form der Sensibilität und der Empathie)
➢ ähnlich kultureller Hintergrund (ermöglicht in differenzierter Weise, kulturelle Symbole, Konzepte und Praktiken zu verstehen)
Dabei sei angemerkt, dass der Migrationshintergrund alleine keine Qualifikation ist. (vgl. Eren Ünsal, 2001)
Interkulturelle Kompetenz sollte als ein Teil der Professionalität angesehen werden, angesichts der Heterogenität der multikulturellen Gesellschaft Deutschlands. Die interkulturelle Kompetenz sollte vor allem bei der Diskussion um die Qualität Sozialer Arbeit von den professionellen QualitätstheoretikerInnen als Bestandteil professioneller Handlungskompetenz anerkannt werden, was bislang nicht genügend geschieht. (vgl. Wolfgang Hinz-Rommel, 1996, S.23)

Für die interkulturelle Präventionsarbeit ist eine Kombination der Bereiche der Präventionsarbeit und der interkulturellen Kompetenz erforderlich. Zudem bedarf es einer Auseinandersetzung mit dem Thema der sexuellen Gewalt an Schwarzen Deutschen und MigrantInnen, um sich vorhandener Vorurteile und des eigenen Standpunkts bewusst zu werden. (siehe Kapitel 3.3.5)
Ich schließe mich der Ansicht von Parvaneh Djafarzadeh und Nivedita Prasad an, dass es notwendig und sinnvoll ist, dass MigrantInnen im Präventionsbereich arbeiten. Wie Eren Ünsal formuliert, bringen MigrantInnen andere Voraussetzungen mit sich, die einen Zugang zu MigrantInnen erleichtern. Momentan arbeiten mehrheitlich weiße Deutsche im Präventionsbereich. Deshalb ist eine Qualifizierung in Bezug auf interkulturelle Kompetenzen vonnöten. Das ideale Team für Präventionsarbeit gegen sexuellen Missbrauch wäre meiner Meinung nach ein interkulturelles Team bestehend aus weißen und Schwarzen Deutschen und MigrantInnen, sowohl Frauen als auch Männern.

4.6 Interkulturelle Präventionsmaterialien

Sowohl Parvaneh Djafarzadeh als auch Nivedita Prasad (siehe Kapitel 4.3) weisen in ihren Ausführungen darauf hin, dass es nur sehr wenig interkulturelle Präventionsmaterialien gibt. Deren Kritik an den bestehenden Präventionsmaterialien schließe ich mich an und kann die Wichtigkeit interkultureller Präventionsmaterialien nur noch einmal hervorheben. Kinder benötigen Identifikationsmöglichkeiten. Gerade der Hinweis von Nivedita Prasad, dass die Präsenz von ausschließlich weißen Menschen in Präventionsbüchern betroffene migrierte Mädchen in ihrem Glauben bestärkt, dass sexueller Missbrauch nur in der weißen Gesellschaft passiert, macht die Notwendigkeit einer Darstellung von Schwarzen und migrierten Menschen in den Büchern deutlich. Der Gefahr einer größeren Isolation der Betroffenen könnte so entgegengewirkt werden.

Die Präventionsmaterialien müssten Menschen unterschiedlicher Hautfarbe, Herkunft und Kultur abbilden, um die multikulturelle Gesellschaftsstruktur Deutschlands widerzuspiegeln. Die Lebenssituationen wie beispielsweise das Leben in einem Flüchtlingsheim oder AsylbewerberInnenheim sind zu berücksichtigen.

Die Durchsicht mehrerer Präventionsmaterialien in Bezug auf interkulturelle Aspekte war ernüchternd. Die einzig mir bekannten Bücher, die Menschen unterschiedlicher Hautfarbe abbilden, sind die Bücher „Kein Küsschen auf Kommando" (Marion Mebes/ Lydia Sandrock) und „Kein Anfassen auf Kommando" (Marion Mebes/ Lydia Sandrock). Zum Thema Gefühle gibt es weiterhin ein Spiel (Feeling & Faces Games, Lakeshore), das in der Präventionsarbeit anwendbar ist. Es besteht aus mehreren Spielplänen und Gefühlskarten. Auf diesen Karten sind Kindergesichter unterschiedlicher Hautfarbe abgebildet, die verschiedene Gefühle ausdrücken. Dieses Spiel ist bei Gruppenarbeiten zum Thema Gefühle einzusetzen: Wie erkennt mensch Gefühle anderer Menschen? Wie fühlen sich die abgebildeten Kinder? etc.

Diese kleine Liste macht den Bedarf an interkulturellen Präventionsmaterialien deutlich.

Schluss

Ich bin in der vorliegenden Arbeit der Frage nachgegangen, ob die derzeitig existierenden Präventionskonzepte Schwarze Deutsche und MigrantInnen ebenso erreichen wie weiße Deutsche. Die Ausgangshypothese, dass die bestehenden Konzepte der multikulturellen Gesellschaftsstruktur nicht ausreichend Rechnung tragen, hat sich bestätigt. Die speziellen Lebensumstände der MigrantInnen in Deutschland wurden bislang nicht ausreichend berücksichtigt. Ausgehend davon habe ich untersucht, welche Themen der Präventionsarbeit verändert werden müssen, um auch die Situation von Schwarzen Deutschen und MigrantInnen einzubeziehen. Hierbei sind die Erkenntnisse des kulturspezifischen und des antirassistischen Ansatzes hilfreich. Voraussetzung für die Arbeit im interkulturellen Präventionsbereich ist eine Beschäftigung mit dem Thema der sexuellen Gewalt an Schwarzen Deutschen und MigrantInnen. Den aktuellen Forschungsstand zu diesem Thema habe ich dargestellt. Über den Zusammenhang zwischen sexuellem Missbrauch und Migration fehlen differenzierte Untersuchungen. Die Frage, welche Bedeutung in diesem Kontext Rassismus hat, bedarf weiterer Forschung.

Wie ich aufgezeigt habe, ist meiner Meinung nach ein antirassistischer Ansatz Basis für die Präventionsarbeit im interkulturellen Kontext. Rassismus als zentrale Erfahrung von MigrantInnen muss in die Präventionsarbeit einbezogen werden. Dessen Auswirkungen auf das Selbstbewusstsein – das zentrale Thema der Präventionsarbeit – sind insbesondere bei der Arbeit mit Kindern zu thematisieren.
Weiterhin sind kulturspezifische Aspekte zu berücksichtigen. MigrantInnen können aufgrund ihrer Kultur unterschiedliche Werte und Normen in Bezug auf Gefühle, Neinsagen, Hilfe holen, Sexualität etc. haben, die in die interkulturelle Präventionsarbeit einbezogen werden müssen. Hierbei ist ein offener Zugang zu MigrantInnen notwendig. Voraussetzung dafür ist ein Bewusstsein über und eine Auseinandersetzung mit bestehenden Stereotypen.
Bei der interkulturellen Präventionsarbeit ist ein differenzierter und kontextbezogener Handlungsansatz nötig, der eine Auflösung der Dichotomie des kulturspezifischen und antirassistischen Ansatzes impliziert.
Besonders wichtig erachte ich, dass interkulturelle Präventionsarbeit an verschiedenen Ebenen ansetzt. Neben der praktischen Arbeit mit den Erwachsenen und den Kindern ist insbesondere die politische Arbeit mit dem Ziel der Abschaffung der gesellschaftlichen Machthierarchien notwendig. Da gesellschaftliche Machtstrukturen sexuellen Missbrauch begünstigen, müssen diese analysiert und soweit wie möglich beseitigt werden. Zusätzlich zu dem Machtverhältnis zwischen Jungen/ Männern und Mädchen/

Frauen und dem Machtverhältnis zwischen Erwachsenen und Kindern sind der Rassismus und das Machtverhältnis zwischen der Dominanzkultur und der Minderheiten-Kultur in die Präventionsarbeit einzubeziehen und deren Bedeutung für die Prävention zu reflektieren. Dies macht eine Gesellschaftsanalyse erforderlich, die als Ausgangspunkt für die politische Arbeit dienen sollte. Ansonsten bleibt der Fokus auf die potentiellen Opfer gerichtet, ohne dass sich die Rahmenbedingungen ändern. Dies ist ein langfristiges Ziel und wird ein langer Prozess sein, da jahrhundertelang eingeprägte Strukturen aufgebrochen werden müssen.

Die vorliegende Arbeit hat den Bedarf einer intensiven Auseinandersetzung mit dem Thema und weiterer Forschung und Diskussionen deutlich gemacht. Es ist notwendig, den Präventionsgrundsatz „Das Recht, als Mädchen und Jungen mit Migrationshintergrund wahrgenommen und entsprechend unterstützt zu werden (interkulturelle/ antirassistische Arbeit)" mit weiteren Inhalten zu füllen. Meiner Ansicht nach muss die Interkulturalität aufgrund der multikulturellen Gesellschaftsstruktur eine Querschnittsaufgabe und ein durchgängiges Prinzip in allen Bereichen der Sozialen Arbeit sein. Die interkulturelle Kompetenz ist insofern ein Bestandteil professioneller Handlungskompetenz.

Für die interkulturelle Präventionsarbeit gegen sexuellen Missbrauch ist eine Utopie von einer gewaltfreien Gesellschaft nötig, in der Menschen unterschiedlichen Geschlechts, Alter, Herkunft oder Kultur gleichberechtigt zusammenleben können. Es liegt an uns, diese Vision in unseren Alltag zu integrieren und zumindest ansatzweise zu versuchen, Kindern das Recht auf ein gewaltfreies Leben zu ermöglichen, indem wir Erwachsenen Verantwortung übernehmen und unsere Macht positiv einsetzen.

Literaturverzeichnis

Ahn, Helen/ Gilbert, Neil: Kulturelle und ethnische Faktoren bei der Prävention sexueller Kindesmißhandlung. In: Marquardt-Mau, Brunhilde (Hg.): Schulische Prävention gegen sexuelle Kindesmißhandlung. Grundlagen, Rahmenbedingungen, Bausteine und Modelle. Weinheim/ München: Juventa Verlag, 1995, S.173-182

Aktaş, Gülşen: „Türkische Frauen sind wie Schatten" Leben und Arbeiten im Frauenhaus. In: Hügel, Ika/ Lange, Chris/ Ayim, May/ Bubeck, Ilona/ Aktaş, Gülşen/ Schultz, Dagmar (Hg.): Entfernte Verbindungen. Rassismus Antisemitismus Klassenunterdrückung. Berlin: Orlanda Frauenverlag, 1993, S.49-60

Amann, Gabriele/ Wipplinger, Rudolph (Hg.): Sexueller Mißbrauch. Überblick zu Forschung, Beratung und Therapie. Ein Handbuch. Tübingen: dgvt-Verlag, 1998

Amyna (Projekt zur Prävention von sexuellem Missbrauch): Faltblatt, 2000

Aronson Fontes, Lisa (Hg.): Sexual Abuse in Nine North American Cultures. Treatment and Prevention. Thousand Oaks: Sage Publications, 1995

Auernheimer, Georg: Einführung in die interkulturelle Erziehung. Darmstadt: Primus Verlag, 1996

Ausländerbeauftragte der Bundesregierung/ Bundesministerium des Innern (Hg.): Das neue Staatsangehörigkeitsrecht. Einbürgerung: fair, gerecht, tolerant. Berlin,1999

Ausländergesetz: In: Deutsches Ausländerrecht. München: Deutscher Taschenbuch Verlag, 2002

Bange, Dirk: Die dunkle Seite der Kindheit. Sexueller Mißbrauch an Mädchen und Jungen. Ausmaß – Hintergründe – Folgen. Köln: Volksblatt Verlag, 1992

Bange, Dirk: Nein zu sexuellen Übergriffen – ja zur selbstbestimmten Sexualität. In: Zartbitter e.V. (Hg.): Nein ist Nein. Neue Ansätze in der Präventionsarbeit. Köln: Volksblatt Verlag, 1993, S.7-38

Bange, Dirk: Sexueller Mißbrauch an Mädchen und Jungen. In: Marquardt-Mau, Brunhilde (Hg.): Schulische Prävention gegen sexuelle Kindesmißhandlung. Grundlagen, Rahmenbedingungen, Bausteine und Modelle. Weinheim/ München: Juventa Verlag, 1995, S.31-54

Bange, Dirk/ Enders, Ursula: Auch Indianer kennen Schmerz. Sexuelle Gewalt gegen Jungen. Köln: Kiepenheuer & Witsch, 1995

Bange, Dirk/ Deegener, Günther: Sexueller Mißbrauch an Kindern. Ausmaß – Hintergründe – Folgen. Weinheim: Beltz Psychologie Verlags Union, 1996

Bauhofer, Dirk: Neuere Konzepte und Methoden in der familienorientierten Arbeit bei sexuellem Mißbrauch. Unveröffentlichte Diplomarbeit an der ASFH. Berlin, 2001

Beauftragte der Bundesregierung für Ausländerfragen (Hg.): Ausländer im Bundesgebiet seit 1960. Stand: Februar 2002.
In: www.bundesauslaenderbeauftragte.de/fakten/tab1.htm, 05.03.2002a

Beauftragte der Bundesregierung für Ausländerfragen (Hg.): Daten und Fakten zur Ausländersituation.
In: www.bundesauslaenderbeauftragte.de/daten/infos.htm, 01.04.2002b

Bender, Erika: Evaluation eines Präventionsprogramms gegen sexuellen Mißbrauch an Mädchen und Jungen. Unveröffentlichte Diplomarbeit an der evangelischen Fachhochschule Berlin, 1999

Besten, Beate: Sexueller Mißbrauch und wie man Kinder davor schützt. München: Beck, 1995

Bilden, Helga: Geschlechterverhältnis und Individualität im gesellschaftlichen Umbruch. In: Keupp, Heiner/ Bilden, Helga: Verunsicherungen. Das Subjekt im gesellschaftlichen Wandel. Göttingen: Verlag für Psychologie, 1989, S.19-46

Böhm, Dietmar/ Böhm, Regine/ Deiss-Niethammer, Birgit: Handbuch Interkulturelles Lernen. Theorie und Praxis für die Arbeit in Kindertageseinrichtungen. Freiburg: Herder, 1999

Braecker, Solveig/ Wirtz-Weinrich, Wilma: Sexueller Mißbrauch von Mädchen und Jungen. Handbuch für Interventions- und Präventionsmöglichkeiten. Weinheim/ Basel: Beltz Verlag, 1991

Braun, Gisela/ Enders, Ursula: „Geh nie mit einem Fremden!" Wie Kindern Angst gemacht wird! In: Enders, Ursula (Hg.): Zart war ich, bitter war's. Sexueller Mißbrauch an Jungen und Mädchen; Erkennen – Schützen – Beraten. Köln: Kölner Volksblatt Verlag, 1990, S.252-255

Braun, Gisela/ Arbeitsgemeinschaft Kinder- und Jugendschutz (AJS) Landesstelle NRW e.V.: Gegen sexuellen Mißbrauch an Mädchen und Jungen. Ein Ratgeber für Mütter und Väter. Köln, 1993

Braun, Gisela: Der Alltag ist sexueller Gewalt zuträglich. Prävention als Antwort auf „alltägliche" Gefährdungen von Jungen und Mädchen. In: Heusohn, Lothar/

Klemm, Ulrich (Hg.): Sexuelle Gewalt gegen Kinder. Ulm: Klemm und Oelschläger Verlag, 1998, S.146-153

Brockhaus, Ulrike/ Kolshorn, Maren: Sexuelle Gewalt gegen Mädchen und Jungen. Mythen, Fakten, Theorien. Frankfurt am Main/ New York: Campus Verlag, 1993

Brownmiller, Susan: Gegen unseren Willen. Vergewaltigung und Männerherrschaft. Frankfurt am Main: Fischer Taschenbuch Verlag, 1980

Brückner, Margit: Wege aus der Gewalt gegen Frauen und Mädchen. Frankfurt am Main: Fachhochschulverlag, 1998

Bukow, Wolf-Dietrich/ Llaryora, Roberto: Mitbürger aus der Fremde. Soziogenese ethnischer Minoritäten. Opladen: Westdeutscher Verlag, 1993

Bundesministerium für Familie, Senioren, Frauen und Jugend (Hg.): Die Rechte der Kinder von logo einfach erklärt. Bonn, 1999

Bundesministerium für Familie, Senioren, Frauen und Jugend (Hg.): Kinder- und Jugendhilfegesetz (Achtes Buch Sozialgesetzbuch). Bonn, 1999

Bundesministerium für Familie, Senioren, Frauen und Jugend (Hg.): Übereinkommen über die Rechte des Kindes. UN-Kinderrechtskonvention im Wortlaut mit Materialien. Bonn, 2000

Bundesverein zur Prävention von sexuellem Missbrauch an Mädchen und Jungen: Präventionsgrundsätze. In: www.bundesverein.de/testo-3-1.html, 25.10.2001

Bundeszentrale für politische Bildung (Hg.): Grundgesetz für die Bundesrepublik Deutschland. Bonn, 1998

Bürgerliches Gesetzbuch. München: Deutscher Taschenbuch Verlag, 2002

Castelnuovo, Delia Frigessi: Das Konzept Kulturkonflikt – Vom biologischen Denken zum Kulturdeterminismus. In: Dittrich, Eckhard J./ Radtke, Franz-Olaf (Hg.): Ethnizität. Wissenschaft und Minderheiten. Opladen: Westdeutscher Verlag, 1990, S.299-309

Chase, Truddi: Aufschrei. Bergisch Gladbach: Lübbe, 1988

Comas-Díaz, Lillian: Puerto-Ricans and Child Sexual Abuse. In: Aronson Fontes, Lisa (Hg.): Sexual Abuse in Nine North American Cultures. Treatment and Prevention. Thousand Oaks: Sage Publications, 1995, S.31-66

Crisci, Geraldine A./ Torres, Maria Idali: Child Sexual Abuse Prevention Project in an Hispanic Community. In: Nelson, Mary/ Clark, Kay (Hg.): The Educator's

Guide to Preventing Child Sexual Abuse. Santa Cruz: Network Publications, 1986, S.114-121

Djafarzadeh, Parvaneh/ Härtl, Sibylle – Amyna e.v. München: Fremd durch die Prävention. Die ersten Schritte zu einer interkulturellen Präventionsarbeit. In: prävention (Zeitschrift des Bundesvereins zur Prävention von sexuellem Mißbrauch), Nr. 6, 1999, S.13

Djafarzadeh, Parvaneh: Vortrag zu interkultureller Präventionsarbeit in Berlin am 23.10.2000, schriftliche Zusammenfassung des Vortrags und Tagungsmitschrift

Djafarzadeh, Parvaneh: Interkulturelle Präventionsarbeit gegen sexuellen Missbrauch. Überlegungen zur Bedeutung eines selbstreflexiven Ansatzes. In: prävention (Zeitschrift des Bundesvereins zur Prävention von sexuellem Mißbrauch), Nr.3, 2001, S.3-5

Döll, Susanne: Vorwort in: Archiv für Sozialpolitik in Kooperation mit dem Verband der Initiativgruppen in der Ausländerarbeit e.V. (Hg.): Handbuch Migration für AIDS-Hilfen, AIDS-Fachkräfte und andere im AIDS-Bereich Tätige. Berlin: Deutsche AIDS-Hilfe, 1998, S.11-18

Elliott, Michele: So schütze ich mein Kind vor sexuellem Mißbrauch, Gewalt und Drogen. Stuttgart: Kreuz-Verlag, 1991

Elliott, Michele (Hg.): Frauen als Täterinnen. Sexueller Missbrauch an Mädchen und Jungen. Ruhnmark: Donna Vita, 1995

Enders, Ursula (Hg.): Zart war ich, bitter war's. Sexueller Mißbrauch an Jungen und Mädchen; Erkennen – Schützen – Beraten. Köln: Kölner Volksblatt Verlag, 1990

Enders, Ursula: Über Selbstvertrauen und (Über-)Lebenskraft. Ein Elternabend im Kindergarten und in der Schule. In: Zartbitter e.V. (Hg.): Nein ist Nein. Neue Ansätze in der Präventionsarbeit. Köln: Volksblatt Verlag, 1993, S.51-58

Enders, Ursula: Die Strategien der Täter und die Verantwortung von uns Erwachsenen für den Schutz von Mädchen und Jungen. In: Höfling, Siegfried/ Drewes, Detlef/ Epple-Waigel, Irene (Hg.): Auftrag Prävention. Offensive gegen sexuellen Kindesmißbrauch. München: Atwerb-Verlag, 1999, S.177-196

Enders, Ursula (Hg.): Zart war ich, bitter war's. Handbuch gegen sexuellen Missbauch. Köln: Kiepenheuer & Witsch, 2001

Eren, Semra: Sexueller Mißbrauch und Rassismus: Verdrängung und Thematisierung von sexuellem Mißbrauch an Migrantenkindern am Beispiel Großbritannien in der Literatur und Praxis der Sozialarbeit. Unveröffentlichte Diplomarbeit an der ASFH. Berlin, 1992

Essinger, Helmut: Interkulturelle Erziehung – Eine Standortbestimmung. In: Essinger, Helmut/ Uçar, Ali (Hg.): Erziehung: Interkulturell · Politisch · Antirassistisch. Von der interkulturellen zur antirassistischen Erziehung. Felsberg: Migro, 1993, S.90-94

Essinger, Helmut/ Uçar, Ali (Hg.): Erziehung: Interkulturell · Politisch · Antirassistisch. Von der interkulturellen zur antirassistischen Erziehung. Felsberg: Migro, 1993

Fegert, Jörg Michael: Sexuell mißbrauchte Kinder und das Recht. Ein Handbuch zu Fragen der kinder- und jugendpsychiatrischen und psychologischen Untersuchung und Begutachtung, Band 2. Köln: Volksblatt Verlag, 1993

Fey, Elisabeth: „Du bist einzigartig, wichtig und liebenswert." Möglichkeiten zur Prävention. In: Janshen, Doris (Hg.): Sexuelle Gewalt. Die allgegenwärtige Menschenrechtsverletzung. Frankfurt am Main: Zweitausendeins, 1991, S.156-185

Fey, Elisabeth: Von unabhängigen Müttern, starken Kindern, dem Sinn des Ungehorsams und sozialen Netzen. Prävention sexuellen Missbrauchs an Mädchen und Jungen. In: Kazis, Cornelia (Hg.): Dem Schweigen ein Ende. Sexuelle Ausbeutung von Kindern in der Familie. Basel: Lenos Verlag, 1992, S.189-218

Finkelhor, David: Child Sexual Abuse. New Theory and Research. New York: The Free Press, 1984

Finkelhor, David/ Strapko, Nancy: Präventive Erziehung: Ein Überblick über die Forschungslage. In: Schubbe, Oliver (Hg.): Therapeutische Hilfen gegen sexuellen Mißbrauch an Kindern. Göttingen: Vandenhoek & Ruprecht, 1994, S.217-241

Finkelhor, David/ Dziuba-Leatherman, Jennifer: Präventionsprogramme in den USA. Evaluationsstudie zu den Erfahrungen und Reaktionen von Kindern. In: Marquardt-Mau, Brunhilde (Hg.): Schulische Prävention gegen sexuelle Kindesmißhandlung. Grundlagen, Rahmenbedingungen, Bausteine und Modelle. Weinheim/ München: Juventa Verlag, 1995, S.87-112

Frei, Karin: Sexueller Mißbrauch. Schutz durch Aufklärung. Ravensburg: Ravensburger Buchverlag, 1993

Freund, Ulli: Hospitation bei Strohhalm in Berlin am 23.01.2002, Hospitationsmitschrift

Fröhling, Ulla: Vater unser in der Hölle. Ein Tatsachenbericht. Seelze-Velber: Kallmeyer'sche, 1996

Fürniss, Tilman: Diagnostik und Folgen von sexueller Kindesmißhandlung. In: Retzlaff, Ingeborg (Hg.): Gewalt gegen Kinder - Mißhandlung und sexueller Mißbrauch Minderjähriger. Neckarsulum: Jungjohann, 1989, S.68-80

Gahleitner, Silke-Birgitta: Sexueller Missbrauch und seine geschlechtsspezifischen Auswirkungen. Marburg: Tectum Verlag, 2000

Gahleitner, Silke-Birgitta: Lichtblicke und Dunkelfelder – Psychosoziale Antworten auf sexuelle Gewalt im Wandel der Zeit. In: Frauenrat und Frauenbeauftragte der Alice-Salomon-Fachhochschule (Hg.): quer – denken, lesen, schreiben. Gender-/ Geschlechterfragen update. Berlin, 2001, S.4-8

Gaitanides, Stefan: Qualifizierung der sozialen Arbeit in der multikulturellen Einwanderergesellschaft. In: Migration und soziale Arbeit. Nr.2, 1998, S.58-62

Godenzi, Alberto: Bieder, brutal. Frauen und Männer sprechen über sexuelle Gewalt. Zürich: Unionsverlag, 1991

Godenzi, Alberto: Gewalt im sozialen Nahraum. Frankfurt am Main: Helbing & Lichtenhahn, 1994

Gültekin, Neval: Eine schweigende Minderheit meldet sich zu Wort. In: Arbeitsgruppe Frauengruppe (Hg.): Sind wir uns denn so fremd? Dokumentation des 1. gemeinsamen Kongresses ausländischer und deutscher Frauen 23.-25. März 1984, Frankfurt am Main, S.3-11

Hagemann-White, Carol/ Kavemann, Barbara/ Ohl, Dagmar: Parteilichkeit und Solidarität. Bielefeld: Kleine Verlag, 1997

Härtl, Sibylle: Schule und Prävention – ein Widerspruch? In: Heusohn, Lothar/ Klemm, Ulrich (Hg.): Sexuelle Gewalt gegen Kinder. Ulm: Klemm und Oelschläger Verlag, 1998

Hentschel, Gitti (Hg.): Skandal und Alltag. Sexueller Mißbrauch und Gegenstrategien. Berlin: Orlanda Frauenverlag, 1996

Hentschel, Gitti: Sexuelle Gewalt gegen Kinder als Spiegelbild einer gewaltbereiten Gesellschaft. In: Heusohn, Lothar/ Klemm, Ulrich (Hg.): Sexuelle Gewalt gegen Kinder. Ulm: Klemm und Oelschläger Verlag, 1998, S.12-35

Herman, Judith Lewis: Die Narben der Gewalt. Traumatische Erfahrungen verstehen und überwinden. München: Kindler, 1994

Hinz-Rommel, Wolfgang: Interkulturelle Kompetenz: ein neues Anforderungsprofil für die soziale Arbeit. Münster/ New York: Waxmann Verlag, 1994

Hinz-Rommel, Wolfgang: Interkulturelle Kompetenz und Qualität. In: Migration und soziale arbeit. Nr. 3/4, 1996, S.20-24

Hirsch, Mathias: Realer Inzest. Psychodynamik des sexuellen Mißbrauchs in der Familie. Berlin/ Heidelberg: Springer, 1990

Hoffmann, Christin: Zur Situation ausländischer Mädchen im Mädchenhaus. In: Nitschke, Sylvia/ Voss, Anne (Hg.): Mädchenhäuser. Schriftenreihe Sexueller Mißbrauch Band 3. Berlin: Donna Vita, 1990, S.54-59

Homann, Frauke: Sexueller Mißbrauch von Kindern aus dem islamischen Kulturkreis. In: AMYNA, Frauennotruf, Initiative Münchner Mädchenarbeit (Hg.): Nein ist Nein. Dokumentation der Ausstellung zur Prävention von sexueller Gewalt. München, 1998, S.80-85

Huber, Michaela: Multiple Persönlichkeiten. Überlebende extremer Gewalt. Ein Handbuch. Frankfurt am Main: Fischer Taschenbuch Verlag, 2001

Hügel, Ika/ Lange, Chris/ Ayim, May/ Bubeck, Ilona/ Aktaş, Gülşen/ Schultz, Dagmar (Hg.): Entfernte Verbindungen. Rassismus Antisemitismus Klassenunterdrückung. Berlin: Orlanda Frauenverlag, 1993

Jönsson, Elke: Intervention bei sexuellem Mißbrauch – Ein europäischer Vergleich am Beispiel ausgewählter Länder. Frankfurt am Main: Lang, 1997

Julius, Henri/ Boehme, Ulfert: Sexueller Mißbrauch an Jungen: eine kritische Analyse des Forschungsstandes. Oldenburg: BIS-Verlag, 1994

Kalpaka, Annita/ Rätzhel, Nora (Hg.): Die Schwierigkeit, nicht rassistisch zu sein. Leer: Mundo Verlag, 1990

Kalpaka, Annita: Die Hälfte des (geteilten) Himmels: Frauen und Rassismus. In: Uremović, Olga/ Oerter, Gundula (Hg.): Frauen zwischen Grenzen. Rassismus, Nationalismus in der feministischen Diskussion. Frankfurt am Main: Campus Verlag, 1994, S.33-46

Kalpaka, Annita: Kompetentes pädagogisches Handeln in der Einwanderungsgesellschaft. Fragen an Ausbildung und Praxis sozialer Arbeit. In: standpunkt: sozial Nr. 2, 1998, S.8-16

Kassandra (Projekt zu sexueller Gewalt an behinderten Mädchen und Frauen): Faltblatt, 2001

Kavemann, Barbara/ Lohstöter, Ingrid: Väter als Täter. Sexuelle Gewalt gegen Mädchen. Reinbek: Rowohlt Taschenbuch-Verlag, 1987

Kavemann, Barbara: „Das bringt mein Weltbild durcheinander", Frauen als Täterinnen in der feministischen Diskussion sexueller Gewalt. In: Elliott, Michele (Hg.): Frauen als Täterinnen. Sexueller Missbrauch an Mädchen und Jungen. Ruhnmark: Donna Vita, 1995, S.13-40

Kavemann, Barbara: Überlegungen zum Thema Prävention sexuellen Missbrauchs an Mädchen und Jungen. Vortrag in Berlin am 06.06.1997, schriftliche Ausarbeitung des Vortrags

Kavemann, Barbara: Gesellschaftliche Folgekosten sexualisierter Gewalt gegen Mädchen und Jungen. In: Kavemann, Barbara/ Bundesverein zur Prävention von sexuellem Mißbrauch an Mädchen und Jungen e.V. (Hg.): Prävention. Eine Investition in die Zukunft. Ruhnmark: Donna Vita, 1997, S.215-256

Kavemann, Barbara: Möglichkeiten und Grenzen präventiver Arbeit gegen sexuellen Mißbrauch von Mädchen und Jungen. In: AMYNA, Frauennotruf, Initiative Münchner Mädchenarbeit (Hg.): Nein ist Nein. Dokumentation der Ausstellung zur Prävention von sexueller Gewalt. München, 1998, S.46-56

Kellner, Sabine: Wie schütze ich mein Kind vor sexuellem Mißbrauch? Ein Leitfaden für Eltern und andere Bezugspersonen. Gütersloh: Gütersloher-Verlag-Haus, 1999

Kiesel, Doron: Das Dilemma der Differenz. Zur Kritik des Kulturalismus in der Interkulturellen Pädagogik. Frankfurt: Cooperative-Verlag, 1996

Knappe, Anne: Prävention sexuellen Missbrauchs: Möglichkeiten und Grenzen der Arbeit mit Eltern und Kindern. In: Schubbe, Oliver (Hg.): Therapeutische Hilfen gegen sexuellen Mißbrauch an Kindern. Göttingen: Vandenhoek & Ruprecht, 1994, S.242-269

Kunz, Daniel/ Wronska, Lucyna: Interkulturelle Sexualpädagogik in der schulischen Sexualerziehung. In: Behörde für Schule, Jugend und Berufsbildung (Hg.): Lebensformen und Sexualität. Sexualpädagogik und Sexualwissenschaft. Hamburg: 2000, S.18-23

Kurz, Ingrid: Interkulturelle Kompetenz – Schlüsselqualifikation für die Soziale Arbeit. In: Standpunkt: sozial. Nr.1, 1999, S.36-39

Lamers-Winkelmann, Francien: Plädoyer für eine sichere Schule. In: Marquardt-Mau, Brunhilde (Hg.): Schulische Prävention gegen sexuelle Kindesmißhandlung. Grundlagen, Rahmenbedingungen, Bausteine und Modelle.Weinheim und München: Juventa Verlag, 1995, S.301-306

Larson, Noël: Familientherapie mit Inzestfamilien. In: Backe, Lone/ Leick, Nini/ Merrick, Joav/ Michelsen, Niels (Hg.): Sexueller Mißbrauch von Kindern in Familien. Köln: Deutscher Ärzte-Verlag, 1986, S.104-117

Lehmann, Nadja: Sexueller Mißbrauch und Parteilichkeit. Beraterinnen im Spannungsverhältnis von Distanzierung und Identifikation. Unveröffentlichte Diplomarbeit an der ASFH. Berlin, 1993

Leiprecht, Rudolf: Interkulturelle und antirassistische Pädagogik. In: ajs-Information. Fachzeitschrift der Aktion Jugendschutz. Nr. 3/ 35. Jahrgang. Stuttgart, 1999, S.1-8

Lercher, Lisa/ Derler, Barbara/ Höbel, Ulrike: Missbrauch verhindern. Handbuch zu präventivem Handeln in der Schule. Wien: Wiener Frauenverlag, 1995

Lew, Mike: Als Junge mißbraucht: wie Männer sexuelle Ausbeutung in der Kindheit verarbeiten können. München: Kösel, 1993

Linder, Silke: „...vielleicht die Wut, daß man so hilflos ist!" Prävention sexuellen Mißbrauchs im Kindergarten aus Sicht der Vorschulerzieherinnen. Frankfurt am Main: Peter Lang (Europäischer Verlag der Wissenschaften), 1997

Lohmeier, Cony: Gewalt und Migration. In: Donna Mobile: Dokumentation der Münchener Kampagne „Aktiv gegen Männergewalt". 1998, S.20-27

Lutz, Helma: Ist Kultur Schicksal? Über die gesellschaftliche Konstruktion von Kultur und Migration. In: Leiprecht, Rudolf (Hg.): Unter Anderen. Rassismus und Jugendarbeit. Duisburg: Duisburger Institut für Sprach- und Sozialforschung, 1992, S.43-62

Mader, Petra/ Mebes, Marion: Vorwort in: Lappe, Konrad/ Schaffrin, Irmgard/ Timmermann, Evelyn (Hg.): Prävention von sexuellem Mißbrauch. Handbuch für die pädagogische Praxis. Ruhnmark: Donna Vita, 1993, S.7-11

Marquardt-Mau, Brunhilde (Hg.): Schulische Prävention gegen sexuelle Kindesmißhandlung. Grundlagen, Rahmenbedingungen, Bausteine und Modelle. Weinheim/ München: Juventa Verlag, 1995, S.301-306

Marsh, Norman: Das Gefängnis. Die Dynamik der Beziehung zwischen Opfer und Täter. In: Bruder, Klaus-Jürgen/ Richter-Unger, Sigrid (Hg.): Monster oder liebe Eltern? Sexueller Missbrauch in der Familie. Berlin: Aufbau-Verlag, 1993, S.74-110

May, Angela: Prävention von sexualisierter Gewalt im interkulturellen Kontext. In: prä & pro (Prävention & Prophylaxe), Nr. 3, 2001, S.4-14

Mebes, Marion/ Sandrock, Lydia: Kein Anfassen auf Kommando. Ruhnmark: Donna Vita, 1997

Mebes, Marion/ Sandrock, Lydia: Kein Küsschen auf Kommando. Ruhnmark: Donna Vita, 1998

Mecheril, Paul/ Teo, Thomas (Hg.): Andere Deutsche. Zur Lebenssituation von Menschen multiethnischer und multikulureller Herkunft. Berlin: Dietz Verlag, 1994

Mecheril, Paul/ Miandashti, Siavash/ Plößer, Melanie/ Raithel, Jürgen: Aspekte einer dominanzempfindlichen und differenzkritischen Arbeit mit Migranten und Migrantinnen. In: np (neue praxis) Nr. 3, 2001, S.296-311

Migration und Bevölkerung: PISA-Studie: Erhebliche migrationsbedingte Leistungsunterschiede von Schülern. Nr. 9, 2001
In: www.demographie.de/newsletter/artikel/010903.htm, 01.04.2002

Mintzel, Alf: Multikulturelle Gesellschaften in Europa und Nordamerika. Konzepte, Streitfragen, Analysen, Befunde. Passau: Wissenschaftsverlag, 1997

Moggi, Franz: Sexuelle Kindesmißhandlung: Traumatisierungsmerkmale, typische Folgen und ihre Ätiologie. In: Amann, Gabriele/ Wipplinger, Rudolf (Hg.): Sexueller Mißbrauch. Überblick zu Forschung, Beratung und Therapie. Ein Handbuch. Tübingen: dgvt-Verlag, 1998, S.187-200

Okamura, Amy/ Heras, Patricia/ Wonk-Kerberg, Linda: Asian, Pacific Island and Filipino Americans and Sexual Abuse. In: Aronson Fontes, Lisa (Hg.): Sexual Abuse in Nine North American Cultures. Treatment and Prevention. Thousand Oaks: Sage Publications, 1995, S.67-96

Otyakmaz, Berrin Özlem: Auf allen Stühlen. Das Selbstverständnis junger türkischer Migrantinnen in Deutschland. Köln: ISP Verlag, 1995

Palecek, Feyza: Gewalt – Agression. Migrantinnen und Gewalt in der Familie. In: Donna Mobile: Dokumentation der Münchener Kampagne „Aktiv gegen Männergewalt". 1998, S.49

Pavkovic, Gari: Interkulturelle Kompetenz – Kulturelle Sensibilisierung in der Beratungsarbeit. Vortrag auf der ajs-Jahrestagung „Zuwanderung" in Stuttgart am 20.10.1999, schriftliche Ausarbeitung des Vortrags

Pavkovic, Gari/ Süngerli, Leyla: Kulturspezifische Dynamik bei sexuellem Missbrauch in Migrantenfamilien. Vortrag auf der Fachtagung „Trauma, Kinderschutz und Recht" in Stuttgart am 23.-25. März 2000, schriftliche Ausarbeitung des Vortrags

Phoenix, Ann: „Rasse", Ethnizität und psychologische Prozesse. Del Mar Castro Varela, María/ Schulze, Sylvia/ Vogelmann, Sylvia/ Weiß, Anja (Hg.): Suchbewegungen. Interkulturelle Beratung und Therapie. Tübingen: DgvT-Verlag, 1998, S.17-38

Pierce-Baker, Charlotte: Surviving the Silence. Black women's stories of rape. New York: Norton, 1998

Prasad, Nivedita: Verinnerlichter Kolonialismus. In: Uremović, Olga/ Oerter, Gundula (Hg.): Frauen zwischen Grenzen. Rassismus, Nationalismus in der feministischen Diskussion. Frankfurt am Main: Campus Verlag, 1994, S.161-166

Prasad, Nivedita: Schwarze/ migrierte Frauen und sexueller Mißbrauch. In: Hentschel, Gitti (Hg.): Skandal und Alltag. Sexueller Mißbrauch und Gegenstrategien. Berlin: Orlanda Frauenverlag, 1996, S.183-191

Prasad, Nivedita: Migrantinnen und sexuelle Gewalt. Vortrag in Lübeck am 01.12.1999, schriftliche Ausarbeitung des Vortrags

Prasad, Nivedita: Vortrag bei der Fachrunde gegen sexuellen Missbrauch in Berlin am 18.12.2000, Vortragsmitschrift

Prasad, Nivedita: Präventionsmodelle für MigrantInnen: Wie können sie aussehen? Vortrag auf der Fachtagung „Möglichkeiten präventiver Arbeit bei sexuellem Missbrauch an Kindern im interkulturellen Kontext: Gemeinsam Handeln zum Schutz aller Mädchen und Jungen" in Berlin am 14.06.2001a, Tagungsmitschrift

Prasad, Nivedita: Vortrag über den kulturspezifischen und antirassistischen Ansatz im Anti-Gewalt-Bereich auf dem Colloquium „Interkulturelle Arbeit im Anti-Gewalt-Bereich" in Berlin am 23.11.2001b, Vortragsmitschrift

Prengel, Annedore: Pädagogik der Vielfalt. Opladen: Leske + Budrich, 1993

Raburu, Maureen: Antirassistische Mädchenarbeit. Sensibilisierungsarbeit bezogen auf Rassismus mit Mädchen und jungen Frauen. Kiel: Lotta e.V. (Eigenverlag des Autonomen Mädchenhauses Kiel), 1999

Ribbert, Bärbel: Die eindeutige Vielfalt. Interkulturelle Sexualpädagogik mit Mädchen. In: proJugend Nr.3, 2000, S.15-17

Rijnaarts, Josephine: Lots Töchter. Düsseldorf: Claassen, 1988

Rommelspacher, Birgit: Frauen in der Dominanzkultur. In: Uremović, Olga/ Oerter, Gundula (Hg.): Frauen zwischen Grenzen. Rassismus, Nationalismus in der feministischen Diskussion. Frankfurt am Main: Campus Verlag, 1994, S.18-32

Rommelspacher, Birgit: Kontroverse Diskurse. Der sexuelle Mißbrauch und seine Ideologisierungen. In: Hentschel, Gitti (Hg.): Skandal und Alltag. Sexueller Mißbrauch und Gegenstrategien. Berlin: Orlanda Frauenverlag, 1996, S.17-34

Rommelspacher, Birgit: Dominanzkultur. Texte zu Fremdheit und Macht. Berlin: Orlanda Frauenverlag, 1998

Rommelspacher, Birgit: Multikulturalismus und Sozialarbeit. In: Gruber, Christine/ Fröschl, Elfriede: Gender-Aspekte in der Sozialen Arbeit. Wien: Czernin Verlag, 2001, S.233-252

Rossihol, Jean Baptiste: Vortrag in der Lehrveranstaltung „Sexueller Missbrauch – spezifische Aspekte der sozialarbeiterischen Praxis für Fortgeschrittene" an der Alice-Salomon-Fachhochschule in Berlin am 15.12.2001, Vortragsmitschrift

Rush, Florence: Das bestgehütete Geheimnis: Sexueller Kindesmißbrauch. Berlin: Orlanda Frauenverlag, 1988

Rutschky, Katharina: Erregte Aufklärung. Kindesmißbrauch: Fakten & Fiktionen. Hamburg: Klein, 1992

Saller, Helga: Wie begegne ich einem betroffenen Kind, das mich ins Vertrauen zieht? Grundlagen für professionelle Helfer. In: Kazis, Cornelia (Hg.): Dem Schweigen ein Ende. Sexuelle Ausbeutung von Kindern in der Familie. Basel: Lenos Verlag, 1992, S.171-187

Schaffrin, Irmgard: Ein Mädchen sagt nein ... und dann? Selbstbestimmung, Sexualität und sexuelle Gewalt. In: Lappe, Konrad/ Schaffrin, Irmgard/ Timmermann, Evelyn (Hg.): Prävention von sexuellem Mißbrauch. Handbuch für die pädagogische Praxis. Ruhnmark: Donna Vita, 1993, S.122-148

Schiffauer, Werner: Die Gewalt der Ehre. Erklärungen zu einem deutsch-türkischen Sexualkonflikt. Frankfurt am Main: Suhrkamp Verlag, 1983

Schiffauer, Werner: Vorwort in: Ausländerbeauftragte des Senats von Berlin (Hg.): Die Ehre in der türkischen Kultur – Ein Wertsystem im Wandel. Berlin: 1997, S.5-9

Spitzl, Martina/ Yüksel, Sahika: Mädchen aus der Türkei. Berlin: Donna Vita, 1992

Spoden, Christian: Geschlechtsbezogene Arbeit mit Jungen – Möglichkeiten der Prävention und Förderung. In: AMYNA, Frauennotruf, Initiative Münchner Mädchenarbeit (Hg.): Nein ist Nein. Dokumentation der Ausstellung zur Prävention von sexueller Gewalt. München, 1998, S.73-79

Staub-Bernasconi, Sylvia: Systemtheorie, soziale Probleme und Soziale Arbeit: lokal, national, international oder: vom Ende der Bescheidenheit. Bern/ Stuttgart/ Wien: Haupt, 1995

Strohhalm (Projekt zur Prävention von sexuellem Missbrauch an Mädchen und Jungen): Auf dem Weg zur Prävention. Praxishandbuch zum Präventionsprogramm. Berlin, 2001

Strohhalm (Projekt zur Prävention von sexuellem Missbrauch an Mädchen und Jungen): Berührungen
In: http://home.snafu.de/strohhalm/berueh.htm, 05.03.2002a

Strohhalm (Projekt zur Prävention von sexuellem Missbrauch an Mädchen und Jungen): Schuld
In: http://home.snafu.de/strohhalm/schuld.htm, 05.03.2002b

Strohhalm (Projekt zur Prävention von sexuellem Missbrauch an Mädchen und Jungen): Erziehung und sexueller Mißbrauch. Die Verantwortung der Erwachsenen für den Schutz der Kinder. Mitteilungen September 1998
In: http://home.snafu.de/strohhalm/sept.htm, 05.03.2002c

Terkessidis, Mark: Psychologie des Rassismus. Opladen/ Wiesbaden: Westdeutscher Verlag, 1998

Terkessidis, Mark: Migranten. Hamburg: Rotbuch Verlag, 2000

Ter-Nedden, Corinna/ Ucar, Silan: Sexueller Mißbrauch an Mädchen aus der Türkei. In: Hentschel, Gitti (Hg.): Skandal und Alltag. Sexueller Mißbrauch und Gegenstrategien. Berlin: Orlanda Frauenverlag, 1996, S.192-200

Ter-Nedden, Corinna/ Kultus, Eva/ Bayam-Tekeli, Birim: PAPATYA. Schutz für Mädchen und junge Frauen aus dem islamischen Kulturkreis. Daphne 2000: Europäisches Netzwerk

Timmermann, Evelyn: Emanzipatorische Präventionspädagogik. Eine Unterrichtseinheit zur Prävention von sexueller Gewalt für Mädchen und Jungen im 3. Schuljahr. In: Lappe, Konrad/ Schaffrin, Irmgard/ Timmermann, Evelyn (Hg.): Prävention von sexuellem Mißbrauch. Handbuch für die pädagogische Praxis. Ruhnmark: Donna Vita, 1993, S.59-84

Trube-Becker, Elisabeth: Kindesmißhandlung als soziales Problem. In: Retzlaff, Ingeborg (Hg.): Gewalt gegen Kinder - Mißhandlung und sexueller Mißbrauch Minderjähriger. Neckarsulum: Jungjohann, 1989, S.26-35

Trube-Becker, Elisabeth: Mißbrauchte Kinder. Sexuelle Gewalt und wirtschaftliche Ausbeutung. Heidelberg: Kriminalistik-Verlag, 1992

Unabhängige Kommisssion „Zuwanderung": Zuwanderung gestalten – Integration fördern. Zusammenfassung des Berichtes der Unabhängigen Kommisssion „Zuwanderung". Berlin: 2001

Ünsal, Eren: Vortrag zu interkultureller Kompetenz auf dem Colloquium „Interkulturelle Arbeit im Anti-Gewalt-Bereich" in Berlin am 23.11.2001, Vortragsmitschrift

Uremović, Olga/ Oerter, Gundula (Hg.): Frauen zwischen Grenzen. Rassismus, Nationalismus in der feministischen Diskussion. Frankfurt am Main: Campus Verlag, 1994

Verein zur Prävention von sexueller Gewalt an Mädchen und Jungen – Ostwestfalen-Lippe e.V. (Hg.): „Das ist gut, das es euch gibt!" Prävention von sexueller Gewalt in der Grundschule. Ein Praxisbericht. Bielefeld: Eigenverlag, 1994

Weber, Monika/ Rohleder, Christiane: Sexueller Mißbrauch. Jugendhilfe zwischen Aufbruch und Rückschritt. Münster: Votum Verlag, 1995

Wirtz, Ursula: Seelenmord. Inzest und Therapie. Zürich: Kreuz Verlag, 1989

Wissenschaftlicher Rat der Dudenredaktion (Hg.): Duden. Das Fremdwortbuch. Mannheim: Dudenverlag, 1997

Wolff, Reinhart/ Rutschky, Katharina (Hg.): Handbuch Sexueller Mißbrauch. Hamburg: Klein, 1994

Wyatt, Gail Elizabeth/ Newcomb, Michael D./ Riederle, Monika H.: Sexual Abuse and Consensual Sex. Women's Developmental Patterns and Outcomes. Newbury Park: Sage Publication, 1993

Yawney, Dave: Prävention gegen sexuelle Kindesmißhandlung in kanadischen Grundschulen. In: Marquardt-Mau, Brunhilde (Hg.): Schulische Prävention gegen sexuelle Kindesmißhandlung. Grundlagen, Rahmenbedingungen, Bausteine und Modelle. Weinheim/ München: Juventa Verlag, 1995, S.113-134

Yilmaz, Memnune/ Brost, Brigitte/ Zimmermann, Dorothea: Mädchen aus Einwanderungs- und Flüchtlingsfamilien. In: Fastie, Friesa: Zeuginnen der Anklage.

Die Situation sexuell mißbrauchter Mädchen und junger Frauen vor Gericht. Berlin: Orlanda Frauenverlag, 1994, S.157-163

Zaimoglu, Feridun (Hg.): Kanak Sprak. 24 Mißtöne vom Rande der Gesellschaft. Hamburg: Rotbuch Verlag, 1995

Zaimoglu, Feridun (Hg.): Koppstoff. Kanaka Sprak vom Rande der Gesellschaft. Hamburg: Rotbuch Verlag, 1998

Zemp, Aiha: Sexuelle Gewalt gegen Mädchen und Frauen mit Behinderung. In: Hentschel, Gitti (Hg.): Skandal und Alltag. Sexueller Mißbrauch und Gegenstrategien. Berlin: Orlanda Frauenverlag, 1996, S.145-163

www.ingramcontent.com/pod-product-compliance
Lightning Source LLC
Chambersburg PA
CBHW020123010526
44115CB00008B/943